| 徐远观察 |

房价的逻辑

徐远的房产财富 48 讲

徐远／著

中信出版集团｜北京

图书在版编目（CIP）数据

房价的逻辑：徐远的房产财富 48 讲 / 徐远著 . -- 北京：中信出版社，2021.10（2021.12重印）
ISBN 978-7-5217-3412-6

Ⅰ.①房… Ⅱ.①徐… Ⅲ.①房价－物价波动－研究－中国 Ⅳ.① F299.233.5

中国版本图书馆 CIP 数据核字（2021）第 152278 号

房价的逻辑——徐远的房产财富 48 讲
著者：　　徐远
出版发行：中信出版集团股份有限公司
（北京市朝阳区惠新东街甲 4 号富盛大厦 2 座　邮编　100029）
承印者：北京尚唐印刷包装有限公司

开本：880mm×1230mm 1/32　　印张：11.5　　字数：320 千字
版次：2021 年 10 月第 1 版　　印次：2021 年 12 月第 2 次印刷
书号：ISBN 978-7-5217-3412-6
定价：88.00 元

版权所有·侵权必究
如有印刷、装订问题，本公司负责调换。
服务热线：400-600-8099
投稿邮箱：author@citicpub.com

目 录

自序　撕裂的房子：房地产研究的学术基础　_V

第一部分
中国高房价迷局：流行的谬误

第1讲　中国房价有泡沫吗？　_003
第2讲　我国的房价收入比为什么那么高？　_008
第3讲　土地财政：四方共赢的合谋　_013
第4讲　货币超发推高了房价？你学了假的宏观经济学（一）_020
第5讲　货币超发推高了房价？你学了假的宏观经济学（二）_028

第二部分
房价基本面分析：房价增速的计算公式

第6讲　房价上涨是全球普遍现象　_035
第7讲　房价增速的一个计算公式　_040
第8讲　城市化：发展中国家房价上涨的催化剂　_045
第9讲　技术进步会逆转城市聚集吗？　_050
第10讲　生育率下降、老龄化会逆转房价趋势吗？　_055

第三部分
房价的政策面分析：未来房屋市场的格局

第 11 讲　房产税：何时出台？税率多高？效果多大？　_063
第 12 讲　共有产权：中低收入家庭买房上车的新形式　_069
第 13 讲　租售同权与农地入市　_074
第 14 讲　"限购、限贷"会长期存在吗？　_080
第 15 讲　真实利率：房价波动的真正秘密　_085

第四部分
房产配置操作指南：买房与租房中的注意事项

第 16 讲　首次置业：稀缺原则和先上车原则　_095
第 17 讲　改善买房：哪种投资更能改善你的财富？　_100
第 18 讲　百岁人生：选择养老房的"八大要素"　_105
第 19 讲　哪里的房价潜力大？一份你没见过的城市清单　_112
第 20 讲　租房比买房便宜吗？　_118

第五部分
国际大都市的启示：未来房价的趋势

第 21 讲　东京地产（一）：泡沫没有告诉你的故事　_127
第 22 讲　东京地产（二）：一场史诗级的金融战败　_133
第 23 讲　纽约：世界之都的房价有多高　_141
第 24 讲　芝加哥：没落的贵族　_146
第 25 讲　历史云烟：德国低房价的真相　_154
第 26 讲　打破幻想：德国的历史经验不可复制　_161

第 27 讲　首尔：历史的一面镜子　_170
第 28 讲　香港：中国房价的标尺　_176

第六部分
房产投资中的坑

第 29 讲　商住公寓能不能买？住宅像股票，公寓像债券　_185
第 30 讲　免费的午餐？东南亚国家的房产投资　_192
第 31 讲　共有产权投资中的三个坑　_199
第 32 讲　管理成本：旅游地产中的坑　_204
第 33 讲　国际比较中的坑：从"不可贸易品"说起　_209

第七部分
房产交易的几个问题

第 34 讲　房子适合投机吗？寻找神秘的炒房团　_217
第 35 讲　"房价跌了吗"背后的三个潜意识　_222
第 36 讲　没有买卖，也有伤害：理解资产组合和机会成本　_226
第 37 讲　房产和地产股等价吗？　_231

第八部分
资产配置与高房价

第 38 讲　印度经济与房价：孟买高房价的启示　_239
第 39 讲　盘点世界上的高房价　_246
第 40 讲　豪宅为什么这么贵？从富豪的资产配置说起　_252

第九部分
高房价的危害

第 41 讲　鸡生蛋还是蛋生鸡？辨析高房价推高企业成本　_261

第 42 讲　高房价的真正危害：东亚低生育率之谜　_266

第十部分
分化变局与房产财富

第 43 讲　房地产调控，对房价的影响是什么？　_278

第 44 讲　新冠疫情暴发，全球房价趋势如何？　_286

第 45 讲　经济增速下行，房子还能不能买？　_298

第 46 讲　人口增速下降，以后房子会砸在手中吗？　_310

第 47 讲　中美竞争摩擦：房子还能买吗？　_320

第 48 讲　从金融结构看房价"泡沫"　_329

结语　做时间的朋友　_339

致谢　_351

自序
撕裂的房子：房地产研究的学术基础

万夫所指的白衣骑士

我是2009年回国，2012年买房，2015年开始参与房地产讨论的。对于房子的近距离观察，已经10年。10年来，中国房地产市场给我的最深刻印象，是一个巨大的撕裂。这种撕裂，主要体现在两个方面。

首先，房子是中国家庭财富的主要载体，帮助塑造了中国的中产阶层，但是却受到巨大的批评。

根据测算，中国家庭房产总市值在400多万亿元，持有的股票总市值大约只有40万亿元（总市值中家庭直接、间接持有的部分，包含基金、信托、保险、理财等），二者差了一个数量级。除此之外，中国家庭财富的主要载体还有储蓄存款（大约100万亿元），另外还有少量其他资产。总体上看，房产在中国家庭财富中的占比，大约在70%。

仔细玩味这个数字，你会发现一个近乎惊悚的事实：如果没有房地产市场，中国家庭将失去70%的财富。倘若如此，中国过去十几年的经济增长，就与中国家庭无关，中国就没有目前数量不菲的中产阶层，绝大多数家庭就依然贫穷。进一步，如果财富无处安放，就不会有财富创造。中国过去20年的快速经济增长，可能根本就不会发生。

从这个意义上讲，备受责难的房地产，是中国经济真正的白衣骑士。没有房地产的大发展，21世纪以来的中国经济史，要大幅重写。全球第二大经济体，人均10000美元的GDP（国内生产总值），这些人们认为理所当然的成就，可能就不会实现。

然而，就是这样一个白衣骑士，在现实中充满非议。扭曲资源配置、绑架中国经济、推高企业成本、伤害实体经济，和教育、医疗成为新的"三座大山"，等等罪名，一股脑儿堆在房地产身上。一方面是国民经济的支柱产业，是就业容器、收入来源、财富载体，另一方面是各种污名。在中国房地产市场上，可以看到巨大的撕裂，几近于人格分裂。

只要略微思考，不难发现这些罪名并不成立。比如说"伤害实体经济"这个罪名，真是莫须有。衣食住行是人类最基本、最重要的需求，其中第三项就是住。随着收入的增加，衣和食的比重在下降，住和行的比重在上升，这是客观规律。条件不好的时候，我们需要一个遮风避雨的小窝；条件好的时候，我们需要一个温暖、舒适、宽敞的大房子。作为人类最基本、最重要需求之一的居住，怎么就不是"实体经济"，怎么就变成了"虚拟经济"？目前房地产政策的基调是"房住不炒"，并没有否定住房的居住功能。每次看到义愤填膺的财经评论，我都只能陷入深深的无语。

英文中，房地产对应的是"real estate"，其中的real是实际、实体的意思，estate是财产、资产的意思。直接翻译，"real estate"就是"实际的财产"。既然是实际的财产，怎么就成了虚拟经济？类似于这样的逻辑悖论，在有关房地产的讨论中数不胜数，令人啼笑皆非。

坚强的泡沫

房产撕裂的另一个集中表现，在于对"房价泡沫"的判断上。中国大中城市房价很高，这是不争的事实。可是，高是不是就有泡沫，却有不同的意见。一眼看去，泡沫论占有压倒性的优势，似乎大部分人都认为房价有泡沫。

可是稍微仔细想一下，就发现不太对。如果大部分人觉得房价有泡沫，就不会去买房，甚至去卖房，免得这么大的泡沫砸在自己手里，损失惨重。那样的话，房价就会下跌。可是现实中，大中城市的房价很坚挺，在严厉的调控之下依然很坚挺，说明大多数人并不真觉得房价有泡沫，至少亿万买房者不觉得有泡沫。

所以，严格意义上讲，"泡沫论"在全体购房者和潜在购房者中并不占优势，只是在财经讨论中占据了优势。只不过财经媒体抓人眼球，泡沫论占据了太多的版面而已。

几年前，一位学友说：现在"泡沫"这个词被用滥了，你写个科普文说说什么叫泡沫。我当时差点就写了，可是回头一想还是算了。判断泡沫最直接的标准，也是最重要的标准，是未来资产价格是涨还是跌。泡沫论流行了多年，可是房价不但没下跌，还涨了很多，事实已经给了明确的回答。

至于依然有人说现在没破，不代表未来不破，我也是无言以对。对已经发生的事情视而不见，对主观推测的事情坚信不疑，我不知道这是什么思维方式。大概率的事情是，即便未来房价偶尔回调，依然也是高位的小幅回调，买房的人依然回报丰厚。

其实，很多持泡沫论的人，内心也是极矛盾的。觉得房子贵，买不下手，这是人之常情；可是如果房价跌一点，又会想办法去买。所以，泡沫在这里有一个朴素的含义，就是"贵"，这无可厚非。无法掩盖的事实是，很多人并不觉得房价要跌，而是希望低一点，好低价买入，然后持有待涨。

所谓"屁股决定脑袋"，房价有没有"泡沫"，和一个人有没有房、有几套房、在什么样的城市有房，是有很大关系的。到这里，我们就脱离客观讨论的范畴了，暂且打住。但是现实中，大家都希望有个宽敞、舒适的大房子，最好在大城市、好地段，周边配套好，却是不争的事实。

房价泡沫论，还有一个似是而非的证据，要简单提一下：如果没有泡沫，为什么要进行房地产调控？其实，房地产调控的对象并不是房价水平，而是房价增速，目的是防止房价增速过快，财富差距进一步拉大。考虑到房子是最大的单件财富载体，买没买房差异很大，很多中低收入家庭，以及后入场的年轻人还没买房，这是很有必要的。不然，房价的快速上涨，会让全社会更加撕裂。

婴儿与洗澡水

讨论中，有人会把房地产行业的乱象和房地产行业本身混为一谈。这是典型的"婴儿与洗澡水"的混淆：泼掉洗澡水，要把婴儿一起泼掉吗？

过去 20 年，房地产作为一个新兴行业，就像一个野蛮生长的婴儿。在野蛮生长的过程中，存在很多乱象，是不争的事实。实际上，房地产行业作为一个曾经几乎是暴利的行业，乱象尤其明显。金碧辉煌的售楼处，雇来装门面的俊男靓女，满大街的房地产中介，清晰表明了里面的暴利空间。这些都不是房子，而是房子的销售成本，不会增加你的居住面积，是会随风飘散的。

暴利带来乱象，古已有之。历史上凡是发展很快、利润很高的行业，必然吸引各路豪强，免不了各种乱象。穷极各种手段抢占市场份额、排挤竞争对手，甚至官商勾结、舆论操纵等等，层出不穷。房地产老板和身边的人，在过去20年挣了很多钱，也是不争的事实。生不带来、死不带走的东西，并不决定一个人的价值。未来如何使用这巨额的财富，才决定他们的人生价值与底色。

然而，这些都是行业快速发展中利益分配的问题，不是行业本身的问题。残酷的事实是，人类文明史，就是在各种纷争中发展的。人类文明史，其实一点也不文明，但是我们无法因此否认人类的进步。有问题治理问题，行业就是这样进步的。因此而否定这个行业，是没有依据的。

房产研究的学术基础（一）：经济学

如果我们能真正冷静下来，冷眼看房产的撕裂，就会发现这种撕裂虽然触目惊心，亦是情有可原。

从微观看，房子是家庭财富的主要载体，是家庭最重要的单件资产。从宏观看，房子是宏观格局的映像，房价反映了人们对于世界格局、未来变迁的判断。一旦涉及宏观格局、涉及预判未来，就有很多方面、很多角度，盲人摸象、意见纷呈，也就不奇怪了。尤其是在中国经济转型、全球格局变换的大背景下，就更难看清楚。

简单梳理一下，要透彻看清房子的格局，需要很多的知识基础，或者说需要很好的"常识"。如果要从学术角度看清房地产，则需要很深入、很全面的学术基础。这种学术基础，至少包括三个方面。

首先，要有很好的经济学基础。这个基础不是纸上谈兵，而是要能透彻掌握基本的原理，并且应用这些原理分析现实世界。现在经济学有很多分支领域，比如宏观经济学、微观经济学、发展经济学、信息经济学、劳动经济学、计量经济学、国际经济学、制度经济学、演化经济学等等。需要做到的，是不要局限在细分领域，也不要局限于某个流派，而是能触类旁通，理解主要的、重要的经济原理，并且能够用来分析问题。

比如说，你要懂经济增长，对困难重重的中国经济的前景，要能做出理智的判断。在很大程度上，买房子就是买未来。看好中国经济的未来就买，不看好就不买。考虑到未来的巨大不确定性，在这一点上就会有很大的分歧。我个人对中国经济的未来持谨慎乐观的态度，这是基于对经济增长原理的基本理解。尽管面临诸多困难，但是在技术进步、人力资本提高、市场理念深入人心的大背景下，我看不到中国经济长期停滞或者倒退的理由。

除了经济增长，你还需要了解城市化。房子的价值，就是城市的价值。没有发展潜力的城市，房子是不值钱的。因此，对于城市的基本原理，对于城市的原始森林般的强大生命力，你要有足够的理解。理解城市的原理之后，你会敬畏城市的价值，对房子价值的倔强，也就不会感到奇怪。

一些财经评论一边推崇市场，一边抱怨房价泡沫，其实是自相矛盾的。城市是市场的载体，如果相信市场，就会看好城市，就会从底层理解房价的逻辑，不会轻言泡沫了。说到底，还是对市场的理解不够深入，对城市的理解不够深入。

这里我要加一句注释。我看好城市房价，但是从不看好农村的房子，农村的房子没有投资价值，只有拆迁价值，居住价值也一般。一般来说，我也不看好小县城的房子，大部分小县城没有发展潜力。此外，我也不看好远郊区的房子，比如环京的房子我从不推荐。

经济学基础有很多方面。除了刚才说的经济增长、城市化，很多经济学分支的理论都对全面理解房价不可或缺。比如货币理论，有一个坚实的货币理论基础，明白货币发行的基本原理，你就不会随口就讲"货币超发"，并且把房价上涨归因到"货币超发"，因为犯罪嫌疑人根本不在现场。

房产研究的学术基础（二）：金融学

除了经济学基础，理解房价你还需要金融学基础，背后的原因很简单，房子是重要的资产，其价格取决于未来现金流的现值。为了估算这个现值，你需要深入理解资产定价的基本原理，要把相关的重要因素都考虑进去：收入增长、租金增长、通货膨胀、贴现率等等。而且，理解这些基本原理还不够，还需要深入理解这些因素的决定要素。

比如说，很多人关心房地产信托投资基金（REITs，real estate investment trusts）的投资价值，认为买不了房，可以买REITs间接买房。可是如果你的金融学基础比较扎实，你就会知道一个概念叫"公司治理"。这个概念的实质是资产的现金流，受到公司治理质量的严重影响。有时候，公司有现金流，可是股东拿不到，因为被管理层"分流"了；还有的时候，管理层不好，导致现金流很少，都分给股东也没多少，这时候公司资产也就不值钱了。

深入理解"公司治理"这个概念，你会发现REITs不是个好的投资品，主要原因有两个。第一，REITs的底层资产并不是大中城市的房子，而是高速公路、工业园区、水务公司等等。这些资产，总体资质并不一定很好，需要具体分析。这个分析和分析单个股票的价值是一样的，涉及很多细节。无论如何，REITs不能和买房挂钩，更不能和买房等同。除了名称中有"房地产"的字样，我实在找不出REITs和买房有什么关系。第二，这些资产的现金流很不透明，管理团队操作的空间很大，因此对管理团队的依赖很大，这是很大的风险因素。

房产研究的学术基础（三）：中国经济变迁

刚才说的是一般的学术基础，包括经济学、金融学。除了这些，你还要了解中国的实际情况，了解中国的经济改革和经济变迁。不然，你很容易套用书本，陷入教条。

中国的经济变迁，迅速而剧烈，需要近距离仔细观察。一些很资深的美国经济学家，也认为中国房价有泡沫，不是经济学功力不深，而是隔岸观火，不了解中国经济变迁的机理。这么说，不是说美国学者的分析没有价值。相反，顶尖学者的分析思考，有重要的参考价值。我的一般做法是仔细理解这些学者的分析，将其作为自己分析的重要参考。需要避免的是"以名取人"，因为是著名学者，就照抄他的结论。其实，这种态度并不是科学，而是"科学迷信"。

比如说，中国的经济周期和美国的经济周期本质上是不同的，对资产价格的含义也不同。美国的经济已经基本处于稳态，经济周期是经济围绕稳态的波动，一般幅度不大。美国经济波动如果很大，往往是发生了经济危机或者金融危机。这时候，房价如果回调，往往需要几年时间的调整。因此，在美国买房抄底，不需要太着急，比如 2007 年美国房价开始下跌，到了 2010—2011 年才开始反弹。这种情况下，稍微等 1~2 年，并不会错失机会，可以等等看。

作为对比，中国的经济周期完全不一样。中国经济还在一个上升趋势中，并没有进入稳态。中国经济的回调表现为经济增速的下降，往往是宏观调控的结果，是主动的收缩。而且，因为中国经济总体增速依然很快、干扰因素很多，很难用增速高低来简单判断经济冷热。比如说 2021 年，看起来经济增速很高，上半年达到 12.7%，全年估计在 8% 左右，增速并不低，可是考虑到 2020 年因为疫情基数低，实际上 2021 年的经济不但不热，还很冷。去掉出口的巨大贡献以后，经济就更冷。这样一来，就很容易理解为何年中的时候，财政政策和货币政策都转向宽松。

总体上看，中国经济的回调，往往并不是经济本身低迷，而是宏观调控的结果，总体增速依然很高。因此，中国房价很少有大的回调，在中国买房，等等看就不是一个好的策略。很多人有这样的经历，想回调再买，结果很难等来回调，等来了也是转瞬即逝，最后只好硬着头皮买。

致谢与说明

上面梳理的，是看清房价底层逻辑需要的一些知识基础，包括经济学基础、金融学基础，以及对中国经济变迁的研究基础。在参与讨论的这几年中，我发现很多人的观点偏颇，源于其学术基础不完备。比如，很多经济学家对于金融的理解不深，很多金融专家对于经济学的理解又不深。既懂经济又懂金融的学者，可能对中国的实际问题，对中国经济改革、经济变迁的理解又不深。这不是学术功力不够，而是每个人的时间、精力都有限，心有余力不足而已。

幸运的是，笔者早年追随几位中国顶尖学者学习经济学，对中国经济现实耳濡目染，打下了基础。后来在美国学习金融学，并从事多年的教学和研究，也算有了金融学的功底。回国以后，参与了土地、财政、城市化等具体问题的研究，积累了对中国实际问题的理解。这样一来，多方面的学术储备算是比较充足，后来碰巧研究房价，也是得心应手，不算费力。借此机会，感谢一路求学路上的诸多师长，特别要感谢的是宋国青、赵耀辉、林毅夫、周其仁、柯蒂斯·泰勒（Curtis Taylor）、丹尼尔·格雷厄姆（Daniel Graham）、皮特·凯尔（Pete Kyle）、西蒙·杰维斯（Simon Gervais）。

除了这些师长，还要感谢一路走来的诸多学友。万科的谭华杰，中央党校的郭强，社科院的朱恒鹏、张斌，人民银行的缪延亮，还有我太太唐涯，都是我思考学习的学术伙伴。他们的学养是一面镜子，照出我思维中的不足，不断修补我思维中的漏洞。

最后要做一个说明。呈现在你面前的这本书，是我的一门线上课的讲义修改而成，课名叫"徐远的房产财富48讲"。在此之前，还出过一本《城里的房子》，内容和这本书有不少的重叠，主要观点也保持不变。《城里的房子》出版以后，又增加了不少的内容，并且把之前的内容修改、重写，变成了线上课。因此，如果你已经买了《城里的房子》，或者订阅过"徐远的房产财富48讲"，那么不一定要买这本书。

第一部分 中国高房价迷局：流行的谬误

那些看似颠扑不破的真理，可能都是流行的谬误。

1. 北京房价只有纽约的一半，和东京 1990 年的房价差了一个数量级，说其有泡沫的证据严重不足。

2. 从供需角度看，未来北京房价会超过纽约。

3. 静态的房价收入比不是分析房价的正确指标，要用动态修正的房价收入比，考虑未来的收入增长和收入分配。

4. 房价收入比的原理和股票市盈率的原理是一样的，高估值代表了高增长潜力。买股票的时候不应该只看市盈率，买房子的时候也不应只看房价收入比。

5. 2000 年以来，我国通胀低于世界平均水平，远远低于主要发展中大国，货币超发的证据严重不足，高房价的锅不能让货币超发来背，因为犯罪嫌疑人根本不在现场。

6. M2 不是衡量货币总量的最合理指标。用广义货币 M3 衡量的话，中美货币总量差不多，不支持中国货币超发。

7. 决定房价的是位置，不是土地。大城市核心区的土地很难增加，远郊的土地供应可以增加，但对降低城中心房价作用有限。

8. 土地财政是地方政府、开发商、买房者、银行四方共赢的阳谋。明智的选择是加入这场游戏，不做局外的受害人。

第 1 讲
中国房价有泡沫吗？

本讲我们讨论一个最核心的问题：中国的房价有泡沫吗？有的话什么时候破？对这个问题的回答，决定你是看多房价，还是看空房价。

中国房价和 1990 年的日本很像吗？

先来看房价有没有泡沫的问题。现在的基本情况是中国房价确实已经很高了，特别是一线和核心二线城市，已经高得有点让人受不了。于是，很多人认为房价的泡沫已经很严重，甚至和 1990 年的日本很像，处在泡沫破灭的前夜。

为了看清这个问题，我们把北京和东京做个比较，看看北京的房价和东京比，到底处在什么水平上。因为已经过去这么多年了，不好直接比较，我们用美国作为标尺来进行比较。美国这些年一直是全球最大经济体，而且房价相对稳定，适合作为标尺。

1990 年的时候，东京高端住宅的价格达到过每平方米 8 万美元，当时纽约高端住宅的价格也就每平方米 1 万多美元，东京高端住宅的价格是纽约的 8 倍。对比均价的话，东京核心区的均价达到每平方米 3 万多美元，而纽约中心城区的均价每平方米才四五千美元，两者差不多也是 8 倍的差距。

2018 年的时候，纽约的房产均价为每平方米 2 万美元多一点，北京的均价为 1 万美元多一点，纽约房价是北京房价的 2 倍左右。

所以说，以纽约房价作为比较基准，一个是纽约的 8 倍，一个不到纽约的一半，一里一外，相差了 16 倍，2018 年北京房价是 1990 年东京房价的 1/16。因此，北京的房价虽然很"高"，但是和 1990 年的日本相比，还差很远，二者远远不在一个数量级上。"高"和"泡沫"是两个概念，"高"不一定就有泡沫。

说到这里，你可能觉得很奇怪，1990 年的东京房价怎么这么高？是纽约的 8 倍多，也太夸张了。是的，是很夸张。当时不仅东京，日本全国的土地都很贵。当时日本全国土地价值是美国的 4 倍，考虑到日本的国土面积只有美国的 1/25，一里一外，日本的土地单价是美国的 100 多倍，简直离谱。正因为如此，日本 1990 年的地产泡沫是近代经济史上最严重的泡沫，我们甚至都想不出还有哪个泡沫可以和这个泡沫相提并论。

后面我会专门讲日本的泡沫是如何形成、如何破裂的（参见本书第 21 讲、第 22 讲）。本讲是要说明，日本当时的地价之高，远远不是今天的中国能够比的。开一句玩笑，和当时的日本相比，今天的中国地价简直就是很便宜，更谈不上泡沫，甚至没资格谈有泡沫。

北京和纽约，谁的房价应该更高？

前文说北京房价比东京便宜很多，泡沫的证据严重不足，可是有没有这么一种可能性，就是北京的房子虽然比东京便宜，但是依然有泡沫？换句话说，有没有一种可能，东京房价是个很大的泡沫，而北京房价是个小小的泡沫呢？

从逻辑上，我们不能排除这个可能性。为了回答这个问题，我们进一步比较一下北京和纽约。北京目前的房价比纽约低，那么你觉得在未来，北京和纽约这两个城市的房价，应该哪一个更高？你可能会脱口而出，当然是纽约的高了。纽约是世界之都，人均收入那么高，房价当然应该高于北京。但是，我们用基本的经济学框架进行一些分析，简单比较一下需求和供给，你会发现结论完全是反过来的。

首先从需求看，北京是中国的政治、经济、金融、文化中心，资源高度聚集。北京有全中国最宽的马路、最好的医院、最好的学校。而纽约呢，只是美国的金融中心，美国的政治中心是华盛顿，文化中心是波士顿。纽约只是"一个中心"，而北京是"四个中心"。[①]从资源聚集的角度，纽约和北京是没法比的。我们一直说，买房其实买的是城市资源，北京聚集的资源多，房子的附加资源也就多。从需求上看，北京住房的需求是远远超过纽约的需求的。而且，中国总人口是美国的4倍，这进一步增加了对北京住房的总需求。

我们再看供给。你想一下，就会发现北京住房的有效供给比纽约少很多。为什么呢？两个原因。一个是纽约的建筑密度大。由于限高和城市规划等因素，北京的房子建得很矮、不密集，而纽约曼哈顿岛上的房屋很高、很密。根据统计，每平方米的土地上，曼哈顿建了11平方米的房子，而北京的二环以里，面积和曼哈顿差不多，每平方米只建了不到1平方米的房子。这样一来，纽约的房屋面积就是北京的十几倍。

第二个原因是纽约的房地产市场效率高、房屋的利用率高，相当于进一步增加了有效供给。

---

① 严格意义上讲，美国是多中心的国家。比如在文化上，波士顿从严格意义上算不上美国的文化中心，很多其他城市文化氛围都很浓。再比如，华盛顿特区是美国首都，算是美国的政治中心。但是美国的政治比较多元化，美国政治中心的地位虽然也很重要，但是不如中国重要。

纽约的房屋出租率高，闲置的房子很少。北京呢，很多房子空着，利用效率很低。举个例子，北京的很多房子，包括国家机关、事业单位、各种单位的大院子，这些房子都是不卖、不出租的，这就大大降低了房屋的利用效率。

所以，简单概括一下，北京的房屋需求比纽约大、供给比纽约少，北京的房价当然是要超过纽约的。这和很多人的第一印象是完全相反的。

那现在是什么情况呢？目前在可比的区位和档次上，北京房价大约是纽约的一半。纽约的核心区域房产均价换成人民币在14万元左右，而北京是七八万元。高端公寓房价，纽约折合人民币在30万元左右，而北京在15万元左右。不管是房产均价，还是高端公寓价格，纽约都比北京高了1倍左右。

所以，理论上北京的房价应该比纽约高，但实际上北京的房价只有纽约的一半。这就说明，北京的房价很难说有泡沫。进一步看，目前北京的房价在全国名列前茅，北京房价没有泡沫的话，其他城市也很难说有泡沫了，至少说有泡沫的证据不足。①

读到这里，相信你已经意识到，我对中国房价的观点和市场流行的观点有很大的不同，分析的角度也有很大的不同。

在后面的各讲里，我会逐步详细解释这些观点是怎么来的、有哪些理论基础、有哪些数据支持，帮助你形成一个系统性的分析框架，认清房产财富的基本逻辑，逐步形成你自己的判断。

关于中国的房地产市场，有很多重要的问题都需要仔细分析和澄清，比如：

---

① 这段话是2018年初写的。2018年以后的2年多时间，北京房价涨幅较小，深圳、上海涨幅较大，房价已经有超过北京的迹象。另外，2016年调控以后，很多中小城市房价涨得凶，一些中小城市房价可能有泡沫。

（1）中国的房价收入比为什么这么高，房价到底有没有实际收入的支撑？

（2）我国的生育率已经下降，人口老龄化已经开始，这两大人口问题会不会导致房价的断崖式下跌？

（3）信息技术的进步、交通技术的进步，使得人们可以远程工作，不用见面交流，这会不会扭转人们往城市聚集的趋势，导致城市的房价下跌？

（4）应该如何看待旅游地产、海外地产、商业地产的投资价值？共有产权房能不能买？房产税什么时候推出，对房价有多大影响？

……

这些问题都很重要、很实际，我在以后各讲会一一解答。同时，我还会解答买房子应该注意哪些细节问题，比如应该如何挑选城市、如何挑选地段，应该怎么安排付款，等等。希望这些讲解对你的实际决策有所帮助。

本讲要点：

（1）我国目前的房价虽然很高，但是和日本1990年的房价比还差了十几倍，还有数量级的差距。

（2）长期看，北京的房价应该是高于纽约的，但是现在北京的房价只有纽约的一半。从这个角度看，北京的房价不仅没有泡沫，还有很大的上涨空间。

第 2 讲
我国的房价收入比为什么那么高？

本讲澄清两个流行的认识误区，一个是关于房价收入比，另一个是关于房地产调控。现实中，很多人会有这样的疑问：中国的房价收入比这么高，怎么可能没有泡沫呢？没泡沫的话，政府为什么反复调控房价呢？这两个问题都非常重要，引起很多误解，本讲我们仔细澄清这两个问题。

房价收入比：你可能算错了一点点

先来看房价收入比。现在一线城市房价收入比达到60多倍，不吃不喝60多年才能买得起房子，这被当作房价泡沫的铁证。

可是呢，房价收入比的计算，很多人算错了一点点。错在哪一点点？错在"收入"的计算上。房价收入比中的"收入"，是"未来的中高收入"，是拿现在的房价和未来的中高阶层的收入比较，不是现在的房价和现在的平均收入比较。

这里提醒大家注意，收入前面我加了"未来"和"中高"两个限定语。为什么呢？

加"未来"这个限定语，是因为目前房价是对未来收入的提前反映。举个例子，如果你看好一只股票，觉得这家公司未来盈利会大涨，你不会等到未来再买它的股票，而是现在就买，因为你不买别人会买，大家一起抢着买，就会把股价买上去。这样一来，股票的估值现在就会很高，不会等到未来盈利实现了再涨。换句话说，现在的高估值是对未来盈利增长的提前反映，不是因为现在的盈利水平高。

房子的道理是一样的。过去十几年，城市化快速进行，大量人口从农村向城市转移。大规模的城市化是当代中国最清楚不过的事情。人到了城里就需要住房，未来还有好几亿人要进城，挡也挡不住，赶也赶不走，这是个非常清楚的事情。所以，中国的大城市就像盈利增长稳健的大公司，这个"公司"的潜力大家都看到了，于是就开始买这个"公司"的"股票"，这个"股票"就是房子。这个逻辑，很多人都看到了。早看到的，早就买了；晚一点看到的，晚一点也买了。越来越多的人看清楚了，就把这个价格买上去了。

大城市房子贵，就是这个道理。所以，计算房价收入比，要用未来的收入，不是现在的收入，因为房价会对未来的收入提前反映。

第二个约束条件是"中高收入"。为什么强调"中高"呢？因为未来不是所有人都买得起房子，中高收入阶层才买得起房，其余人要租房住。比如说，纽约、东京、香港、首尔这几个国际大都市，租房率分别为68%、54%、55%、60%，租房子住的人都超过一半。所以，以后超过一半的人是要租房住的，中高收入阶层住自己的房子，中低收入阶层租别人的房子、付房租。所以，房价收入比中的"收入"应该是中高收入阶层的平均收入，不是所有人的平均收入。

那么，未来的中高收入多少呢？我们来简单匡算一下。

比如说北京，现在普通家政人员、快递小哥的收入是六七千元，高一点的上万元，有学位、有几年工作经验的年轻人月收入经常在2万元以上，这样算下来一年就是24万元。每年增速按照8%计算，10年后就是52万元，夫妻两人的收入就是104万元。这是未来1年的家庭收入，现在北京一套小三居的均价是700多万元。所以，现在的房价和 10 年后的中高收入比只有 7 倍多。

因此，加了"未来""中高"这两个限定语，你马上发现房价收入比并不高。也就是说，相对于未来的收入，今天的房子虽然贵，但是完全在合理的范围内。此外，大家都知道，中国的收入统计不完善，很多人都有隐性收入，收入越高的人隐性收入越多。所以，上面的收入匡算是很保守的。这样一来，你就能理解为什么房价看起来这么高，还是有那么多人买，调控了也不下去，新盘一开盘就被买光。归根结底，就是因为这个房价背后是有坚实的收入支撑的。

上面的计算并不复杂，但是计算结果可能出乎一些人的直觉感受。你不妨拿出计算器自己演算一下，加深理解和感受。

看到这里，你可能还是有疑问。为什么其他国家的房价收入比很低，而偏偏我们这么高呢？

这一点其实不难理解，我们虽然目前的收入水平低，但预期收入增速还是比较快的，而美国、日本这些国家的收入水平已经很高，预期收入增速就慢下来了。收入增速高，房价收入比就高，否则就低。美国、欧洲、日本已经进入稳态社会，未来的收入增速不快，因此房价收入比就不高了。

此外，绝大多数国外城市都有房产税、保险费、管理费等房屋持有成本，也压低了房价。房产税的问题比较复杂，我们在后面专门讲。

所以，总结一下，一个城市房价收入比高，不一定说明这个城市房子贵，很可能是因为这个城市的增长潜力好。一个城市房价收入比低，不一定是房价低，更可能是这个城市的增长潜力低。你看，很多小城市的房价收入比不高，只有 7～8 倍，就是因为发展潜力不大。

既然没有泡沫，政府为什么会调控房价？

上面我们分析了房价收入比。通过这个分析，结合第 1 讲中北京房价和东京房价、纽约房价的比较，我们更加确信中国的房价其实是没有泡沫的。

接下来，你可能还会问：如果房价没有泡沫，为什么我国政府会反复调控房价？这个问题很重要，涉及对房价问题的更深层次的理解。为了回答这个问题，你可以反过来问：没有泡沫，就不用调控房价了吗？你仔细想想，可能有很多原因导致政府要调控房价，其中最重要的一个原因就是财富分配问题。

过去这 20 年，中国经济增长太快，像一列疾驰的火车，买了房的人就像买票上了车，财富跟随列车快速上涨。但是因为各种原因没有上车的人就会被拉开差距，造成财富差距很大。现在很多中低收入的人买不起房，刚入职场的年轻人也买不起房，如果房价上涨得过快，财富差距会越来越大。这样一来，没买房的人就越来越没有希望了，工作不安心了，心情也会很压抑，这不利于整个社会的繁荣。其实，现在房价成为"国民话题"，引起全民热议，就已经反映了这个问题。

一个社会要稳定，最重要的是大家都要有盼头，人活着是要有希望的。活着没有希望，是个可怕的状态，会产生很多问题。从社会繁荣稳定的角度，政府一定要保证财富差距不要过于极端。目前的差距已经很大了，所以要出台调控，让房价不要上涨过快，这样没买房的想办法买房，针对收入特别低的人群还出台保障房政策，所有人都有房子住，社会才能稳定。

所以，房地产调控不是调控价格水平，而是调控上涨速度，让房价上涨不要过快。房地产调控调节的是财富分配，终极目的是社会的稳定。目前我国的财富不平等已经非常严重，调控的效果不一定很好，会引起很多争议，但是不调控一定是不行的。

本讲要点：

（1）考虑到未来的收入增长，以及只有中高收入的人才能在大城市买房，其他人要租房，目前我国大城市的房价收入比并不高。

（2）虽然房价没有泡沫，但是政府还是要调控房价，调控的不是房价的水平，而是房价的增速，是为了防止财富差距进一步拉大。

第 3 讲
土地财政：四方共赢的合谋

其实，我国的房价泡沫说了很多年，就是不破，本身就说明泡沫论是有问题的。

有的读者可能会说：我们不是经济学家，并不真的去计较泡沫到底是什么意思，大家说泡沫，无非就是房价高的意思。

这句话很实在，相信很多人都同意。但是对于决策而言，更重要的问题不是价格高不高，而是价格会不会下降。会降的话就等一等，不会降的话，高你又能怎么样？还不如抓紧买，这是个非常实际的问题。

看房子会不会降价，就要看有没有降价的理由。现实中，有很多说法，认为房价是各种扭曲导致的，是虚高，只要把这些扭曲理顺了，房价就能降。其中最有代表性的"扭曲"是两个，一个是土地财政，一个是货币超发。很多人认为，只要管住了这两大"罪魁祸首"，房价就会下跌。是不是这样呢？

本讲我们先来看看"土地财政"。我们通过回答三个常见的问题，来看清土地财政的本质。

第一，面粉比面包贵，到底是怎么回事？

第二，增加土地供给，就一定会降低房价吗？

第三，土地财政伤害了谁，成全了谁？

本讲的分析比较长，我先预告一下基本结论。这三个问题的答案，和你以往经常听说的都不太一样，甚至是相反的，土地财政不仅不像传说中那样是房价高的罪魁祸首，还对抑制房价有一定的积极作用。

是房价拉高地价，而不是地价推高房价

首先来看第一个问题，面粉比面包贵。有一种说法流传很广，说拍卖的土地的价格常常比周边的房价还要高，俗称"面粉比面包贵"。这种说法很形象，很容易听懂和接受，但是呢，没有意义，因为比较的对象不对。

为什么这么讲？因为现在已经建好的、在销售的房屋，土地都是几年前拍的，甚至是10多年前拍的，那时候的土地比现在便宜很多。现在新拿的土地对应的是几年后的新房，开发商拿地贵，是预期未来房价还会涨。换句话说，现在的新面粉蒸的是几年后的馒头，那时候的馒头价格还会涨的，否则开发商怎么会这么傻，做亏本的买卖？所以，下次你见到这样不严谨的比较，不妨一笑而过。

"面粉比面包贵"这个说法之所以很流行，是因为大家对于"土地财政"的怨念很深。很多专家认为是"土地财政"推高了房价，其基本逻辑是这样的：政府卖地的时候，价格很高，这个很高的价格就变成了房屋成本的一部分，最后转嫁到购房者身上，成为房价的重要部分。

比如说，你看房屋成本的构成，其中土地成本加上各种税费是房价中的大头，占到房价的一半以上。如果土地没那么贵，成本降低了，房价自然就下降了。

这个道理看起来很顺，到底对不对呢？其实也是不对的。我们先来看一个简单的例子。苹果手机很贵，最新款的iPhone要6000多元。可是你知道苹果手机的成本是多少吗？硬件成本只有1600多元，扣掉研发、仓储、税收等，一部苹果手机的利润还有1000多元，可谓是暴利。苹果是当今世界市值最大的公司之一，靠的就是这个暴利。

可是，苹果手机能卖这么贵，原因在哪里？还是因为大家愿意买，需求大。等到有一天苹果手机的优势不在了，比如华为、OPPO、vivo等手机和苹果手机一样好用了，大家不去买苹果了，苹果的地位受到威胁，竞争之下价格就必须调整。

房价的道理是一样的。房价高的直接原因，还是大家想要、争着买，就把房价抬起来了。而且，一个城市、一个地段的房子，供应是基本给定的，可替代性很差，没有竞争，就造成了"皇帝的女儿不愁嫁"的局面。

这个时候，政府卖地的价格就是很高的。为什么？这是开发商竞价的结果，价格低的开发商拿不到地。而且，开发商也不傻，之所以出高价，是因为房子能卖出更高的价格。

理清了地价高的原因，我们回头来总结一下。地价高不是房价高的原因，而是房价高的结果。是房价拉高了地价，而不是地价推高了房价。认为土地价格推高了房子价格，是对价格形成机制的严重误读。

经济学上早有定论，商品的价格是需求决定的，不是成本决定的。到今天还拿成本定价，说明没掌握最基本的经济学原理。你想啊，买房的人都是自己去排队摇号的，开发商都是自己举牌高价拿地的，没有人逼他们。这背后，都是需求拉动的，不是成本推动的，推也推不动的。

供地不足：值钱的不是土地，而是位置

对于土地财政的批评，还有一个关键点，就是供地不足。只要地方政府增加土地供应，房价就会被压下来。这个观点乍看有道理，但是背后的细节也需要推敲，至少有以下几点需要注意。

第一，决定房价的是位置，不是土地。

你看很多三线、四线城市，地方政府为了筹集资金，卖了很多地，供地是很充足的。可为什么房价还是上涨那么多呢？特别是核心区的房价，还是涨很多，并没有随着土地供应的增加而下降。

因为决定房价的不是土地，而是位置。土地供应可以增加，但是位置是固定的，没法增加。增加的供地，是城乡接合部的地，甚至是城外郊区的地，不能替代城中心的地。随着收入的增加，城中心房价还是会涨的。大城市核心区的房价这么高，就是因为位置的重要性。

其实，中小城市的供地一直不是问题，对供地不足的批评，最多可以用在大城市。中小城市因为自己的财政压力，是很愿意卖地的，卖了地就有了钱，财政的日子就好过些，哪有供地不足这回事？你想想前两年，房地产去库存，去的大多数是中小城市的库存，也说明这些地方不存在供地不足的问题。

第二，城市越大，增加供地的难度也越大。

细心观察过的人都知道，城市土地的利用效率可以大幅提高，大家都同意这一点。但问题在于，其操作难度非常大。我自己在深圳专门做过调研，在那儿前后住了两个月以上，此后也在北京开车钻过很多胡同，知道大规模的城中村存在，可改造的空间很大，做得好的话，可以腾出来很多土地，建很多房子。如果增加楼房高度，可以建更多房子。

可问题是，这些改造谈何容易？拆迁补偿的成本越来越高，高到改造的动力越来越小。加上交通、消防、供水、供电等各方面的问题，协调和管理成本非常高，在核心区域增加住宅供应会非常难、非常慢。这就意味着，目前要把核心区的住宅供应当作基本给定的常数。同时，考虑到房子位置的不可替代性，这几乎意味着好地段的房子数量就是基本给定的，价格是一定会上涨的。

这里我想说的是，批评供地不足是一回事，能够实际增加城市供地是另一回事。大城市的拆迁成本高，配套复杂，增加供地的成本高，弹性是很小的。而且，大城市的财政状况好，政府也没有太大激励去快速增加土地供应。这样一来，在现实的考虑之下，大城市的土地供应是不会快速增加的。看清这个形势，有利于我们做出明智的决策，避免把房价下跌的幻想寄托在不合实际的期望上。

土地财政的实质：一场四方共赢的合谋

我们再来换个角度分析：谁从土地财政中受损失了？

我们不妨拿出一张纸，把所有的参与方都列进来。仔细想一想，土地财政有四个参与方：地方政府、房地产开发商、买房人，还有银行。土地财政的故事，是地方政府把地卖给了开发商，开发商在上面建了房子，卖给了买房人。这个过程需要银行的参与，开发商和买房人都从银行拿贷款。银行的资金，是整个交易过程的润滑剂。

那么，这四方谁受损了？谁也没有。地方政府拿了土地出让金和各种税费，开发商卖房赚了钱，买房人买房资产升值，银行从房地产贷款中赚了钱，谁也没有受损。

所以，这么看的话，土地财政其实是一场四方共赢的合谋。而且，这里没有阴谋，只有阳谋。政府出地，家庭出钱，银行提供信贷支持，开发商做中间人，就把房子建起来了，大家都有好处，谁也没有受损。

既然土地财政没有伤害任何参与方，为什么会受到那么多批评呢？我们再仔细想，其实还是有人受损了：没有参与这个游戏的人受损了，没买房子的人受损了。

自古以来，都是"不患寡而患不均"的。这四方合谋都赚了钱，那么多人没参与，包括新入职场的年轻人还没来得及参与。所以，对于这个游戏的批评，也不是完全没有道理。但批评归批评，关键是怎么办。看好这个游戏的话，还是要参与。否则，就只能做那个局外的受害者。

土地财政的积极作用

最后，我们反过来问一个问题：土地财政有积极作用吗？

这么一问，其实答案也很显然。你想，没有土地财政，拿什么为那么多基础设施和住房融资？简单说，没有土地做抵押，银行就不会发贷款；没有贷款，那么多的房子、路，以及配套的学校、商场，就建不起来。从这个角度看，土地财政其实是我国城市住房和基础设施的一种重要融资方式。

所以，土地财政不仅不是高房价的罪魁祸首，还可能帮助压低了房价。

这个逻辑是这样的：没有土地财政，这么多的房子很难找到融资手段，也就很难建造起来。这样的话，城市房屋总量就会减少，房价可能会更高。所以说，土地财政不仅不是高房价的罪魁祸首，还是被冤枉的英雄，是悲剧英雄。

最后这个观点跳跃有点大，很多人可能一下子接受不了，土地财政的问题比较复杂，以后有机会再进一步展开。目前你需要知道的是，土地财政推高房价的说法，是值得商榷的。

本讲要点：

（1）现实中地价很高，是房价高拉动的，是房价拉高地价，而不是地价推高房价。"面粉比面包贵"的说法，混淆了时间的概念。

（2）决定房价的是位置，不是土地。城中心的土地很难增加，几乎没有弹性，因此房价才会那么高。

（3）土地财政的实质，是地方政府、开发商、买房人、银行的四方合谋，这四方都受益了，只有没有参加这个游戏的人受损了。明智的选择，是参加到这场合谋中，成为受益方。

（4）在中国经济发展的大背景下，土地财政为城市住房和基础设施提供了一种融资手段，对于过去十几年的经济发展有积极的作用。

第 4 讲

货币超发推高了房价?
你学了假的宏观经济学（一）

这一讲我们继续分析流行的谬误，讲货币超发的问题。"货币超发，票子变毛，导致房价上升"，是一个非常流行的观点，很多人都听说过，可以说是深入人心的。为了看清楚这个说法背后的问题，我们来看三组数据，分别是通货膨胀、广义货币量和货币增长的趋势。看完这三组数据，你会发现，你可能学了假的宏观经济学，你从很多专家那里听来的断言，都经不住数据的考验。

国际比较：1998 年以来我国的通胀并不高

第一组数据，我们来看通货膨胀。全世界不管哪个国家，衡量货币是否超发用的都是通货膨胀这个核心指标，一般用 CPI，也就是消费者物价指数（consumer price index）的涨幅来衡量。通胀率高就说明货币多了，否则就不多。比如 1988 年，我国的通胀率是多少呢？18.8%，是很高的，引起了人们的抢购风潮，拿到钱就要去买东西，因为票子拿在手里就会变毛。如果第二天要发工资，头一天就要想好去哪里买、买什么，去晚了可能就买不到了。再比如 1994 年，通胀率是 24.1%，也是非常高的，引起了一轮严厉的宏观调控，堪称改革开放以来最严厉的一次。

可是，从 1998 年开始，也就是我国的住房商品化那一年开始，我国的长期平均通货膨胀水平并不高，甚至可以说很低。

我们来看数据。从 2003 年到 2017 年，我国的通货膨胀率平均是 2.6%，同期世界的平均通胀率是多少呢？是 3.6%。我国的通胀水平只有世界平均水平的 70% 左右。从通胀的角度看，我国的货币超发并不严重，比其他很多国家都轻微。

看到这些数据，很多人可能觉得难以置信，我仔细拆解一下。图 4-1 和图 4-2 给了世界发达国家和发展中国家的通胀率，发达国家包括美国、日本、德国、英国等，发展中国家包括巴西、阿根廷、墨西哥、俄罗斯、印度等比较大的发展中国家。注意，这些都是主要的大国，并没有特别小的国家，也没有像委内瑞拉这样的恶性通胀国家。

我们先来看图 4-1。在图 4-1 中，我们发现中国的通胀水平比主要的发达国家要高一些，但是高得并不太多。中国是 2.6%，韩国是 2.5%，下一个档次是英国、美国和西班牙，在 1.9% 到 2.2% 的范围内，差异不大。再往下，是意大利、德国和法国，通胀率要更低一些，在 1.3% 到 1.7% 这个范围内。最低的是日本，通胀率每年只有 0.2%，物价几乎是不涨的。

日本这么低的通胀率，其实也不太好。过去这 20 多年，日本一直想刺激经济，把通胀率给抬起来，这样就可以通过通胀来消化它的高额债务，可是一直都没有成功。日本的经验说明，通胀也不是说有就能有的，有的时候想要通胀，也不一定要得来。

我们再和发展中国家比一下。看图 4-2，你会发现中国的通胀水平在主要发展中国家中是很低的，只比泰国高，远远低于常见的发展中大国的通胀水平。比如说土耳其，是个很成功的国家，年均通胀率是 9.4%，是我国的 3.6 倍。从 2003 年到 2017 年这 14 年间，土耳其的物价翻了接近两番。我国涨了多少呢？涨了 47%，这么一比，就差了很多。

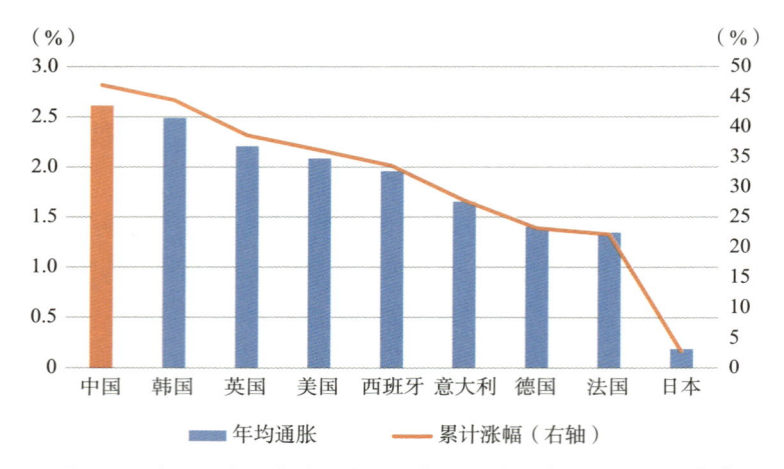

图 4-1 中国和主要发达国家的通货膨胀对比（2003—2017 年）

数据来源：世界银行。

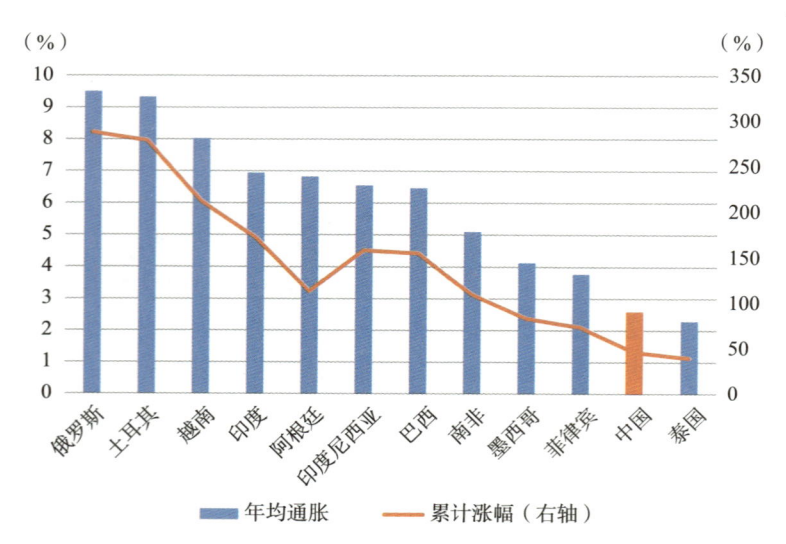

图 4-2 中国和发展中国家的通货膨胀对比（2003—2017 年）

数据来源：世界银行。

我国通胀率不仅远远低于土耳其、俄罗斯、越南这些高通胀国家，也远远低于印度、印尼、巴西、阿根廷这些中高通胀国家。这些国家的年均通胀率在 6%～7%，是我国的 2 倍以上。在发展中大国中，只有泰国的通胀水平比我国低一点，是 2.3%。考虑到这些年我国的经济增长比较快，泰国经济是基本停滞的，而高增长和高通胀往往是伴随在一起的，这也反过来说明我国的通胀控制其实是比较好的。

说到这里，补充一个细节，细心的读者可能已经发现了，就是我的通胀统计是从 2003 年开始的，不是从 1998 年，不是从住房商品化那一年开始的。这是为什么呢？因为 1998 年、1999 年、2000 年，我国经历了一轮严重的通货紧缩。也就是说，如果从 1998 年开始算的话，我国的通胀水平会更低，所以从 2003 年算其实是高一点的。

选择性记忆："蒜你狠"和"豆你玩"

看到这里，很多人是不信的，会觉得这数据一定错了。记忆里的"蒜你狠"（大蒜价格疯涨），"豆你玩"（绿豆的价格疯涨）这些事情印象太深刻了，我国的通胀水平怎么可能这么低呢？是大家的记忆错了，还是数据错了？

其实记忆没有错，数据也没有错，数据是这些记忆的记录。不过这些都是一个短时间内的事件，并不是长期存在的，而且媒体是报涨不报跌的，物价上涨的时候大家都很关心，媒体的曝光率很高，但是下跌的时候就很少有人关心，媒体的曝光率就低很多。这样一来，给大家形成的印象就是大蒜、绿豆的价格一直是上涨的，实际并不是这样。比如说绿豆，现在的价格是多少呢？是每斤 5 元左右。

2000年前后的价格是多少呢？是每斤2.75元。2008年高通胀的时候，每斤卖到4.2元左右。所以，从2000年到2019年，接近20年的时间里，绿豆的价格涨了不到1倍，只比平均通胀率高了一点而已。

其实，研究过通货膨胀的人都知道，农产品由于其自身的特点，价格波动是比较大的。农产品的生产周期长，仓储运输比较难，仓储运输成本比较高，这些都是农产品价格波动比较大的主要原因。比如说大蒜，我们可以看一下图4-3，体会一下大蒜价格的上蹿下跳。最贵的时候每斤卖过十几元，最便宜的时候每斤几角钱，甚至几分钱，种蒜的农民欲哭无泪也是有的。

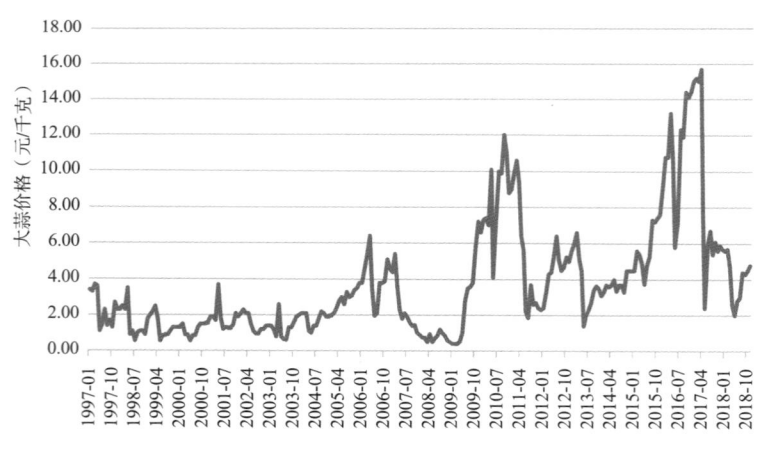

图4-3 大蒜批发价格走势

数据来源：Wind。

很多人都听说过"蒜你狠"，可是很少有人知道大蒜每斤卖几分钱的时候，蒜农是怎么熬过来的。这就充分说明我们对于新闻报道的注意程度是很不相同的。比如说，你知道现在的大蒜价格是多少吗？不买菜的人是很少关注的。大蒜在2019年1月的价格大概是每斤 1.2 元，而在 2017 年初，其批发价就达到了每斤 8 元，两年的时间跌去了 80%，但知道这个跌幅的人其实很少。

对这些数据还有怀疑的读者，请仔细看一下图 4-4。图 4-4 显示的是 1990 年以来我国每个月的通货膨胀率，你可以看到 1994 年有个很高的点，对应的是 1993 年到 1995 年那一轮严重的通胀，峰值达到 27% 左右，这是非常高的通胀率。但是后来就再也没有这么高过，1996 年以后通胀水平就没有到过 10%。1998 年、1999 年的物价涨幅甚至是负的，也就是物价总水平是下降的。物价上涨的时候称为通货膨胀，物价下跌的时候称为通货紧缩。1998—1999 年，我国不仅没有通货膨胀，还有通货紧缩。

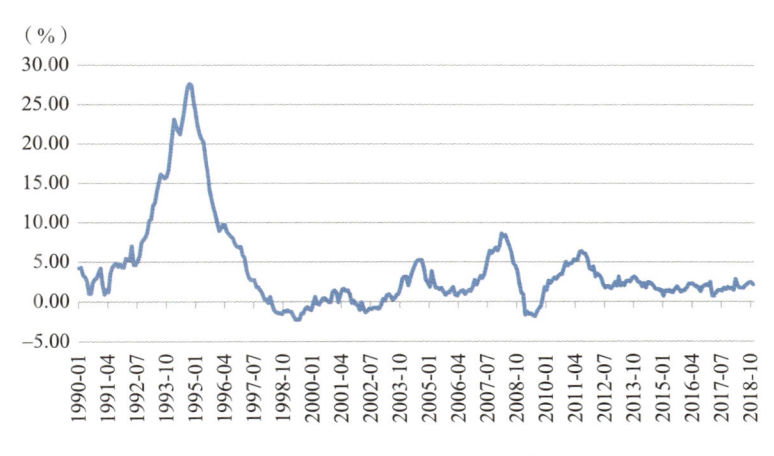

图 4-4　1990—2018 年月度通货膨胀

从 2000 年开始，我国物价的总体涨幅并不高，很少达到 5%，那最高的是哪一年呢？是 2008 年春天，峰值达到 8.7%。2011 年还有一个高点，峰值达到 6.4%，像"蒜你狠""豆你玩"，这些都是那个时候发生的。仔细看一下图 4-4，你就知道，2000 年以来，我国的平均通胀水平并不高。平均 2.6% 的通胀率，比很多发展中国家都低很多，比发达国家也就高一点点而已。

统计口径：各国都不包含房价

我们上面的反复对比说明，21 世纪以来，我国的通胀水平真的不高。考虑到快速经济增长容易带来高通胀，我国的通胀水平就更不高了。可能有些人还是会说，物价还是涨了很多啊！是的，是涨了很多，物价平均水平涨了将近 50%，其中食品类的价格翻了一番不止，从 2003 年到 2017 年增长了 120%，翻了 1 倍多。

这里补充一个一般规律，食品价格的上涨速度是要超过非食品的。你看电视机、电冰箱、空调、手机这些电器，质量在不断提高，但是价格并不涨，有时候反而是下降的。为什么呢？根本原因就是工业技术的不断进步。你再看服装，质量进步很快，价格也没怎么涨，考虑质量之后的价格，也是下降了很多。如果我们综合食品和非食品，物价总体涨速是不快的。

可能有的读者会质疑通胀的统计口径问题，言下之意是我国的统计数据造假。对于这种观点，我从两个角度来解释一下。

第一个角度，你可以去查一下 20 年前的物价，选一个日常最常用、最重要的商品篮子看一看涨了多少。仔细看了之后，估计很多人也就信了。

第二个角度，我解释两个常见的关于通胀统计口径的误解。

误解之一，有人问为什么统计通胀率时不包含房价。其实，没有哪个国家把房价算到通胀率里，因为在通行的国民经济统计当中，房子是投资品，不是消费品。试想，如果房子进入 CPI 统计的话，股票进不进入呢？债券进不进入呢？也没有哪个国家把股票、债券算进通胀统计，因为这些都是投资品，不是消费品。

但大部分国家是把房租算进去的，在我国新修订的统计口径当中，房租也是算进去的。

误解之二，很多人问为什么我国不使用外国的商品篮子，而用自己的商品篮子。其实，各国都是用自己的商品篮子，代表本国居民典型的、平均的消费组合，看本国的平均价格水平的变化，这一点我国并不例外。事实上，没有哪个国家是用别人的商品篮子的。

综合起来看，通货膨胀的统计不可能是完全准确的，但偏差也没有那么大。比如，目前的平均通胀是 2.6%，就算它被低估了，向上调 50%，到 3.9%，还是和世界均值差不多，比大多数发展中国家的通胀水平还要低。这么看，就不用在这个问题上过多纠结了。

本讲要点：

（1）衡量货币发行是否过度，最重要的指标是通货膨胀，通常用消费者物价指数（CPI）衡量。

（2）2003 年以来，我国的通货膨胀水平并不高，比发达国家高一点点，但是比发展中国家要低很多。

（3）各国通货膨胀的统计口径都不包含房价和股票价格，我国也不例外。从统计口径上看，并没有证据说我国的通货膨胀水平被严重低估或者高估。

第 5 讲

货币超发推高了房价?
你学了假的宏观经济学(二)

本讲我们继续看两组数据,看完这两组数据,你会发现,"货币超发"作为推高房价的犯罪嫌疑人,甚至根本不在案发现场。

广义货币 M3 并不多

我们要看的第一组数据,是货币的统计。

关于货币统计,一个流传很广的说法是,金融危机后,我国货币严重超发。证据是什么呢? 从 2008 年到 2017 年,一共 10 年时间,M2 增长了 300%(从 42 万亿元涨到 168 万亿元),而同期的 GDP 只增长了 160%(从 32 万亿元涨到 83 万亿元),GDP 的涨幅只有货币涨幅的一半。那多出来的货币去哪里了呢? 去买了房子,把房价买高了。所以,货币是洪水,房子就是蓄这些洪水的蓄水池。

这个说法太形象了,太深入人心了。可是,我就有一个小问题。俗话讲,人往高处走,水往低处流,房子能做蓄水池,这房子该建在多么低的洼地里! 现实中房子大都建在高高的位置上,还要建很多层,这货币的大水是怎么流上去的?

这么说,当然还是有点抬杠的意思,但我不是为了抬杠而抬杠,只是想提醒大家注意一点,说房子是蓄水池,就需要回答一个问题:房子为什么能蓄水? 只要这么一追问,你就知道人们愿意买房,还是因为房子的保值增值属性。以后,别人再跟你说蓄水池理论的时候，你一定要追问：为什么蓄"货币大水"的是房子，而不是大白菜？那么多的钱为什么去买房子，不去买大白菜？

抬杠就抬到这里。下面，我们来问一个简单的技术性问题：货币统计为什么用M2衡量，不用M3衡量？什么是M3？ M3是比M2更加广义的货币统计，简单说就是M2加上大额存单，再加上债券。

我们来看一个数字，就是广义货币M3和GDP的比率（M3等于M2加上大额存单、国债，再加上公司债等）。根据2018年第二季度的数据，这一比率美国是2.66，中国是2.71，只比美国高了一点点。如果四舍五入，只保留一位小数，那就都是2.7，没区别了。但是我们再看同期M2和GDP的比率，美国和中国分别是0.69和1.83，中国大约是美国的3倍。所以，所谓中国的货币多，无非就是M2多，M3并不多。

那为什么M2多，M3就不多了呢？这是我国的金融市场结构决定的。我国的金融市场中，银行业很大，债券市场很小。银行存款都是算进M2的，而债券市场的债券是算进M3的。作为比较，美国的债券市场很发达，银行存款的体量反而没那么大。

我们在这里稍微停顿一下，厘清到底是怎么回事。其实很简单，所有抱怨中国货币超发的专家，都挑了一个很顺手的统计口径——M2，而忽视了更加全面的统计口径M3。

你可能会反问，M3里面的债券真的能算货币吗？这个问题说复杂很复杂，说简单也很简单。你不妨这样想：你在银行的存款算货币，是因为安全、流动性好，那债券为什么不能算货币？比如说国债，金融机构拿着国债，可以随时兑换现金的。定期存款算货币，而国债不算货币？这显然是没有道理的。

说到债券换现金，很多人可能不太熟悉，我稍微解释一下。我从一个名词——银行间市场讲起。这个银行间市场是干什么的呢？是银行之间调剂资金的。你想，每个银行每天都有大量的资金往来，难免有缺长少短的，有的银行资金富余，有的银行资金短缺，互相之间调剂资金，是银行日常运营的一个重要工作。这个调剂银行资金的市场，就是银行间市场。怎么调剂？实质就是买卖债券。所以，债券的流动性很高，加一点点利息，可以随时换成现金。对银行而言，债券和现金的差别很小。所以，在广义的货币统计里，债券也是算进去的。

看到这里，你可能以为，以后要多注意 M3，更全面地看货币发行的总量。其实，这也不对。从全球范围和发展趋势上看，货币总量这个指标正在不断被淘汰，我国央行也在逐步淡化这个指标，用利率走廊、社会融资总量这些新的指标来代替。

20 世纪 80 年代以来，由于金融市场的不断发展，金融创新层出不穷，各种金融工具之间的界限不断模糊，货币的统计越来越困难。像我们上面讲的，国债和存款是可以很便利地换来换去的。所以，在主要的发达国家，M2、M3 这些指标都已经不再流行，它们更加关注利率指标。货币统计口径，由于统计和解读中的困难，已经慢慢变得只是一种参考。

上面的讨论有点抽象，涉及一点货币金融学的专业知识，很多人不太熟悉，接受起来可能比较难。这没关系，关于"货币超发"的讨论还会持续很多年。相信 10 年后很多人都会明白，历史上存在一个"货币超发的谬误"。我们只需要明白，货币统计口径很多，用 M2 看我国的货币是很多，但用更加广义的口径比如 M3，我国的货币就不多了。下回碰到有人跟你说货币超发的时候，就可以跟他探讨一下 M3 的问题。

房价和M2反向变化：南辕北辙，犯罪嫌疑人不在现场

下面我们来看关于货币超发的第三组数据：货币增速的变化。

先举个例子，从2015年到2017年，我国的货币供应量（M2）的增速大幅下降，从13.3%下降到8.2%，幅度达到40%。可是在这段时间里，房价不仅没有下跌，还大幅上涨，正是这一轮房价上涨，导致2016年以来出台了最严厉的房地产调控。从这几年的数据看，"货币超发"的速度是快速下行的，但是房价增速是快速上行的。这就给我们一个启发：货币超发作为房价上涨的"犯罪嫌疑人"，不仅不在现场，甚至是南辕北辙的，怎么能说货币超发导致了房价上涨呢？

如果上面的例子还不够，我再举个例子。从2017年开始，我国M2的增速就低于名义GDP的增速，就是说M2的增长甚至还没有经济增长快，2017—2018年的通胀也不高，货币显然是没有超发的。可是2017年的房价，特别是调控不太严厉的中小城市房价，还是涨了很多。你看，"犯罪嫌疑人"根本不在现场。

图5-1显示了这些年我国的M2增速和名义GDP的增速。你会看到，有好几段时间，M2的增速都是低于名义GDP增速的，包括2007年、2011年、2017年和2018年，而这些年的房价上涨压力都很大。这就说明，货币发行比GDP增长还慢的时候，房价也是涨的。货币超发这个"犯罪嫌疑人"不在现场的时候，罪案也照样发生。

本讲的两组数据，加上上一讲的通货膨胀数据，都说明房价上涨这个锅，没法让"货币超发"来背。

长期看，房价上涨的原因可以分解为三个方面，分别是经济增长、通货膨胀和城市化。通货膨胀是其中一个原因，但不是唯一的原因。把房价上涨简单归结为货币超发，有点过于简单粗暴了。何

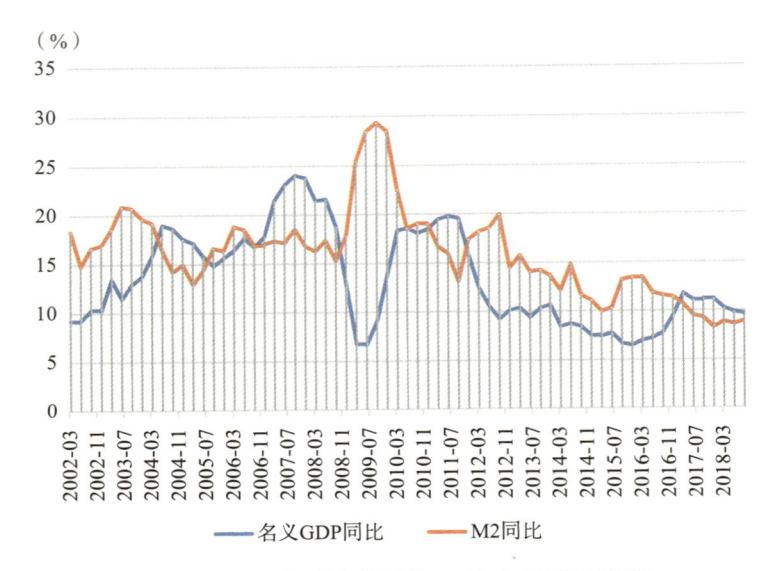

图 5-1　2002 年以来我国的 M2 和名义 GDP 增速

况，从国际比较的角度看，我国的货币超发并不严重，比很多发展中国家都轻微很多。

本讲要点：

（1）所谓我国的货币多，说的是 M2 多。看更全面的 M3 指标，我国货币并不多。所以，这是一个货币结构的问题，不是货币总量的问题。直接的原因是我国金融市场的结构中，银行一家独大，债券市场的规模较小。

（2）这些年来，我国经常出现 M2 增速低于名义 GDP 增速的情况。这些时候，房价上涨的压力依然很大，说明货币并不是推高房价的"犯罪元凶"。

第二部分
房价基本面分析：房价增速的计算公式

房价增速＝经济增速＋通货膨胀速度＋城市化速度

1. 房价上涨是全球普遍现象，中国并不特殊，增速也不例外。
2. 发达国家房价增速的一个粗略公式：房价增速＝经济增速＋通货膨胀速度。
3. 后发国家房价增速的一个修正公式：房价增速＝经济增速＋通货膨胀速度＋城市化速度。
4. 长期看，未来大城市房价平均每年增长6%，12年翻一番（2017年为基期）。
5. 技术进步不会逆转城市化，未来的太空城市也是密密麻麻的。
6. 生育率下降和人口老龄化，不会降低大城市的房价。

第 6 讲
房价上涨是全球普遍现象

看完第一部分，你可能有点疑惑了，以前听到和接受的很多观点，看起来都有点问题。可是，我国房价高是个事实，原因到底是什么？到底怎么理解高房价？

俗话讲"有破有立"，第一部分澄清了一些"流行的谬误"，算是"破"。从本讲开始，我们来树立正确的分析框架，算是"立"。

本讲重点讲两点：

第一，房价快速上涨，并不是我国特有的现象，而是全球范围内的普遍现象。

第二，从国际经验上看，即便是经济增速显著下行了，房价依然可能很坚挺。

我国房价上涨并不特殊

我国的房价上涨，在全球范围内看并不特殊。首先我们来看图6-1，图6-1描绘的是几个主要国家和地区2000年以来的房价增长情况，时间从2000年到2017年，国家和地区包括美国、日本、德国、俄罗斯等12个。从图中可以看到，除了日本以外，其他国家和地区的房价都是增长的，很多增速都很快。

如果你以为房价增速最快的是中国，那就错了。图6-1显示，中国的房价增速在中间，不是最快的，也不是最慢的。房价增速比中国快的有俄罗斯、印度、瑞典、澳大利亚，比中国慢的有美国、韩国、德国、日本等。印度目前的人均收入只有中国的四分之一多一点，可是自 20 世纪 90 年代以来经济开始起飞了，房价增长也已经很快了，过去十几年增速比中国还快。

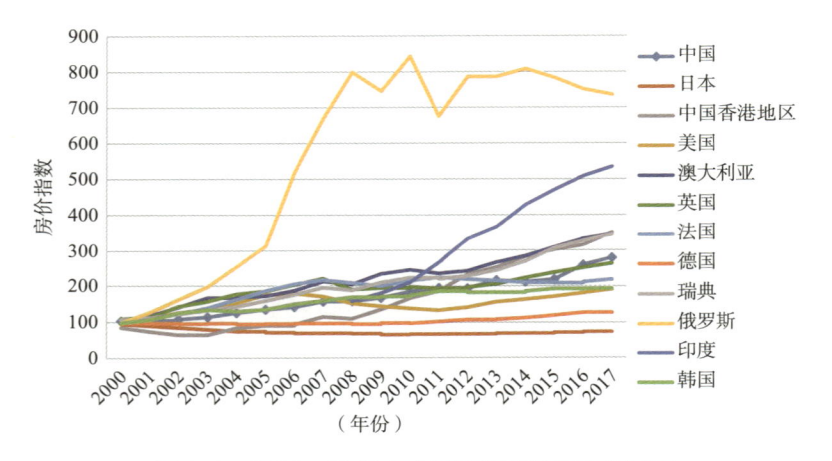

图 6-1　2000—2017 年主要国家和地区房价增速

注：以 2000 年房价为基数 100。
数据来源：国际清算银行。

从图 6-1 看，房价上涨绝不是中国特有的现象，而是很多国家和地区共有的现象。只不过别国和地区的房价上涨，遭受买房压力的是当地的老百姓，我们没感觉。俗话说，鞭子不打在自己身上是不疼的，就是这个道理。

为了进一步理解房价上涨是全球普遍现象，我再补充两个证据。第一个是发达国家的。从第二次世界大战后的 1946 年到 2016 年，这 70 年的时间里，美国、日本、英国等 14 个主要发达国家的房价，年均上涨 6.6% 左右。这是个很快的增速，直接导致房价累计上涨 90 多倍，扣除物价因素以后，还有 4 倍多。

而且，我们知道，这些发达国家城市化水平本来就很高，房价增长主要是经济增长和通货膨胀所致，里面没有太多城市化的贡献，这样的增速就更加令人惊讶。而中国在过去十几年，不仅有快速的经济增长，还同时进行了大规模的城市化，两个力量叠加，房价增长当然更快。

第二个是发展中国家的。二战以后，很多发展中国家先后经历了快速的经济增长，在经济增长的过程中，也都同时经历了快速的房价上涨。比如韩国（2021年被认定为发达国家）、马来西亚、巴西、俄罗斯、南非等等，随着经济的增长，房价都快速上涨，幅度不比我们小，速度也不比我们慢，我国的情况并不特殊，而是符合各国和地区共同的一般规律。还是那句话，鞭子打在自己身上是很疼的，有切肤之痛，感受就很深。

既然房价上涨是全球现象，不是中国特有现象，我们分析起来就要看全球的一般规律，不宜过分强调中国特有的原因。比如说，市场上很多人批评土地财政，就有失偏颇。其他国家没有土地财政，房价也是照涨不误的，说明土地财政并不是房价上涨的根本原因。

此外，既然房价上涨是全球长期的现象，不是短期的现象，就不能归罪于投资炒作这样的短期因素。炒作都是短期的，炒作起来的房价很快就会回调。你看前些年，温州、鄂尔多斯的房价炒得很厉害，后来跌得也很厉害，就充分说明炒起来的房价长不了。可是绝大多数大中城市的房价一直都很坚挺，严厉的调控之下还是很坚挺，就很难说是炒作的结果了。

图 6-1 中一个值得关注的细节是，房价增速最快的不是中国，不是印度，也不是发生了次贷危机的美国，而是俄罗斯。俄罗斯的房价增速，比中国快了 1 倍以上。

你可能觉得很奇怪，其实转念想一想，俄罗斯 2000 年以来那几年的经济增长挺好的，因为石油价格涨了很多，从每桶十几美元涨到了最高140多美元，而俄罗斯的石油和天然气资源很丰富，这样一来当然是获利丰厚。插一句题外话，普京总统的超高人气和俄罗斯的经济改善是有很大关系的。你甚至可以说，普京总统的超高人气有石油、天然气的味道。

俄罗斯人拿着这么多石油美元干什么呢？俄罗斯股票市场不好，国债也不安全，1998年的时候，俄罗斯国债还违约了，引起了一场不小的金融海啸。对于俄罗斯人而言，最安全的资产当然还是房子，除了国内的房子，还去伦敦、纽约买房子。当然了，大富豪可以去买足球队，比如石油大亨阿布拉莫维奇就买了英超的切尔西队，大手笔投入，切尔西队还夺得了英超的冠军。这样一看，21世纪以来俄罗斯财富增长很快，房价大幅上涨就不奇怪了。

奇怪的是，金融危机以后，俄罗斯经济陷入了危机，经济负增长，资本外逃，卢布大幅贬值，可是俄罗斯的房价居然没有大幅下跌。从图6-1上看，2011年的时候，俄罗斯房价跌了20%，可是2012年开始又涨回去了；目前的房价比金融危机之前的2007年，也就跌了15%左右。考虑到俄罗斯经济面临的严重困境，它处于努力走出负增长的状态，这简直不可思议。

这个观察对我们理解中国房价的前景，有很大的启发。现实中，很多人担心中国的经济停滞，房价会出现断崖式的下跌。可是如果把俄罗斯的这个经验移植到中国，你会看到即便经济出现危机了、经济负增长了，房价都不会大幅下跌，跌了还会反弹。目前中国经济的增速是下行的，可是总体上还有6%以上，那么未来10年保持3%以上的增速还是不难的。不管怎么说，中国经济的状况比俄罗斯要好很多。这种情况下，担心中国的房价崩盘，有点多虑了。

其实，全面看全球房价的数据，上涨是主要现象，是趋势性的，下跌是次要现象，是偶然发生的小概率事件。举个例子，很多人都知道 2007 年美国爆发了次贷危机，房价大幅下跌。可是很少人知道，这几年美国的房价又稳步回涨，已经超过 2007 年的高点了。房子是长期资产，绝大多数人买房子，是要持有很多年的。看房价的规律，还是要看长期趋势。

弄清这些基本事实，我们才可以分析、理解房价上涨的一般规律。这个一般规律，我们留到下一讲展开。

本讲要点：

（1）全球范围内看，房价上涨是各国和地区共有的普遍现象。中国的房价上涨不是特例，幅度也不比其他国家和地区大。

（2）全球范围内看，房价上涨是趋势，是普遍现象，下跌是特例，是偶尔发生的。即便是俄罗斯这样的国家，经历了严重的经济困难，房价下跌也并不严重。

第 7 讲
房价增速的一个计算公式

这一讲我们分析房价上涨背后的驱动因素。本讲最后，我会给出一个简单的计算公式，有了这个公式，你就可以大致估算未来房价的增速。

我们先来看图 7-1，这张图来自一篇学术论文，这篇论文发表在《美国经济评论》（American Economic Review）上，这是经济学的顶级学术期刊。图 7-1 显示的是 14 个主要发达国家的长期房价增长，包括常见的欧美国家，比如美国、英国、德国、法国，以及亚洲的日本和大洋洲的澳大利亚、新西兰，时间是从 1946 年到 2012 年，房价增速是每年的平均数。

图 7-1 里面有很多信息，我们来仔细看一下。

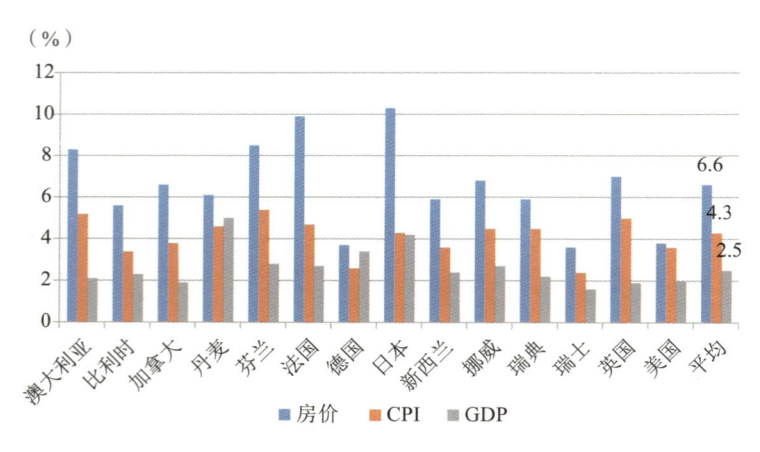

图 7-1　1946—2012 年各主要发达国家房价增速、CPI 与 GDP 增速

首先看一下哪国的房价增速最快。毫不奇怪是日本，日本的房价增速达到每年 10.3%，在 14 个国家中是最快的，66 年累计增长 600 多倍。看到这个数，你就知道日本的房产泡沫是名副其实的。

过去这十几年中国房价涨了多少倍？也就十几倍，一线城市房价每平方米从七八千元涨到七八万元，二线城市从两三千元涨到两三万元，三、四线城市从数千元涨到上万元。所以，中国房价也就是上涨 10 倍或者多一点，和日本的 640 多倍比，远远不是一个数量级的，很难拿现在的中国房价和日本 1990 年的泡沫比。

还有一个细节，这 600 多倍是日本从 1946 年到 2012 年的涨幅，日本的房产泡沫从 1990 年破灭以后，已经跌了超过一半。这就是说，1990 年日本的房价比 2012 年的房价更高，如果我们计算从 1946 年到 1990 年的涨幅，少说也有 1000 倍。这才是泡沫，十几倍的涨幅很难说有泡沫。

日本以外的其他国家房价涨幅也很高，比如说法国、芬兰、澳大利亚、英国的涨幅都很高，英国的涨幅算起来有 90 多倍，法国更是高达 500 倍。这样看起来，中国的房价涨幅真的不算是特别离谱。

那么美国呢？大家都知道，2007 年的时候美国因为房地产泡沫爆发了次贷危机，美国的房价涨幅是不是特别厉害呢？其实远远不是。美国房价的年均涨速只有 3.8%，66 年累计才增长了 11.7 倍，在发达国家里面算是很低的，比美国低的只有德国和瑞士，在 10 倍到 11 倍的样子。

这是为什么呢？美国地广人稀，除了纽约、洛杉矶、芝加哥，很多城市都不大，人口总量也就是百万级。因此从全球范围内看，美国的房价增速并不快。只不过金融危机之前那几年，美国的房价涨得猛了一点，而且很多低收入家庭买了房，房贷又通过复杂的金融工具扩散到整个金融系统，才爆发了次贷危机，引起了很大的关注。

上面我们说的是这些国家的房价累计增速，我们看到其实很多国家的房价增速都很快，几百倍是正常现象。你可能觉得太快了，太奇怪了，不敢相信。其实，二战以后，发达国家进入和平发展时期，经济增长很快，这段时期被称为战后的"黄金时期"。从战争结束的1946年到1980年左右，这30多年的时间里，发达国家经历了一轮快速的房价上涨。根据统计，在此期间，14个主要国家的平均房价上涨了10倍左右，和我国2000年以来的涨幅差不多。

看清了这个基本事实，就更加确定了我们上一讲讲的，房价上涨是全球普遍现象，我国的房价上涨并不特殊。现在，在这些基本事实的基础上，我们来分解一下，房价增长可以归结为哪些因素。

为了回答这个问题，我们看图7-1的另外两个指标。除房价增速之外，图7-1还显示了通货膨胀速度（用CPI表示）和GDP增速，这两个指标也都是每年的平均数。

为什么要显示这两个指标呢？这就和房价上涨的原因有关了。在发达国家，房价上涨的原因可以归结为两个，一个是收入增长，另一个是通货膨胀。我们一个一个来说。

先说收入增长。收入增长为什么会导致房价上涨呢？经济学上有个恩格尔定律，说的是随着收入的增加，人们在食品、服装等基本品上的支出比例是下降的，在居住、旅行、文娱等高级品上的支出比例是上升的，人们会把更多的钱用在房租和高端消费上。也就是说，房租的增速很可能是快于收入的增速的，至少和收入的增速差不多。如果人均收入增长1倍，房租也要增长1倍。

再进一步，从长期看，房价的增速和房租的增速是一样的，房租增长1倍，房价也要增长1倍。

而且，房价随着收入增长，不限于发达国家，发展中国家也一样。比如我们前面说过，印度目前人均收入才 2000 美元左右，相当于我国的 1/5 到 1/4 的样子。可是即便如此，近些年来随着印度经济的起飞，印度房价也开始快速上涨。从 2009 年到 2016 年，印度房价年均增长 13%，7 年涨了 136%，翻了一番还要多。你看，这么低的收入，只要经济起飞，就不妨碍房价上涨。其他一些发展中国家，比如说马来西亚、巴西、俄罗斯、南非等，在经济起飞的时候，房价也都是快速增长的，无一例外。所以说，房价随着收入增长是个普遍现象，中国的现象也绝不特殊。

第二个因素是通货膨胀，也就是物价水平的上涨。长期看，在过去六七十年的时间里，全球范围内都存在比较严重的通货膨胀。特别是 20 世纪 70 年代，发达国家普遍经历了严重的通胀，而且经济增长停滞，"滞胀"这个词就是从那个时候来的。

那么问题来了，物价上涨，房租和房价要不要上涨呢？也是要上涨的，即便实际收入不涨，房租也要涨，这是印票子导致的物价水平的普遍上升。而且，大城市的房租增长还会比较快，为什么呢？因为大城市的位置有限，住房供应有限，增加起来比较难，所以大城市的房租和房价涨得会快一点。

现在我们来看一下数字。在图 7-1 中，这些年发达国家的 GDP 年均增长 2.5%，通货膨胀的速度是每年 4.3%。这两个数字加起来，等于 6.8%。年均房价增速是多少呢？是 6.6%，二者是差不多的。所以说，不考虑很多的细节因素，从长期看，房价增速约等于经济增速加上通货膨胀的速度。不管从原理上，还是从经验证据上，这个粗略的公式都说得过去。

房价增长的简单计算公式：

房价增速＝经济增速＋通货膨胀速度

说完了这个公式，我们来做两个简单的练习题。

第一道题，这个公式能解释中国过去20年的房价增速吗？答案是能的。过去20年，我国年均GDP增速为9.5%左右，通货膨胀为2.5%左右，加起来为12%。房价每年增长12%的话，6年就翻一番，18年就增长8倍，20年增长10倍左右，这恰好和过去20年我国的房价增长幅度是差不多的。从这个角度看，过去20年我国的房价增长并没有过头，符合一般的规律。

第二道题，我们用这个公式来判断一下未来的房价增速应该是多少。假设未来10年我国的经济增速平均是4%，通货膨胀率每年是2%，那么加起来房价每年就应该上涨6%。每年上涨6%，那么12年就会翻一番。如果这样计算的话，10年后回头看，你会发现今天的房价很低，就像今天我们看10年前的房价很低一样。

本讲要点：

（1）过去六七十年发达国家的房价经历了长期的上涨，每年增长6.6%，累计增长90多倍。

（2）房价增长可以简单分解为经济增长和通货膨胀，过去这些年发达国家的经济增长率和通货膨胀率加起来等于6.8%，和房价上涨的幅度几乎相等。

（3）过去20年我国的房价上涨情况，也完全适用这个公式。

第 8 讲
城市化：发展中国家房价上涨的催化剂

在讨论城市化问题之前，我首先说一下，其实城市化这个因素对于发达国家的房价没有那么重要，或者说重要性要小一些，而对发展中国家，比如中国，重要性要大很多。

为什么这么讲？不是城市化不重要，而是发达国家的城市化率本来就很高，不存在快速城市化的过程。

图 8-1 展示了主要国家 1950 年和 2017 年的城市化率。你会发现，对于美国、加拿大、西欧国家等发达地区而言，1950 年的时候城市化率已经很高了，达到了 60% 多，上升的空间已经不大。比如 1950 年美国的城市化率是 64%，到 2017 年涨到了 82%，67 年涨了 18 个百分点，每年增长 0.25 个百分点，是个非常缓慢、自

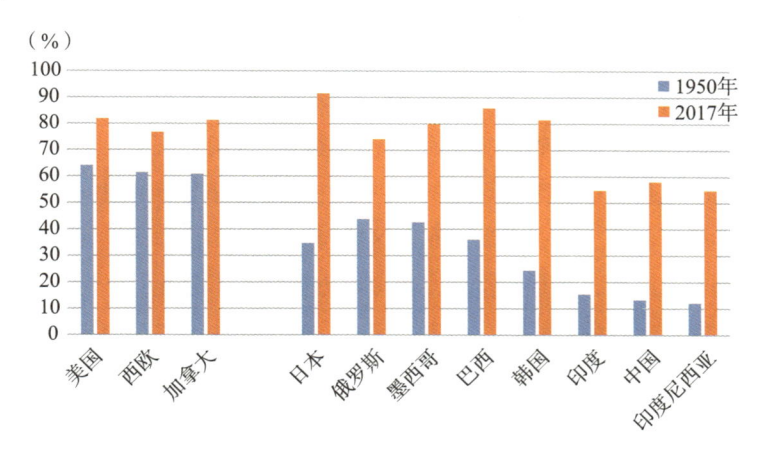

图 8-1 主要国家城市化率

然的增长过程，所以对房价的影响不大。而作为对比，发展中国家如果经济起飞了，那么往往伴随着快速的城市化。

比如说我国这些年（1998—2017 年），城市化率每年增长 1.5 个百分点，远远大于美国的 0.25 个百分点。再比如说日本，从 1950 年到 1970 年，城市化率从 35% 涨到 72%，翻了一倍还要多，每年增长 1.8 个百分点，比我国还要快。这么看，你就更能理解当年日本的房价为什么增长那么快了，因为一方面经济在增长，另一方面城市化也在快速推进，相当于双重力量叠加在一起，相互加强，这样对房价的影响当然要大很多。

下面我们来仔细看一下，城市化到底是如何影响房价的。分解一下，这主要是通过三个渠道。

第一个渠道，是通过更多的人口。

随着城市化的推进，更多的人进城，这意味着需要更多的房子。可是呢，短期内，城里的房子就这么多，盖房子是比较慢的。从规划到征地，从修建到入住，没个好几年，这房子是住不进去的。用经济学的术语讲，房子的供给弹性很小，短期内的总量是很稳定的。

而且，即便房子盖好了，配套设施的修建也是非常缓慢的。你看很多新城，为什么大家不愿意住呢？因为没有学校、医院、地铁、便利店、商圈等基础设施，房子不好住，而且离上班的地方比较远，通勤时间长。这些配套设施的成熟，往往需要好多年的时间。

举个例子，现在上海浦东新区已经非常大，是非常成熟的社区，可是和浦西比，还是差很多，很多地方还是很不方便。上海最贵的房子都在浦西的核心区，像黄浦区、静安区这些地方。浦东的房子虽然贵，但是和浦西比还是便宜很多，就是因为配套设施差一些。上海浦东尚且如此，就更不要说很多其他地方的新城了。

第二个渠道，是通过更高的收入。

随着城市化的推进，人们的收入也是增加的。城市化不仅是更多的人进城，而且还意味着更高的收入。你想那么多人为什么背井离乡到城里来，主要是因为城里就业机会多，而且收入高。不是高一点，而是高很多。在城里打拼的人，只要肯努力，都有不错的收入，从十几万到几十万、上百万不等，这是在农村务农的人不敢想的。

这些年我国的经济增长每年为9.5%，很大一部分就是城市化的功劳，而且城市收入比农村涨得还快。收入涨了，房价当然就涨，这在全世界都是一样的。

第三个渠道，是人口和收入的叠加效应。

城市化过程中，当更多的人和更高的收入叠在一起，这个效果是放大的，而且会相互加强，形成正反馈。换个表达，城市会形成一个自我加强的上升螺旋。这是为什么呢？这需要理解一点城市化的原理。

我们要问的是，城市为什么有这样的魔力，能够养活那么多人，还能够提供这么高的收入？这里的关键是，城市是一个网络结构，而农村是点状结构。套用一句时髦的话，城市与农村的竞争，是网络结构对于点状结构的降维打击，农村根本没有还手之力。

为什么说城市是网状结构？城市其实是两套基础设施叠加形成的复杂网络，一套是硬件，一套是软件。硬件说的是道路、交通、供水、供电、通信、消防这些公共基础设施。有了这些，人们在城里才能过日子，才能工作、生活，不然衣食住行、吃喝拉撒的问题都解决不了。除了硬件之外，城市还有一套软件基础设施，学校、医院、银行、公安、政府办事机构等，没有这些机构形成的功能机构网络，城市生活也没法进行下去。

有了这两套网络之后，人们就形成了分工协作的关系，知识就会累积，技术就会进步。我们熟悉的那句话，"科学技术是第一生产力"就会生根发芽。你看人类所有的重大发明创造，几乎都是在城市里发生的。有一句话是这么讲的：城市是人类最伟大的发明，没有城市，人类的文明就无从谈起。这句话真是很有道理。

说到这里，我们还需要追问，为什么农村不能修建这两套网络呢？基础设施网络和功能机构网络在农村也可以建啊！其实农村不是不想建，很多地方都想建，很多地方也在建，但是这两套网络是很贵的，不是哪里都能负担得起。

举个例子，地铁对大城市很重要，没有地铁大城市的交通就会瘫痪。可是你知道建地铁成本有多高吗？建1公里地铁，成本要5亿~10亿元，地质条件复杂的地方还要更高。北京的地铁里程现在有600公里，在全球仅次于上海的640公里，光造价就要3000亿元以上，中小城市根本负担不起。而且，这还只是建设成本，不算运营成本。

大城市是如何为这昂贵的基础设施融资的呢？其实很简单，就是吸引人，让更多的人来分摊这个成本。你想北京的人流量有多大，地铁修好以后，地铁里面的商业、地铁沿线的商圈、沿线的住宅都会涨价，这些都可以为地铁融资。其实，就是把高额的基础设施的成本分摊到巨大的人流量，以及这个人流量带来的经济流量上去。所以说，城市也是个巨大的成本分摊机制，通过吸引人、聚集人，分摊这个网络设施的高额成本。

故事到这里还没有完。这个基础设施网络和这么多的人流量，会形成一个正循环，互相加强。基础设施越好，吸引的人越多，成本分摊机制就运行得越好，效率就越高，然后就修更多的基础设施，吸引更多的人。

这样一来，城市的网络就越长越大，效率就越来越高，这个网络的生产潜力也越来越大。全中国的大部分人都往北上广深杭州等大城市聚集，就充分说明了这些城市虽然已经很大，但还是很有吸引力，并没有到增长的极限。

在上一讲，我们讲到房价增长速度约等于经济增长速度和通货膨胀速度，本讲我们又增加了城市化速度这一项。以中国为例，过去20年经济增速为9.5%，通货膨胀率为2.5%左右，城市化率每年为1.5个百分点，各项加起来等于13.5%，按照这个速度，我国20年房价应该上涨13倍左右。从历史数据上看，大城市房价差不多涨了这么多倍，小城市涨得少了一点。从这个角度看，很难说我国的房价增长有不理性的地方。房价增长的修正计算公式：

$$房价增速 = 经济增速 + 通货膨胀速度 + 城市化速度$$

本讲要点：

（1）发展中国家在经济起飞过程中，往往伴随着快速的城市化，城市化会进一步推高房价。发达国家的城市化率本来就很高，进一步城市化的速度慢，这个效果要弱很多。

（2）城市化通过三个途径影响房价，分别是人口效应、收入效应和二者的叠加效应。

（3）城市之所以能够吸引那么多人口，产生那么多收入，是因为一个复杂的网络效应。

（4）把城市化的效果考虑进去，我国过去20年的房价增速完全在合理范围内。

第9讲
技术进步会逆转城市聚集吗？

我们平常说房价高，其实主要说的是大城市的房价高。大城市聚集的人太多，需求太大，房价才非常高。

近些年出现一个新情况，就是新技术的出现使得人们可以通过视频会议、虚拟现实等技术，进行远程通信，不需要面对面，就可以完成很多交流工作。而且，在真需要见面的时候，新的交通工具会越来越快，讨论中的胶囊高铁，据说京沪之间只需要半个小时车程，这样远在天边的人，一会儿就近在眼前。

在这种新技术的背景下，一个自然的问题就是，人们还需要挤在大城市里吗？回归自然，回到田园牧歌，这样的生活行不行？人口不需要聚集到城里，房价会不会下跌？现在大城市不仅房价贵，污染、交通堵塞都很严重，如果能不挤在城里，那是最好的。下面，我们就从两个角度仔细分析这个问题。

第一个角度，我们看看历史经验。第二个角度，我们看看技术进步到底能不能改变人们见面的需求。

先来看历史经验。技术进步不是第一次发生的，过去也发生过，那么过去的交通和信息技术进步，是加剧还是扭转了城市聚集的趋势？

这个问题问出来，答案其实是很显然的。人类过去的交通和通信技术进步，比如马车、火车、汽车、电报、电话，都是加剧了人口向城市的聚集。倘若新的技术不仅不加剧聚集，还逆转聚集，我们就一定要追问，新技术和老技术到底哪里不一样？

先来看交通运输类技术。一眼看去，所有的交通类技术都是为了"旅行更快"，所有的运输技术都是为了"运输更多"，新近的技术进步也毫不例外，都是在这个方向上继续前进，并没有发生方向性的变化。看起来，我们并没有显然的、确定性的理由认为交通、运输技术的进步一定会导致城市聚集趋势的逆转。

再来看通信技术。很多人认为通信技术的新近发展，比如视频会议、虚拟现实等，使得面对面的交流成为不必要，因此人们可以在物理空间上散开，不需要聚在一起了。真的是这样的吗？

不妨还是看看已有的证据。电话的出现，特别是移动电话的出现，使得人们随时随地可以沟通，那么移动电话是减少了人们的见面，还是增加了人们的见面呢？

稍微想想就知道，是增加了，而且增加了很多。没有移动电话的时候，信息沟通不便，很多时候人们也就不见面、不交流了。移动电话出现了，彼此沟通的多了，发现很多事情在电话里说不清楚，反而产生了更多的见面需求，于是见面反而增加了。

所以，通信技术的进步不仅可以替代见面，还可以引发、创造更多的见面需求。我们不妨把前者叫作"替代效应"，后者叫作"引发效应"。目前看，引发效应远远大于替代效应，移动电话的出现是增加而不是减少了人们的见面需求。

移动电话的例子，从另一个角度解释，人们的交流是分不同层次的。标准化的信息是可以在线上完成的，不需要见面，但是微妙信息的交流是很难的，见一次面也不够，要反复、多次见面。比如说，人们之间的理解、信任，是个很奇妙的事情，往往要反复见面、多次交流，才能够了解彼此的习性、品格，慢慢建立信任。你看生意人谈生意，不是见个面就可以的，要多次沟通，了解对方的脾性，才知道对方能不能做生意，能做什么样的生意、多大的生意。

所以说，人与人之间的交流很复杂，分很多层次，通信技术很难完全替代。为了说清楚这个问题，我再举一个讨论中经常出现的经典案例，就是在线教育能不能够取代线下教育？现在网上有很多公开课，很多质量很不错，还是免费的，那么未来"学校"还存在吗？会不会被替代？

我自己是个老师，以教书为生，我的体会是很难。为什么呢？因为学校上课，并不是传达标准化的信息，更多是对于信息的解读，以及解读信息的方法，这些在线上是很难完成的。如果只是信息的表达，那么学生看书就行了，上网就行了，根本不必要上课。课堂教学要解决的问题，不是念教科书，而是解读教科书，讨论教科书，很多时候要做"鸡蛋里挑骨头"的工作。而且，很多时候，教科书也不一定很准确，需要批判性的理解，这一点对于教学其实非常重要。知识不是死的，教学更重要的是讨论，是学会批判性地理解和吸收信息。这一点，千百年来从没有变过，未来也不会变。

而且，学校的价值远远不止上课这么简单。用一句时髦的话讲，学校就是个平台，价值远远超过教师授课。学生们一起交流、互动，接触各种新鲜事物，也是学校的重要价值。就大学学习而言，很多时候并不是老师教学生，而是师生互动，甚至是学生教老师。认真教过书的人都知道，教学相长并不是一句客套话，而是老师在教学过程中，通过仔细准备，通过和学生交流，确实能够学到很多东西。

比如说，北京大学是个金字招牌，能够招来很好的学生。在这里教书，就是个挑战和学习的过程，因为学生太厉害了，如果老师不好好准备，课堂很容易变得很尴尬。而且，北大有个传统，老师是不能通过点名强迫学生来上课的。这样一来，就更需要好好准备，用教学质量吸引学生听课。当然这个传统的实际情况，就不得而知了。

学校这个例子，进一步说明我们对于"交流"这个词，要有广义的理解。大家碰到一起，交流的东西可以很多，浅层的交流可以引发深层的交流，这就是刚才说的"引发效应"。而且由于这个引发效应的存在，人类的交流是没有止境的，没有"完全被满足"的时候。有了这个基本判断，我们就大致已经明白，技术的进步其实不会满足人们的所有需求，也不会导致城市聚集的逆转。

现在，我们换个角度进一步发问：人类到底如何满足这永无止境的交流需求呢？

这就回到一个基本的问题，人类的技术不管多进步，每个人每天都只有24小时。人们能做的，就是尽可能高效利用这24小时。随着收入的提高，时间成本就更高，这24小时就更贵，人们就更不愿意把时间浪费在交通上，浪费在不重要的事情上。为了节约时间，人们就更愿意聚集在一起，这就是城市。所以，聚集是节约时间的方式，聚集还会继续。

目前看到的趋势是，现代各种技术的进步为建设高密度、宜居的城市提供了可能。你看纽约最好、最贵的住宅，集聚在中央公园附近，既欣赏了城市好风景，又享受了核心区的繁华和便利。未来的城市中心，会出现更多这样的高端住宅。新出现的大数据、云计算、人工智能等技术，为解决城市的交通、通信提供了新的可能，会提高城市的承载力，使得城市既方便又宜居，还可以承载更多的人口和产业。

本讲我用一句玩笑话结尾：你回想一下看过的科幻电影，里面的未来城市，也是密密麻麻的。

本讲要点：

（1）从历史经验上看，以往的技术进步，一直是促进城市聚集的。

（2）人们的交流是分很多层次的，浅层交流可以线上完成，深层交流还是要面对面。

（3）线上交流不仅不能完全替代线下交流，而且还会引发更多的交流需求。目前看，引发效应大于替代效应。

（4）人们的时间有限，每天只有24小时。为了用有限的时间满足无限的需求，节约时间的需求是无穷大的。因此，人类往城市的聚集是没有止境的。

第 10 讲
生育率下降、老龄化会逆转房价趋势吗?

本讲我们来讨论另一个重要的问题,就是人口因素对房价的影响。讨论中,有两个重要的情况经常被提到:一个是人口出生率的下降,年轻人变少;另一个是老龄化,老年人变多。很多人担心这两个因素会降低住房需求,降低房价。

比如说,市场上有这样一种说法,说中国人口呈现一个金字塔结构,顶端是一个小孩,中间是父母两人,底层还有 4 个祖父母,年轻人越来越少,老年人越来越多。而且,小孩子会继承父母双方的多套住房,就会导致空房率增加,这会引起房价的断崖式下跌。这种说法很流行,很多人都听说过。那么,房价会不会因此下跌呢?

我们还是先来看证据。图 10-1 给出了 1970 年以来我国每年的新生婴儿数,以及每年的预期寿命。你会看到,新生婴儿数其实早就开始下降了,预期寿命也一直在提高,所以生育率下降、老龄化并不是今天才有的事情,已经十几年了。可是这十几年房价一直是上涨的。这就说明,出生率下降和老龄化并不必然导致房价下降,至少还需要其他条件。

那国际上的情况呢?我们知道很多国家,特别是发达国家,生育率早就下降了,老龄化早就开始了,可是挡不住这些年房价依然是上升的。

比如说德国,大家都知道德国的老龄化程度很严重,德国的老年人抚养比,也就是 65 岁以上人口与年轻人的比率,比很多其他

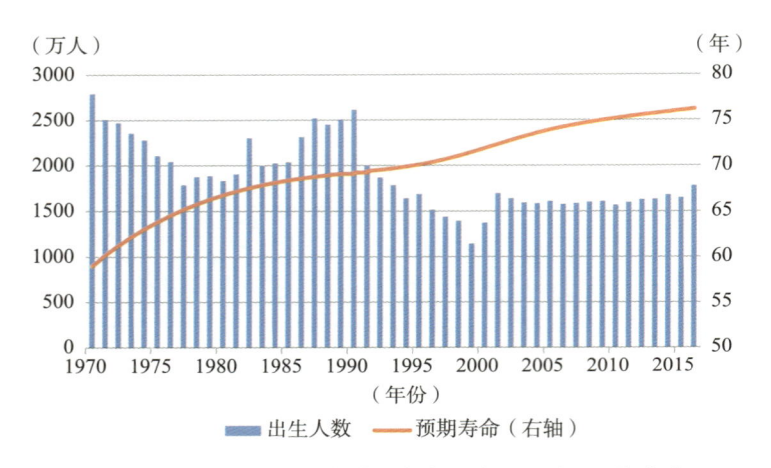

图 10-1 1970—2015 年中国每年出生人口数和预期寿命

数据来源：国家统计局。

欧洲国家都高。主要国家当中，德国的这一比率只比日本低，比英国、法国、美国都高（见图 10-2）。可是德国的房价这几年涨得很快，2015 年以来，欧洲房价增速最快的 10 个大城市，有 4 个是在德国。

　　这样的例子还有很多，我就不一一列举了，最后再举一个例子，就是大家谈论很多的日本。大家都知道日本的老龄化很严重，老年人抚养比达到 45%，在主要国家中是最高的，日本的人口出生率也很低，现在只有 1.4 左右，远远低于保持人口总量稳定的水平，也就是 2.1 左右。那么日本的房价是不是下跌的呢？1990 年地产泡沫破灭以后，日本的房价是下跌的。但是从 2003 年开始，日本的房价和世界的房价是一起涨跌的，并没有明显的下跌趋势。比如从 2003 年到 2007 年，日本东京的房价是上涨的；2008 年的金融危机平息以后，从 2012 年到 2017 年，东京的房价也是上涨的。因此，人口老龄化和生育率下降一定会导致房价下跌，这句话是立不

图 10-2　主要国家老年人口抚养比（2017 年）

数据来源：世界银行。

住的，历史数据并不支持。

这里列出这些证据，并不是想说人口的变化不重要，而是想说我们不能直接从人口变化就跳到房价下跌的结论，要仔细分析，看看到底什么情况下房价才会下跌。

比如说日本，东京的房价没有下跌，并不代表日本其他地方的房价没有下跌。举个例子，茨城县在全日本的都道府县中，人口总数排名第 11 位，达到 291.7 万人，不算小地方了，而且距离东京只有 40 公里，不算很偏远。可是这些年，茨城的房地产价格一直是下跌的。从 2003 年到 2017 年，住宅价格累计下跌了 44.8%，跌了将近一半（日本国土交通省统计）。

那为什么这里的房价下跌这么快？就是因为茨城县是著名的"白发城市"，人口以老年人为主，年轻人都走了，人口持续下降，没有新增需求，这样房价当然就下降了。所以说，在老龄化和生育率下降的背景下，房价是可能下跌的，关键是哪里的房价会下跌。

我们在前面强调过，决定房子价值的有三个因素，分别是"位置、位置、还是位置"。真正深刻明白这个道理的标志是不再泛泛而谈，而是谈"哪个城市的房子""什么位置的房子"。

严格意义上说，这世界上没有"房子"这个概念，只有"哪里的房子"这个概念，北京、上海的房子和偏远农村的房子完全不是一回事，价值可以相差几百倍，不同城市的房子也完全不是一个概念，价值可以相差几十倍。

所以，说人口因素会导致房价下降，是典型的似是而非。很多人可能跟你说过中国的代际人口结构图，一般会说是一个倒金字塔，一个孩子对应父母两人、四个祖父母，可以继承很多房子。这个故事听起来很有道理，实际上是拿正确的人口结构问题掩藏房子位置的重要性，是典型的误导，而且是很高明的误导，欺骗性很强。

如果你看未来的发展趋势，就会发现未来几十年，人口总量在略微增长以后就会平稳，然后才下降。更重要的是，人口的空间分布会发生变化，一些城市的人口会继续增加，另一些城市的人口会减少。前一类城市的房价会继续上涨，而后一类城市的房价可能就不涨了，甚至会下跌。所以，老龄化、生育率的因素并不会绝对降低房价，而是降低部分地区的房价。下次别人和你谈房价的时候，你一定要问哪里的房价。一些没有发展潜力的城市的房价，本来就会下降，没有生育率下降和老龄化也会下降。人口总量的减少，会加速这种下降。

我再补充一个老龄化不一定导致房价下跌的原因。

我们来想，老龄化是什么意思？是人们的身体变健康了，预期寿命延长了。这样一来至少有两层含义。

第一层，老人寿命延长，那就需要一个住的地方，就增加了住房需求。而且，老人的看病需求大，不能住在山里，不能住在很偏的地方，而是要住在有不错医院的地方，也就是大中城市。从这个角度看，老龄化是增加住房需求的。我国的老龄化刚刚开始，现在很多六七十岁的老人都要活到百岁以上，这是个很大的需求。

第二层，现在家庭规模在变小，这也是增加住房需求的。以前是四世同堂、三世同堂，现在是三口之家，甚至是两口之家。每个家庭一套房，这样在给定人口的情况下，家庭户数增多，对房子的需求也就变大了。

根据统计局的数据，1990 年的时候，平均每个城镇家庭是 3.97 口人，到了 2017 年，下降到 3.03 口人，下降了约四分之一。这样一来，给定人口总量，户数增加了三分之一，对房子的需求就增加了三分之一。这是全国的数字，大城市的数字更甚，大城市的家庭人数还要小一些，北京、上海、天津、重庆这四个直辖市，分别只有 2.6、2.5、2.7、2.8。城市越大，每个家庭人口数就越少，住房的需求就越大。这里面当然有很大一部分是老两口住的，但是现在人均寿命很长，每年都在增长，想腾出房子来，要很久很久。所以，老龄化不一定会减少住房需求，很可能是增加住房需求的。

到本讲为止，我们结束了对房价基本面因素的分析。我们分析了经济增长、通货膨胀、城市化、技术进步和老龄化几个方面的因素。通过这几讲的分析，相信你已经明白，中国的房价上涨完全符合房价上涨的一般规律，也并没有涨过头。

本讲要点：

（1）人口老龄化和生育率下降在国外已经发生，但是并没有导致房价的普遍下跌。

（2）预期寿命的延长和家庭规模的减小都带来住房需求的增加，会导致房价上涨而不是下跌。

（3）在不远的将来，我国人口总量将停止增长，在没有发展潜力的城市，人口会加速流出，这就意味着这些城市的房价可能会下跌。

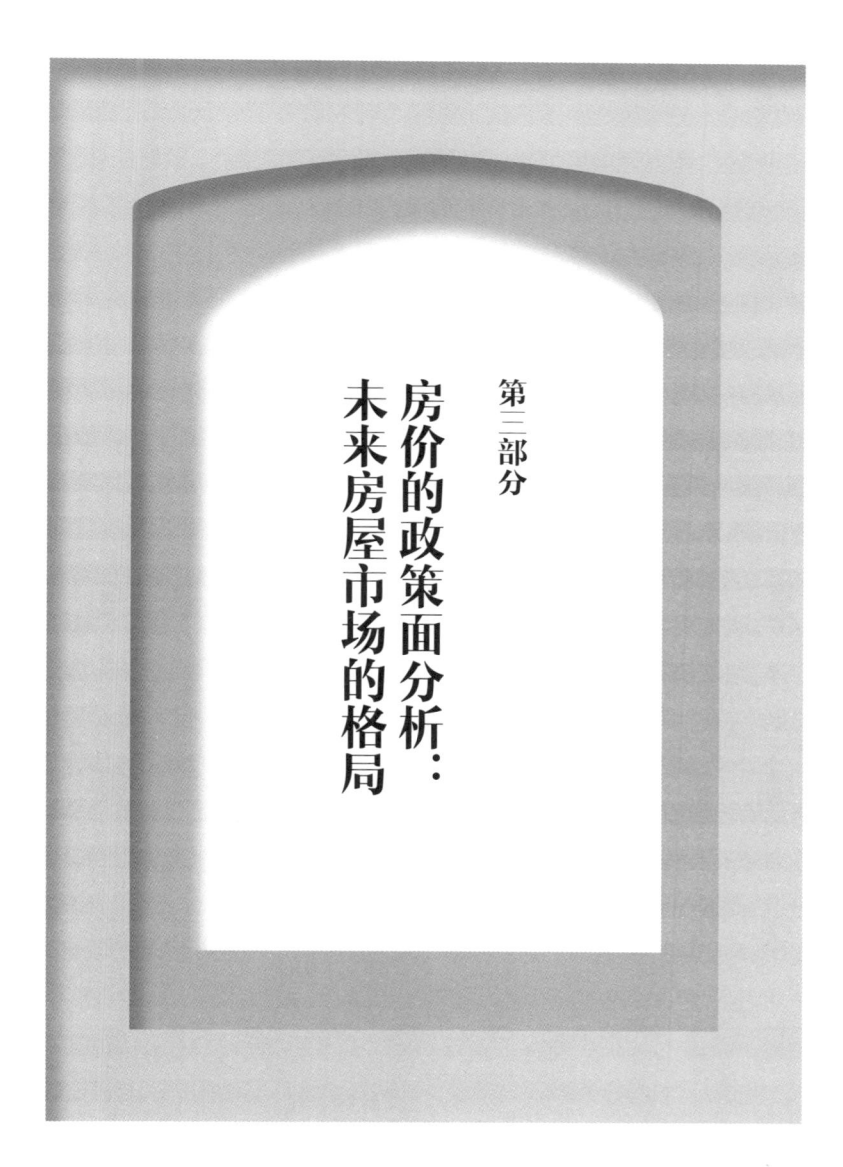

第三部分 房价的政策面分析：未来房屋市场的格局

只关心政策是不够的,还要关心政策的底层逻辑。

1. 房产税不会很快出台,出台了税率也不会太高,对房价影响没那么大。
2. 共有产权是土地财政的新形式,投资价值不大,适合中低收入家庭,不适合中高收入家庭。
3. 租售同权加剧僧多粥少,无助于降房价。
4. 农地入市的关键在于能否增加配套资源的有效供给,否则无助于降房价。
5. "限购、限贷"符合"房住不炒"的政策基调,会长期存在。
6. 限售、限价是临时性政策,有可能松动。
7. 限商政策的实质是税收安排,只可能逐步调整,大概率要补交地价。
8. 扣除通货膨胀以后的利率水平,是房价波动的真正秘密。

第 11 讲
房产税：何时出台？税率多高？效果多大？

从这一讲开始，我们进入第三部分：政策分析。本讲是政策分析的第一讲，我们来重点分析一下房产税的影响。

基于以往的讲课经验，不管是线上还是线下，房产税是大家最关心的问题之一，不少读者担心房产税的推出会影响房价。总结起来，关于房产税的问题主要是三个：

（1）房产税何时会出台？
（2）如果出台，征收力度会有多大？
（3）出台以后，对房价的影响有多大？

本讲我们就来一一回答这些问题。

征税成本高，房产税出台"稳"字当先

第一个问题，房产税何时会出台？答案是，会很慢。这不是说房产税不会出台，而是说，尽管推出房产税是税制改革的长期方向，但是短期内很难推出，更谈不上具体的时间表。最根本的原因是房产税与现有税种的性质完全不同，条件不具备就强行征收，成本太大，税收收入也不会太多，不利于社会稳定，最终会得不偿失。

要理解征税成本，我们不妨看一下一个古老的制度——"盐铁专卖"。根据史书记载，在春秋战国时期，齐国、秦国就实行盐铁专卖，为国君聚敛到巨额的财富。你想想，那个时候以农业为主，地广人稀，一家一户收税很难，主要就是向地主家收税，即便如此，

刨除供养税吏的支出，净税收收入很少。所以，征税是历朝历代的一个大难题，弄不好就国库空虚、王朝坍塌。

于是，就出现了盐铁专卖制度。盐铁是每家每户的必需品，人们必须买，加一点价也必须买。所以政府就实行盐铁专卖，加一点价，有时候加很多，收到的巨额财政收入就充实国库。

盐铁专卖的例子告诉我们，尽管古代帝王有征税的权力，但还是要考虑征税的成本，否则就会得不偿失。现代国家则不仅要考虑征税的成本，还要考虑社会的和谐稳定。

你研究一下我国目前的税收种类，就会发现有一个很大的特点，就是所有的主要税收都是"流量税"，"存量税"占比很少。图11-1 显示了我国目前的税收种类和占比，你看一下就会发现，几乎都是流量税。为什么会这样呢？根本原因就是存量税的征税成本太高。

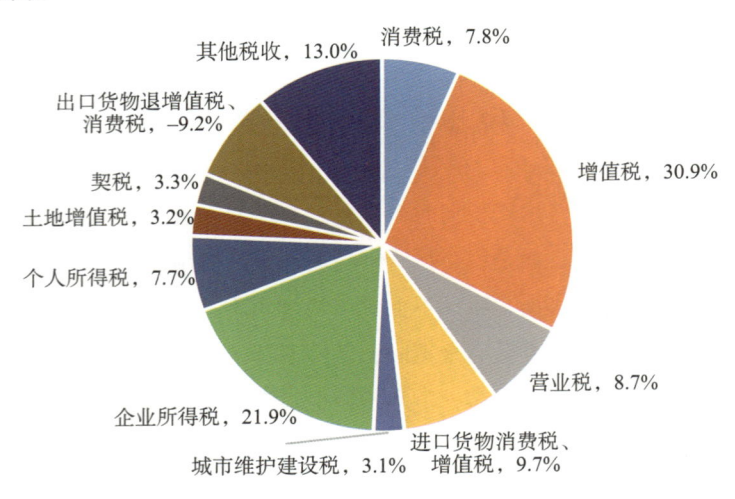

图 11-1　我国税收结构（2016 年）

注：2016 年我国税收总额 131611 亿元。
数据来源：国家统计局。

其他税收，13.0%
消费税，7.8%
出口货物退增值税、消费税，-9.2%
增值税，30.9%
契税，3.3%
土地增值税，3.2%
个人所得税，7.7%
企业所得税，21.9%
城市维护建设税，3.1%
进口货物消费税、增值税，9.7%
营业税，8.7%

所谓流量税，就是向经济活动的流量征税，比如增值税是向销售征税，公司所得税是向公司利润征税，个人所得税是向个人所得征税，契税、印花税是向交易环节征税，等等。

这些税收的特点，是向流量的、增量的收入征税。人们为了获得这些增量收入，就必须交这些税。看在增量收入的分儿上，人们在交这些税的时候，阻力相对并不大。换句话说，流量税相当于从做大的蛋糕中切一块，交税的人还留了一大块，交税的时候体会的税收痛苦就没有那么大。

向存量收入，也就是财产征税，是完全不同的逻辑。存量收入已经属于个人，没有增量的收入，向存量收入收税相当于切分已经属于个人的蛋糕，这个时候税收带来的痛苦是很大的，征税阻力也会很大。

这个税收阻力会表现在各个方面。比如说，退休职工在城市的繁华地带有个房子，房屋价值很高，可是他现金收入很少，基本就是靠退休金生活，这时候这个税怎么收？征税的官员怎么开这个口？难道真把他赶到偏远地方去住？从社会安定的角度来说，赶人走根本就不是一个选项，想都不敢想。

再比如，很多人的房子是以前单位的房改房、集资房，这样的情形很多，这样的税也是很难收的，真的使用强制力，会很不利于社会的稳定。

从上面的讨论可以看出，大规模征收房产税需要社会经济结构的根本性转变，现在还不具备这个条件。正因为如此，从2003年提出要征房产税，到现在已经十几年了，立法的草案都没有拿出来一个。其中的困难，可想而知。

明白了这个道理之后，我们再来看看相关官员的表态，就一目了然了。

2014 年，当时的财政部长楼继伟在《求是》杂志上撰文，指出房产税改革的总方向，是在"保障基本居住需求"的基础上，"统筹考虑税收与收费"等因素，合理设置建设、交易、保有环节的税赋。这里的要点，一是"保障基本居住需求"，二是"统筹考虑"，三是"合理设置"，都是慢慢来、不着急的意思。

到了 2017 年 12 月，财政部长换成了肖捷，他在《人民日报》上发文指出，按照"立法先行、充分授权、分步推进"的原则，按照评估值征收房产税，适当降低建设、交易环节的税费负担。这里的要点是"立法先行、充分授权、分步推进"。既然立法先行，大家都知道房产税有关法律的重要性，自然会谨慎加谨慎，这部法律从草案到审议，到向公众征求意见，到表决出台，再到实施细则出台，还有很长很长的路要走。

我们再来看李克强总理在 2018 年政府工作报告中使用的说法，是"稳妥推进房地产税立法"，还是强调一个"稳"字。

房产税有多难收，看看前后两位财政部长以及总理的表态，你就明白这个税不是说收就收的，短期内是不会收的。

保障基本居住需求，房产税税率不会太高

下面我们来看第二个问题，征收的力度会有多大？讲清楚第一个问题之后，这个问题其实不难回答。征收房产税的阻力这么大，征收的力度一定大不了。收税的力度越大，阻力就越大。最后，一定会形成一个普遍的税收减免，比如人均 40 平方米不征税。只有这样，才能做到"稳妥"，才能保障人们的"基本居住需求"。

房产税的税率一定不会太高，估计在房产评估值的 1% 以下。你想想，统计局的城镇居民人均年收入才 3 万多元，双职工也就 6

万多元，你最多让人拿出10%来交房产税，也就是6000元，相比动辄就100多万元的住房，也就半个百分点。否则，整个国家的经济系统都会乱套。

关于征收房产税的力度，你可以看下上海、重庆房产税试点的力度。未来出台的房产税，估计和上海的征收力度差不多，就是人均减免40~60平方米，税率在0.5%左右。这样一来，城镇居民的首套房是不用征税的，刚需首套房的购买是不受影响的。

渐进推出，力度有限：房产税不会改变房价方向

我们再来看看读者普遍关心的第三个问题：房产税对房价的影响有多大？其实，说清了前面两个问题，第三个问题的答案是显然的，可以用两句话概括。

第一句，既然房产税推出会很慢，推出了力度也不会很大，就不会对房价产生很大的影响。

第二句，根据以往的经验，并不是房产税一推出，房价就会崩盘。

2011年推出的重庆和上海的房产税试点，对房价几乎没有影响。看境外的经验，像美国、日本、中国香港地区、新加坡等都有房产税，房子还是很贵。2005年韩国为了调控房价推出了综合不动产税，也还是没能改变房价上涨的趋势，这就充分说明房产税抑制房价的作用不可高估。

最后，房价还是供求关系决定的，在经济保持较快增长、城市化还在进行的大背景下，需求很旺的大中城市的房价，特别是好地段的房价还是会上涨的。对于发展潜力不大的三、四线城市，房价上涨的空间本来就不大，倘若出台了房产税，是会有一定的影响。

本讲要点：

（1）房产税征收成本太高，房产税的出台一定会渐进、稳步，短期内不会出台。

（2）房产税的征收力度不会很大，一定会有足够的税收减免，保障人们的基本居住需求。

（3）房产税对于房价有影响，但是不会很大，房价由供求关系决定，有发展潜力的大中城市，房价依然会上涨。

第 12 讲
共有产权：中低收入家庭买房上车的新形式

本讲我们分析另一个重要的政策：共有产权房。共有产权房是这几年新出的政策，代表了房屋供给的一个新方向，而且为中低收入家庭买房上车提供了一种新的可能，值得重点关注。

为什么这么讲？我通过回答四个问题，分步给你说清楚。

第一，什么是共有产权房？它和商品房有哪些相同点和不同点？

第二，共有产权房的实质是什么？会不会长期存在？

第三，共有产权房的推出，能不能降低房价？

第四，什么样的家庭，适合购买共有产权房？

首先来看第一个问题，什么是"共有产权房"。简单说，共有产权房就是政府出地，居民出钱，按照一定比例，共同拥有产权的住房。根据各个项目的价值和出资比例确定双方的所有权比例，常见的有 7∶3 或者 5∶5。

我们再说得直白一点，共有产权房就是低价买房，因为价格低，和经济适用房差不多，所以买到的只是部分产权，不是全部产权，余下的产权由政府持有。这背后的逻辑是，居民之所以能够低价买房，是因为政府提供了政策支持，大多数时候是拿土地入了股。所以，这种形式也可以看作政府出地、居民出钱，共同拥有住房的产权。

目前，我国有 6 个城市在进行共有产权试点，分别是北京、上海、深圳、成都、黄石、淮安，其中江苏省淮安市是最早进行共有产权房试点的城市，早在 2007 年就开始了尝试。

我们把共有产权房和商品房做一个对比，进一步看清共有产权房的特点，主要是三个方面。

第一，在居住属性上，共有产权房和商品房差不多，但是有两个重要的不同，一是共有产权房售价低，二是共有产权房的位置大多比较偏。比如说，北京的共有产权房，大多在五环外而且还比较远。从这两点看，共有产权房确实有保障房的性质，定位在中低收入家庭。

第二，在金融属性上，共有产权房也有金融属性，可以申请商业贷款和公积金贷款，可以使用公积金，购买以后可以抵押，可以出租，出租的租金按比例与政府分享。

第三，在转让属性上，共有产权房的转让会面临约束。具体而言，购房人取得不动产权证未满 5 年的，不允许转让房屋产权份额；购房人取得不动产权证满 5 年的，可按市场价格转让所购房屋产权份额，政府有优先购买的权利。

下面我们来回答第二个问题：共有产权房的实质是什么？简单说，共有产权是把一次性的土地出让收入，转变为可以多次兑现的住房转让收入，增加了政府收入的持久性，是土地财政的新形式。

"土地财政的新形式"，是共有产权的本质。为什么这么讲呢？我们从购房者和政府两个角度来看这个问题。

从购房者的角度看，共有产权是因为中低收入家庭一下子买不起商品房，就少出点钱，买半套商品房。所以，共有产权为中低收入家庭提供了一个买房上车的机会，只不过买的是较偏地段的半套房。比起买不起房，这是一个进步。

那政府为什么要这么做？或者说政府获得的好处是什么？政府获得的好处有两个。

一是满足了中低收入家庭的购房需求，维护了社会稳定。很多人买不起房、财富差距越来越大的状况，对社会的安定团结是个巨大的挑战。共有产权住房有助于解决这个问题。

二是政府在财政上并没有吃亏。政府手里依然拿着部分产权，如果需要，这部分产权未来还可以转让，变成财政收入。而且，随着房价的上涨，这比现在一次性转让土地得到的收入还要高。所以，从财政的角度看，共有产权其实是把一次性的土地出让收入变成了可以多次兑现的住房转让收入，增加了政府收入的可持续性。

不仅如此，进一步说，这个收入还可以长期慢慢兑现，在需要变现的时候变现，在不需要变现的时候继续持有、慢慢兑现。政府收入的弹性也增加了。

说到这里，有人可能会说，政府太"狡猾"了，批评这是共有产权房的缺点。其实，这么看很不全面，没有看到问题的要点。上面讨论中的要点是政府没有牺牲财政收入，因此共有产权房的政策在财政上是可以持续的。"财政可持续"这一点非常重要，因为它意味着这个政策能够长期存在下去。进一步讲，这里面的深层含义是解决了土地财政可持续的问题。现实中很多人都批评土地财政不可持续，这个问题其实已经找到了解法，你爱也好，恨也好，土地财政还会持续下去。看清这一点，有利于我们做出明智的抉择。

这里我做一个大胆的猜测，未来大中城市的住房供应模式已经浮出水面，就是由商品房、共有产权房、廉租房三部分共同组成，分别满足中高收入、中低收入、低收入家庭的住房需求，这就形成了房屋供给"三足鼎立"的格局。总体上看，这个三足鼎立的格局既能满足百姓的住房需求，也符合政府的利益，而且可以持续，很可能会形成并且长期存在。[①]

从数据上看，截至2018年底，北京已经提供了大约9万套共有产权房，上海已经提供了大约13万套，总量已经非常可观。

我们来回答第三个问题，共有产权房会降低房价吗？其实讲到这里，这个问题已经非常简单了。共有产权房和商品房没有其他不同，只有产权分配上的不同，因此也不会改变房价的趋势。

第四个问题，购买共有产权房划不划算？答案是看家庭的具体情况。

如果你有购买商品房的资格，而且有资金实力，不妨直接购买商品房，因为商品房不仅地段好，而且是全产权，投资价值大于共有产权房。这就相当于当你资金实力够的时候，买股票多买多赚，少买少赚。你把商品房看作城市的股票，道理是一样的。

如果你空有购房资格，但是资金受限，直接买商品房确实有困难，现在购买共有产权房上车，也未尝不可，总比不上车强。上了车，以后条件改善了，可以赎买政府手里的产权，或者转让自己的共有产权，重新购买商品房。从这里也可以进一步看出，共有产权住房的确有帮助低收入家庭上车的功能。

当然，和买商品房一样，买共有产权房也是需要挑选的。挑选的时候，除了"位置"这个永远重要的因素，还需要考虑共有产权房的产权分割是否合理。从已经推出的共有产权房看，一般位置较偏，升值的潜力可能有限，对于资金状况好的家庭可能不是特别合

[①] 这个猜测是2018年底做出的，整理书稿的时候是2021年初，笔者对于这个猜测的观点保持不变。未来这个猜测如果成真，三种供给方式可能以不同名目出现，比如共有产权房可能以人才房、安居房等名目出现，对特定人群予以照顾，并在产权上有一定约束，其实质依然是政府和居民共同拥有产权，满足中间收入人群和年轻人的居住需求，同时房屋依然具有金融属性。

适。而且，买了共有产权房，还可能占用购房名额，影响以后购买商品房，这一点也要考虑。

本讲要点：

（1）共有产权房就是政府出地、居民出钱，共同拥有产权的房屋。共有产权房的位置较偏、价格较低，同时具有商品房和保障房的性质。

（2）共有产权房的实质是政府把一次性的土地出让收入，转化为长期可多次兑现的房屋产权收入，是土地财政的新形式，在财政上是可持续的，因此会长期存在。

（3）未来城市房屋的基本格局会是商品房、共有产权房和保障房三种住房共存，分别解决中高收入、中低收入和低收入家庭的住房问题。

（4）共有产权房的投资价值打了折扣，比较适合收入较低家庭，不太适合收入较高家庭。

第 13 讲
租售同权与农地入市

本讲分析两个政策，一个是租售同权，另一个是农村集体建设用地入市。

我先预告一下我的主要结论。简单说，这两个政策对于增加房屋有效供给的实际作用很有限，对于调控房价的效果也很有限，属于没有抓住问题实质的政策。为什么这么讲？我们一个一个来看。

租售同权：更多的僧来抢粥

关于租售同权的问题，市场上讨论很多。在中央提出"房住不炒，房子是用来住的，不是用来炒的"背景下，从 2017 年 7 月开始，广州、深圳、南京、佛山等 12 个城市开始搞"租售同权"试点，就是租房子和买房子享受同等权利，特别是子女上学的权利。这个政策出台以后，很多人觉得不用买房了，租就可以了，这样房价就会下降。那么，实际情况真的是这样吗？

为了回答这个问题，我们不妨仔细看一下率先实行租售同权的广州的政策是什么样的。广州的政策要求，满足下列几个条件的租房户，其子女由居住地所在区教育行政主管部门安排到义务教育阶段学校（含民办学校）就读。

1. 具有本市户籍或父母拥有"人才绿卡"；
2. 按照积分入学标准，达到积分入学条件；
3. 监护人在本市无自有产权住房；

4.监护人租赁房屋要是唯一居住地且房屋租赁合同经登记备案。

以上四点都是必要条件。你仔细看的话，会发现这些要求其实还是很高的，不仅要有户籍或者"人才绿卡"，而且还要达到积分入学条件。一般来说，自有住房的积分比租房要高很多，积分高的其子女才能进好学校，租房的积分低，其子女就只能排在队伍末尾，进差一点的学校了。

再来看"房屋租赁合同经登记备案"这句话，这意味着房东仍然拥有房屋对应的学位掌控权。为什么呢？因为房屋租赁合同如果要去备案，是必须要房东同意的。房东出租房屋所得的收入可能要交税，因此房东可能会要更高的价格，不排除房东因为让渡入学的权利而要一个高得多的价格。所以，房屋的入学权实际上还是在房东的手里。

其实，在入学名额紧张的大背景下，租售同权只能使得僧多粥少的局面更加紧张。在不增加学位资源的情况下，让更多的人来抢更少的入学名额，只能使得局面更加混乱，不会从根本上解决问题。如果这个政策损害学区房购买者的利益，政策的阻力会很大。目前看，大多数试点城市还是实行积分制，户籍和自有产权住房所对应的积分还是积分中的大头。

进一步，倘若租房真的能够帮助入学，而且是进入好的学校，更多的租房需求一定会推高房租，房租涨了，房价也会有上涨的压力。背后的原理，是加入了租房者的需求以后，对学区房的需求其实是增加了。需求增加了，而供给没有变，就必然会导致价格上涨。

概括一下，房屋和其他商品一样，价格取决于供求关系。租售同权的政策，本身没有增加房屋的供给，也没有增加房屋对应的学位资源的供给，但是增加了人们争抢学位资源的方式，实际上是增加了需求，因此这一政策不但不会降低房价，还可能会推高房价。

现实中，这个政策出台后，也没看到其对抑制房价有明显的影响。

农地入市：基础设施投资谁来投？

我们再来看一下农地入市。什么是农地入市？简单说就是农村集体建设用地，不用转化为"城市国有土地"，不用交昂贵的征地费用，就可以进入城市土地市场，提供住房。只不过，目前的规定是只能租赁，不能买卖。

这个政策出台以后，引起了非常广泛的关注，很多人觉得争论了多年的"征地制度"，终于被撕开了一道口子。农村集体建设用地可以建房，相当于绕开了"土地财政"，大幅降低了房屋的成本。这样一来，房子的成本会降低，供应会增加，那么房价当然就会下降了。

这里我强调一下市场为什么这么"兴奋"。土地财政很多年来被广泛认为是推高房价的罪魁祸首。正因为如此，绕开土地财政、农地直接入市，才使得很多人很兴奋，认为是根本性的制度变革。所以，人们对这个政策的预期是很高的。

实际情况是怎么样的呢？有没有降低房价的证据？政策出台一年多，截至2018年底，还没有真正落地，所以还很难找到直接、实际的效果。北京、上海虽然从2011年就开始试点，但是政策落地也比较慢，实际落地的项目也不多，很难拿来做房价会不会下降的证据。而且，北京、上海这两座超级大都市很特殊，这里的房价不降，不意味着其他城市也没有效果。

所以，目前阶段，还没办法用数据说话。我们只能做一回侦探，展开逻辑推理。我们的推理分为三步走，问三个问题。

第一个问题，农地直接入市与以前的间接入市，区别是什么？

这个问题简单，就是不征地，不交土地出让金，因此不转为国有土地，而是由农村集体单位经营，建造住房出租，解决住房问题。

这个政策的依据，是2017年8月国土部、住建部联合发布了《利用集体建设用地建设租赁住房试点方案》，将13个核心城市纳入试点，试点农村集体土地入市，入市的方式是建设租赁住房。

第二个问题，没有土地出让金，这些房屋的配套设施，比如道路、地铁、水电设施、通信设施，怎么解决？

现在看起来没有更好的办法，可能只能由其他财政资源来补贴，这样就会对财政形成压力。现在财政本来就紧张，这看起来不是个长久之计。

另一个办法就是不解决，因为很多集体用地现在已经在城里比较核心的区域，附近的设施已经很好，就近使用就好。这样一来，已有基础设施的压力会增加，比如道路拥堵、停车位不够、通信的信道不够。不够也没有办法，只能先将就着。

这个讨论说明一个问题，就是土地出让金是有用途的，很大一部分是作为基础设施建设资金。不收这个资金，看起来房子便宜了，可是基础设施也没了，最后房子还是不好住。不仅自己的不好住，附近的也不好住，因为基础设施是共享的。总量不够，就只好大家将就、拥挤。说白了，这对出钱购买商品房的人，其实不太公平。

第三个问题，这些出租的住房，附带学位资源吗？

这个目前还在摸索中，并没有很明确，但是看起来很难有。学校不是随便建的，是要审批、规划的。建房子出租的村集体，估计很难完成审批，拿到建学校的资格。即便拿到资格，还有资金投入的问题，招募教师，特别是好的老师，是要很多钱的。既然没有土地出让金，这个钱从哪里来，就是个很大的问题。

所以，农村集体用地上的租赁房，可以解决居住的问题，但是很难解决上学的问题。如果房价高是因为学区房附带的学位资源，那么集体建设用地就没法解决这个问题。从这个角度看，指望租赁房降房价，效果可能有限。

上面讨论的要点是土地出让金看似推高了房价，其实也是一种基础设施融资方式，没有这些基础设施，城市建设的资金就很难筹集，城市就很难发展。目前情况下，城市建设空间还很大，基础设施融资依然是个大问题。从这个角度看，土地财政要退出历史舞台，就必须找到替代的融资方式。

其实，土地财政的这一作用，在政策设计中是有考虑的。我们前面提到的《利用集体建设用地建设租赁住房试点方案》，将13个核心城市纳入试点，这13个城市的名单值得看一下，分别是北京、上海、沈阳、南京、杭州、合肥、厦门、郑州、武汉、成都、广州、佛山、肇庆。你仔细看一下会发现，这13个城市都是大家熟知的大城市，只有广东省的佛山和肇庆可能不是特别熟悉。其实，佛山也很大，常住人口目前有950万人（2017年），只有肇庆小一点（410多万人），看起来是为了增加一个中型城市作为试点。

这些城市的共同特点是当地的财政状况都是比较好的，所以才能进行农地入市的试点，看看能不能找到出路。地方财政不好的地方，本来就吃紧，还要放弃土地财政的收入，日子很难过下去，是很难进行这个试点的。

最后，我们来回答一个很实际的问题，农村集体土地上的租赁住房可不可以买呢？目前的政策是不允许买，只能租，而且明令禁止"以租代售"。所以买是买不到的，但是如果只是住，不需要考虑学位资源，可以租，而且可以长租，比如一租10年，到期还可以续租，这样一家人的居住问题就解决了，这在一定程度上，也相当于买了个房子。至于这个租赁房有没有投资价值，你要仔细分析。

本讲要点：

（1）租售同权没有增加学位资源，而是增加了争抢学校资源的人数，在本来就"粥少僧多"的情况下，让更多的"僧"来抢给定的"粥"，只能是推高房价。

（2）农地入市的实质是减少了土地出让金，不利于城市基础设施的建设。在不增加学校、道路等公共资源的情况下，只能使得现有资源更加稀缺，对降房价作用有限。

（3）土地财政对于城市建设有积极作用，是基础设施建设的融资方式，在找到合适的替代方式之前，很难退出历史舞台。

第 14 讲
"限购、限贷"会长期存在吗？

这一讲我们继续分析房价有关的政策。不同的是，前几讲分析的政策都可以归结为长期政策，这些政策影响的是房价的长期趋势。本讲不看房价的长期趋势，只看房价的短期波动。本讲我们要回答的问题是：房价有的时候涨得快，有的时候涨得慢，有的时候甚至是下跌的，这背后的原因是什么？

概括起来，房价的短期波动有两大类原因，一类是房地产调控，另一类是货币政策的松紧。前者是专门针对房地产的，后者是针对整个宏观经济的，但是对房价波动也有很大的影响，甚至比直接的房地产调控还要大。

我们先来看房地产调控。2016年以来的这一轮房地产调控就是层层加码，采取各种政策来限制房屋买卖，概括起来有"五个限制"，分别是限购、限贷、限价、限售、限商。市场上有一句话，说现在房地产市场处于"五限"时代，说的就是这"五限"。

这"五限"政策的实质是什么？对房价有多大的影响？会不会长期存在？

房住不炒：限购和限贷会长期存在

目前绝大多数大中城市都有限购政策。一般的做法是，同时限制买房资格和买房数量。限制购房资格，就是只有本地户籍人口，或者虽然没有本地户籍但是交够社保（比如5年）的常住居民，才有购房资格。但是呢，有购房资格也不能随便买，一般来说，最多只能买两套，个别的中小城市能买三套，特别小的城市不限购。

这个限购政策往往和限贷政策配合使用。比如说北京，首套房首付最低35%，最多贷款65%；但是二套房，首付最低就要60%，最多贷款40%。这里面有明显的抑制二套房贷款需求的意思。

现实中，很多人都不能全款买房，需要借助贷款才能买房，这样就限制了购买力。比如说，很多家庭已经有一套小房子，想买一套大一点、位置好一点的，改善居住条件，就算二套房。这时候，除非资金实力超强，付得起60%的首付，否则就只能在小房子里面将就了，这就严格限制了这种改善需求。

限购、限贷这两项政策，有一个明显的目的，就是限制购买人群，限制购买数量。换句话说，这个政策不是不让你买，而是不让你多买，当地人可以买，交足社保年限的可以买，但是最多买两套。

怎么理解限购和限贷这两大政策？这就要回到我国房地产政策的主基调，就是"房住不炒"，房子是用来住的，不是用来炒的。"房住不炒"的实质，是把房屋的投资属性和居住属性分开，允许居住买房，限制投资买房。为什么要这么做？主要是防止因为房价的快速上涨，导致财富差距进一步拉大。在目前的情况下，因为买房导致的财富差距已经很大了，这样的政策是有合理性的，估计会长期存在。即便放松，也是边际上的，可能会略微松一点，但不会完全取消。

限售、限价、限商：可能会有变化

除了限购和限贷之外，还有三限，分别是限售、限价、限商。这三项限制，合理性就没有前两个政策高了，和"房住不炒"的政策精神也不完全一致，我们一个一个来分析。

先来说限售。限售就是限制商品房出售，比如说购买新房5年之后才能转手，出发点是为了限制投机买房，但是实际的效果就很难说了，有可能是减少了二手房的供应。如果减少了供应，就不但不能降低房价，短期内还可能推高房价。

实际上，有人想买房，有人想卖房，想买的让他买，想卖的让他卖，政府还能收税，没什么不好。再说了，政府限制卖房，可房子是人家买的，是私有财产，这于情于理都有点说不过去。何况，这种限制对降低房价也没什么效果。不让人卖房，减少了二手房的供应，无非是推高了房价。长期看，限售的政策可能会逐步放开。

说完了限售，再来说限价。市场上存在限价的现象，就是限制新房的开盘价，房价高了不让开盘，不发售房许可证。这种做法的直接效果是扭曲了市场上的价格信号，创造了寻租机会，也不利于解决居民的住房问题。能够想到的就是限价政策之下，可能会产生很多寻租行为。价格压低了，买到的人就是捡便宜，很多人不仅会去排队买房，还会想办法走后门，这就给腐败分子留下了机会。寻租行为之外，还会产生一些变通的行为，比如开发商不想卖了，只租不卖，这样开发利润好很多。可是只租不卖，开发商的资金回笼会变慢，开发周期会变长，资金成本会增加。这些成本，最后都会转嫁到住房上。

里里外外看，限价政策无非是增加了市场交易的摩擦，短期可能抑制房价，但是对长期房价没什么影响。相信在长期，这样的政策也会慢慢被修正。

最后一个限制是"限商"，限商是什么意思？就是限制商业楼、办公楼按照公寓楼设计，改装成公寓出租或者出售。考虑到很多商业楼、办公楼的地段往往比较好,这个限制其实是减少了优质地段的房屋供应。所以,突破这个限制的积极性很强。

那么,能不能突破呢?要理解突破这个限制的可能性,就要理解这个限制背后的道理。这个限制有没有道理呢?也不是完全没有,这要从两个方面来理解。一个是土地性质,商业楼、办公楼的土地性质是商业、服务业用地,住宅楼是居住用地,土地性质不同,地价也有所不同。要突破"限商"的限制,就要转变土地性质。全世界的国家都实行土地用途管制,这不是中国的特殊做法。

另一个是税收。商业楼、办公楼里面有大量生产经营活动,可以贡献税收,而居住用地是住宅,不产生税收。所以,未来如果要把商业楼、办公楼转化为居民楼,要有一个综合考虑。转化的前提是补地价,弥补政府的税收收入,否则可能性不大。

这严格的"五限"政策,不仅直接影响房产的开发和交易,还影响人们对于未来房价的预期。综合作用之下,过去两年房价涨幅,的确受到了抑制。

根据国家统计局的数据,从2016年房地产调控以来,到2018年10月,两年的时间里,一线城市房价仅仅上涨了1.4%,二线城市上涨14.3%,三线城市上涨16.9%。一线城市房价涨幅比二、三线城市低这么多,这和房价上涨的一般规律是反过来的。这就说明,调控对房价还是有很大影响的,或者说我国的房地产调控已经取得了显著的效果。

不过,换个角度看,调控这么严,房价还是上涨,说明潜在的购房需求还是很大。这种调控政策影响短期的房价增速,但是不会改变基本面。不改变基本面,也就不会改变长期的房价趋势。还是我们之前讲过的,房价的基本面取决于经济增长、通货膨胀、城市化。目前看,这些都不会变。

本讲要点：

（1）限购、限贷的政策，目的是限制买房资格，限制买房数量，实质是把住房的居住属性和投资属性分开，和"房住不炒"的政策基调是一致的，估计会长期存在。

（2）限售、限价的政策，是短期的应急政策，估计会有松动。

（3）限商的政策，实质是商业、服务业用地贡献持续税收，居住用地不贡献持续税收。要转换用地性质，就要涉及补地价问题。

（4）在严格的限制之下，一线城市的房价受到明显抑制，说明限制政策已经取得了明显的效果。同时，在严格的限制之下，房价依然上涨，说明潜在的购房需求还是很大，房价存在继续上涨的压力。

第15讲
真实利率：房价波动的真正秘密

这一讲继续分析房价的短期波动，我们来看看货币政策的影响。

你可能会觉得奇怪，房价波动和货币政策有什么关系？本讲要告诉你的是，货币政策是房价波动的首要决定因素，甚至比房地产调控的作用还要大。货币政策的松紧导致的真实利率变化，是房价波动的真正秘密。

货币紧缩：压制房价的真正利器

为什么这样讲？我们先来看图15-1。图15-1中有两条线，一条是房价的增长速度，另一条是一年期存款真实利率。所谓真实利率，就是人们的存款利率扣除通货膨胀之后实际到手的利率。从图中可以看到这两条线有个明显的规律，就是非常明显的反向变化。房价涨得快的时候，就是真实利率低的时候，而房价涨得慢的时候，就是真实利率高的时候。这个规律非常清楚，几乎没有例外。

我们来看其中一小段，会看得更清楚一点。比如从2012年到2015年这几年，除了2013年下半年，这段时间是我国房价总体增速比较低的几年，直到2015年夏天房价启动，开始快速上涨为止。

这几年的房价增速慢，很多人都归因于经济下行，或者房地产调控。其实这两个理由都是站不住脚的。先来看经济增速下行。我们的经济增速在金融危机以后一直是下行的，2016年以来的经济增速比那几年还要低，可是这几年的房价上涨很快，还引发了最严

图 15-1　中国房价波动与真实利率（2005—2018 年月度数据）

数据来源：Wind 数据库。

重的房产调控。说起房地产调控，2016 年以来的调控是史上最严的，比那几年严多了，可是现在房价增长压力还是很大，虽然一线城市房价被压住了，可是二、三线城市的房价增速很快。所以，2012—2015 年的房价疲软，既不是经济增速下行导致的，也不是房地产调控导致的。真实的原因是货币收缩导致的利率上升。

为什么归因到实际利率？先来看看数据。2012 年夏天到 2015 年夏天，大约三年的时间，我国的实际利率平均有 0.8 个百分点，虽然不高，但是是正数，存钱是赚钱的，所以大家买房子没那么积极。作为比较，2007 年以来的实际利率平均值是负的，是 –0.2%，也就是说存钱的利息不仅被通货膨胀吃掉了，还要倒贴，大家当然不愿意存钱。所以尽管 0.8% 的实际利率看起来不高，只比过去 10 年的平均值高了一个百分点，但这是正和负的区别，导致房价涨不起来。所以说，利率的作用是很大的。

上面的逻辑可以归纳为一句话，就是"存款搬家"，就是人们把钱在储蓄存款和房子之间搬来搬去。利率高的时候，存钱划算，就存在银行了。利率低的时候，存钱太不划算了，就把存款拿出来买房子。否则，利息都被通货膨胀吃掉了，又没有其他很好的投资渠道，就只能买房子。这个效果，市场上俗称"存款搬家"。

那"存款搬家"有没有数据支持呢？有的。我国居民储蓄存款的增速是和房价的增速反向变化的。房价涨得快的时候，存款增加慢；房价涨得慢的时候，存款增加快。这个"存款搬家"的现象，在数据上非常明显。这二者背后的共同驱动因素，就是利率的变化。

图15-1中还有一个小细节，就是2013年下半年，房价增速有一个快速的拉升，从年初的零增长上涨到9%左右，这次上涨也对应一次真实利率的快速下调，从1%左右下降到0左右。所以说，利率的变化对房价的影响是很大的。仔细看图15-1，每次利率的下降都对应着房价的上升，没有例外，几乎是对房价波动的完美解释。

利率的影响为什么这么大？

你可能好奇，利率对房价波动的影响为什么这么大，甚至比房地产调控的影响还大？其实想一想就不难理解，因为这是千家万户的资产配置行为，是自发的、自下而上的，挡也挡不住的。作为比较，房地产调控是自上而下的，不是自发的，而是强制性的。俗话说，"上有政策，下有对策"，自发和强制，效果差别是很大的。

我们可以进一步思考一下图15-1传达的信息。最重要的信息其实并不是房价和利率的反向关系，而是这个关系揭示的实质。为什么利率能够如此完美地解释房价增速的变化？

房价和利率的这种高度相关性，其实是强调了房子的资产属性。

房子既是消费品，也是投资品。在很多家庭的资产组合中，房子都是最重要的资产，比股票、基金、理财产品、存款都重要。在这种情况下，买房子一定要首先考虑房子的资产属性，也就是投资属性。既然是投资，利率就是最重要的因素。利率有多重要？有句话是这么讲的：利率是经济的心率，是资产价格的节拍器。

想清楚这个道理，我们就明白了，对于房价而言，利率是最重要的决定因素。

那么，如果我们这个逻辑是对的，这个现象就不应该仅限于中国，而是别的国家也有。看一下证据，真的是这样吗？

比如说美国。美国在2007年爆发了次贷危机，房地产泡沫破灭，而美国的房地产泡沫由美国的低利率政策一手造成。美国的房价在1999年到2006年间快速上升，并伴随着实际利率的一路下行。而2006年美国房价的停止上升和开始回调，也源于实际利率的快速上升，二者在时间上吻合得几乎完美。

美国经验还有一个重要的启示，就是利率对房价而言比土地重要很多。美国的土地资源非常丰富，土地市场发展也很完善，房屋的供给受到土地供给的约束很小，然而房地产泡沫依旧可以形成，这表明在土地供给充裕的情形下，低利率依然可以大幅推高房价。现实中，我国很多人希望通过增加供地而降低房价，看看美国这个现象，要重新想一想了。

实际上，在美国的房地产泡沫当中，一些地广人稀的地区，比如亚利桑那州、内华达州、北卡罗来纳州，尽管土地供应非常充裕，房价依然快速上涨，这就说明即便大幅增加土地供给，房价依然可能大幅上涨。

看完了美国的次贷危机，我们再来看日本的房地产泡沫。在日本的房地产泡沫中，低利率也起到了首要的作用。从1950年到

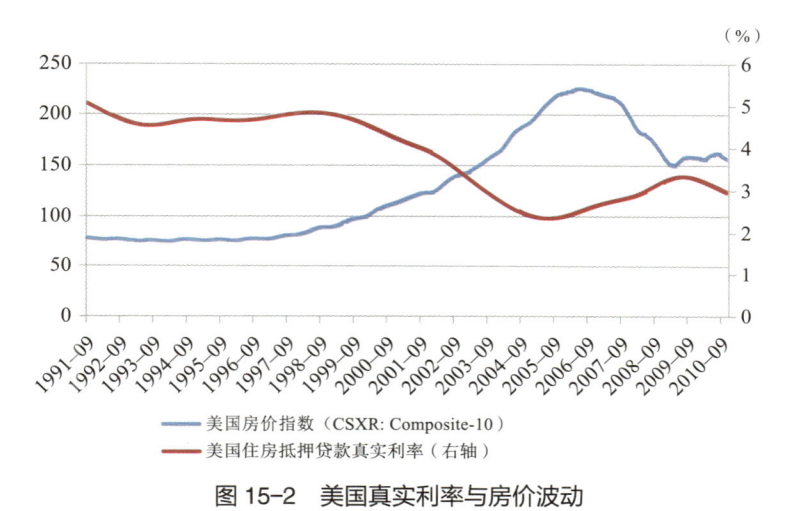

图 15-2　美国真实利率与房价波动

注：真实利率数据经过 HP 滤波，滤波参数为 14400。
数据来源：美联储圣路易斯分行数据库。

1990 年的 40 年间，日本的房地产价格虽有波动但是一直处于快速上涨的趋势当中。

仔细分析日本的情况，可以发现日本的真实利率是长期偏低的。在 1961—1990 年这长达 30 年的时间里，日本的平均实际利率为 -0.67%。在长期的低利率甚至负利率之下，日本地产价格长达几十年的上涨也就不足为奇了。进一步的分析表明，日本的房价上涨速度与实际利率也呈现非常显著的反向关系，每当利率下降房价上涨就会加速，反之亦然。在整个 20 世纪 60 年代和 70 年代，日本的实际利率都是负的，这 20 年的房价增速也非常快，平均每年为 20% 左右，最高达到 40%。

所以，美国、中国、日本这全球三大经济体的数据都高度支持低利率推高房价的结论。

有些读者可能还会进一步问，前文不是说房价高涨和货币超发

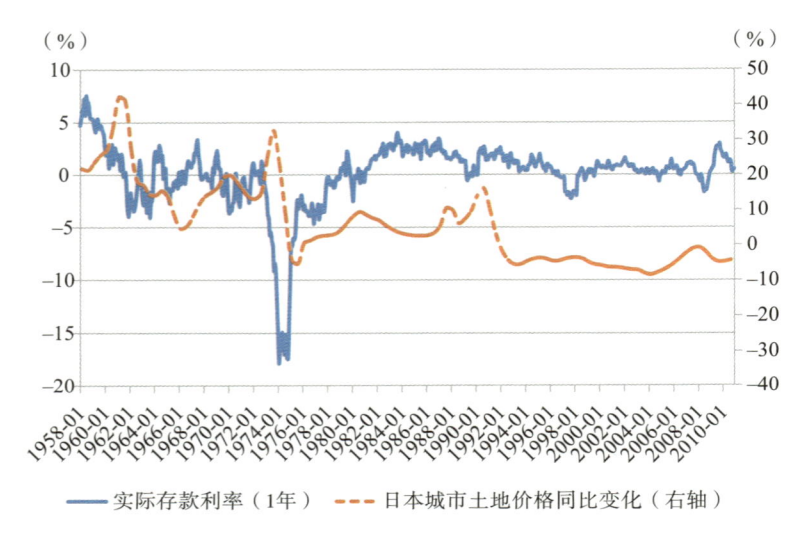

图 15-3　日本地产价格波动与真实利率

注：地价为日本全国城市土地价格同比变化率（%），利率为1年期存款利率减去同期通货膨胀率。

数据来源：CEIC数据库。

无关吗，怎么又开始强调货币了？是这样的：我们要区分长期的趋势和短期的波动。从长期趋势看，我国的通货膨胀水平不比其他国家高，说货币超发的证据严重不足。但是从短期波动看，货币有时松有时紧，对房价涨速的波动是有很大影响的。所以说，这里需要讲清楚。凡有生活常识的人，谁也不会说货币对房价没有影响。关键看是什么影响，是周期影响，还是趋势影响？这个要严谨。如果讲趋势影响，就要拿出长期货币超发的证据来。

本讲要点：

（1）真实利率和房价增速呈现非常清楚的反向变动关系，真实利率高的时候，房价增速低，反之亦然。

（2）利率对房价影响重大，是因为房产是重要的储蓄手段，当利率低的时候，存钱吃亏，人们把资金拿出来买房，俗称"存款搬家"。

（3）利率对房价波动的影响，不仅在中国，在美国、日本都存在，在美国的次贷危机和日本的地产泡沫中，低利率都扮演了重要的角色。

第四部分
房产配置操作指南：买房与租房中的注意事项

细节决定成败。只判断对房价趋势是不够的，还要注意操作中的基本原则和注意事项。

1. 刚需首套，应遵循"稀缺原则"和"先上车原则"。
2. 改善住房，改善的不仅是居住，更重要的是财富状况。
3. 百岁人生，你需要一份安全资产作为养老保障。
4. 挑选城市，要注意"八大要素"。
5. 买房付款安排，应遵循"多用贷款，用长期贷款"的原则。
6. 因为租金快速增长，买房比租房便宜很多，还能对抗通胀。
7. 不得不租房，要遵循"便利原则"，投资自己的职业发展。

第 16 讲
首次置业：稀缺原则和先上车原则

读到这里，相信你已经明白了，其实中国的房价很难说有泡沫，长期趋势和短期波动都符合一般规律。而且，只要中国经济保持平稳，即便增速降低很多，未来房价上涨的空间还很大。前几讲中你已经看清了一些"流行的谬误"，下面我们讨论买房操作的问题。

每个家庭的情况不同，需求也不同。从本讲开始，我会分别讲刚需首套房、改善住房、养老买房以及租房的问题。在此过程中，我也会对如何选择城市、如何选房、如何安排首付、贷款等问题，提供一些操作性的建议。

本讲我们从"刚需"入手进行分析。买刚需首套房的时候，有两个原则你要遵守，一是稀缺原则，二是先上车原则。

稀缺原则

"稀缺原则"涉及对房子价值和房价增长潜力的判断。比如说，买房的过程中经常面临着两种选择，是买城中心的小房子，还是买远一点的大房子？而且城中心的房子虽然小，价格还常常会高一点。

这时候，你要记住稀缺原则，因为房子的价值在于附近的稀缺资源，比如学校、医院、商圈、办事机构等等。这些资源给你带来各种便利，因此房子才值钱。没有这些稀缺资源，房子就是一堆砖头，不值钱的。远郊的房子虽然大一点，但是很不便利，而且位置不稀缺，很容易被替代。相比城市核心区的房子，远郊的房子是不太值钱的。

举个例子,很多人在北京郊区买房,发现房价涨幅不是很大,而且这两年随着调控的持续,远郊的房价还跌了不少。但是北京城区位置好的房子,价格还是很坚挺。为什么?就是因为稀缺原则。不管怎么调控,好地段的房子靠近稀缺资源,你不要有人要,价格就比较坚挺。

比如说,北京有个奥林匹克公园,很大很漂亮,附近的人可以去散步、慢跑,生活质量很高。可是这个资源对于住得远、需要开车去的人,价值就低很多,开车出门、找地方停车就要折腾个把小时,大家都很忙,很难经常去。所以,公园周边的房子就会贵很多。你看周边的很多房子,其实建筑质量一般,户型也不是特别好,但是位置稀缺,所以还是很贵,好一点的房子每平方米都要十几万元。

再举个例子。纽约有个中央公园,面积很大(约3.4平方公里,南北长约4公里,东西宽约0.8公里),地处曼哈顿岛的中心,就像纽约城的肺一样,帮助纽约呼吸。纽约的高端住宅大都在公园边上,每平方米均价在4万美元以上,高端公寓单价达到十几万美元,真的是很贵。

城中心的房子太贵,买不起大的可以买小的。过去有一句话,说买你买得起的最贵的房子,这句话现在依然适用。实在买不了城中心的房子,就选地铁沿线,因为轨道交通的便利可以部分代替城里的各种便利,利用城里的稀缺资源,这就是"稀缺原则"。

先上车原则

什么是"先上车原则"?打个比方,中国的经济就像一列奔驰前进的列车,一个个大中城市就像一节节车厢。买房,就像买票上车。如果你看准了这个道理，就要先买票上车，免得被列车抛下。

上了车之后呢，你的财富就随着城市一起增长，就可以慢慢找机会换个大点的房子。相当于先买站票，打工挣了钱，再加点钱换成座票。等到奋斗小有成就，再换个豪华车厢也是有可能的。但是如果不上车的话，站票都没有，直接买座票更难。

为什么要强调这个"先上车原则"？因为现实中有很多人因为犹犹豫豫，错失了买房良机。这种犹豫，往往是由于一些认识上的误区导致的。

比如说，一个常见的误解，是很多人以为买房自住要一步到位，面积要够大、位置要够好。挑来挑去，找不到完全满意的，就耽搁了，没上车。然后就看着房价接着涨，越来越买不起，就被列车抛下了。

这个一步到位的想法出发点可能是好的。很多人觉得自己买房是住的，不是炒的，房住不炒，当然要选好了再买。这个想法虽然好，但是不太实用。房子虽然也是商品，但是和其他商品不太一样，因为单品价值太高，每个小区的位置、环境、配套设施、建筑质量都不太一样，很难找到完全满意的。而且房子这些年总体上供不应求，你不买有人买，犹豫一下就没了，然后看下一个房子，接着犹豫。

怎么办呢？就是先上车再说，不要想十全十美。有买房经验的人都知道，想买完全满意的房子是不可能的。位置好的配套设施不一定好，配套设施好的房屋质量不一定好，房屋质量好的容积率不一定高。总之，想十全十美是很难的。

现实的考虑是根据稀缺原则，买个房子先上车再说，免得贻误战机。你看这些年，凡是买票上了车的都不后悔，还没买票上车的就有点被抛下了。

现实中一些人犹犹豫豫、不抓紧上车的原因，其实还是对房价看不准，怕房价回调或者不会再大涨了，就不用着急买了。对于这两个观点，我再简单说一下。

一个是怕房价回调，不敢太快下手。比如说，有人觉得房价涨得快，有炒作的因素，想等回调。其实，房子这么大的资产，谁炒得起来？房价如果是炒上去的，早就回调了，比如温州、鄂尔多斯的房价前几年回调很多，可是绝大多数大城市的房价不管怎么调控还是涨，就充分说明这里面炒作的因素很少，如果是炒起来的不会这么坚挺。历史上看，即便是2008年金融危机期间，一线城市核心区的房价下跌也很少。2016年这一轮调控以来，一、二、三线城市房价总体上还是上涨的，就充分说明问题了。

另一个是觉得房价已经很高，不会大涨了。对于这个想法，其实有一个简单的办法判断。看一下我国的发展阶段，综合看收入水平、消费水平、房价水平、城市化率、老龄化率等因素，我国只相当于日本20世纪70年代、韩国20世纪80年代的水平，现在的人均收入还只有美国的1/6，经济增长的空间还是很大的。我国进一步的经济增长和城市化，还会带来房价上涨的压力。

根据我们前文的房价增速公式，我的保守估计是12年累计翻一番。十几年后，你会发现今天大城市的房子很便宜，就像你今天看十年前的房子很便宜一样。

这时候怎么办呢？还是要先买票上车，买不起豪华卧铺就先买张站票，买不起大房子就先买小房子，这样才能跟着中国经济的列车一起前进，不被抛下。

本讲要点：

（1）买房首先需要注意稀缺原则，因为房子的价值其实是房子附近的稀缺资源的价值，核心区的小房子比郊区的大房子更值得买。

（2）刚需首套房，尤其要注意先上车原则，不要苛求十全十美、一步到位。稳妥的策略是先买票上车，分享城市价值，再慢慢升级，买更喜欢、更大的房子。

第17讲
改善买房：哪种投资更能改善你的财富？

说起"改善"买房，很多人会简单以为就是换个大一点的房子，或者学区好一点的房子，改善居住条件。这当然是对的，但是只对了一半。改善买房更重要的另一半，是改善你的"财富状况"。

也就是说改善的两层含义：一是改善居住条件，二是改善财富状况。

房地产作为一种非常重要的资产，在一个标准家庭的财产中占绝对的比重，你如果不考虑它保值增值、改善家庭财富的特性，就大错特错了。你看，过去十几年，买了几套房子的人在财务上都获得了大幅的"改善"，甚至实现了财务自由。

现实中，还有些人只看到买房的负担，看不到房子的资产价值，也是不对的。买房早期是有负担，有首付、月供的压力，可是没过几年就是资产了。比如很多朋友买个房子租出去，没过几年就发现租金比月供还要多，完全不用额外付月供，是完完全全的净资产。

所以，改善不仅是改善"居住"，更重要的是改善"财富"。

了解了"改善"买房的两层含义之后，我们有几个问题需要回答。

第一，现在买房晚不晚，还能不能改善财富状况？

第二，房子和其他投资工具比，比如股票、债券、理财产品，哪个更能够改善财富状况？

第三，如果买房的话，首付和贷款应该如何安排？

下面，我依次回答这三个问题。

改善房依然可以改善你的财富状况

首先，从改善财务的角度看，现在买房子还是划算的，我给你三个理由。

第一个理由，房价的长期趋势是上涨的，这是很多国家的普遍现象。前面我讲过，从 1946 年到 2016 年这 70 多年的时间里，全球 14 个主要发达经济体的房价累计上涨了 90 多倍，扣除物价因素以后还有 4 倍多。由此可见，从现有经验看，房地产"保值""增值"的属性是实至名归的。

你可能会有疑问，房价上涨这么多，和你印象里屡屡发生的房地产泡沫与危机是不是矛盾的？这个数字是不是搞错了？

不是这个数字错了，而是我们人类对现象的关注是有选择性的。举个例子，很多人都知道 2007 年的美国房地产泡沫，可是很少有人知道现在美国的房价已经超过 2007 年的高点了。

这是为什么呢？因为泡沫和危机会引起很大的动荡，会被报章媒体反复报道，吸引了很多眼球，给大家留下深刻的印象。可是，年复一年的缓慢增长很快就会引起审美疲劳，大家不是很关注，媒体的报道也不多。但是在现实中，长期的上涨才是常态，就像温水煮青蛙，不知不觉中，已经煮了很久，房价已经涨了很多。

第二个理由，就是我国的发展阶段还很低，经济增长和房价上涨的空间还很大。

这一点我前面已经讲过。我国目前的情况是经济增长还在持续，城市化还远远没有完成，人口基数很大，老龄化也才刚刚开始。综合起来看，经济增长红利、城市化红利、人口基数红利，这"三大红利"共同构成了房价上涨潜力的基本面。所以，在可以预见的将来，中国经济增长潜力是支持房产配置的第二个理由。

第三个理由，就是全球范围内的"资产荒"。第二次世界大战以来，全球经历了长期的繁荣与稳定，在这战后 70 多年的时间里，全球范围内积累了大量的财富，这些财富都需要寻找投资渠道，进行保值增值。可是可投的项目就那么多，可买的资产越来越少。于是，作为安全资产的房产自然就会受到追逐。在未来，只要不发生大规模的战乱，大城市的房子作为安全资产还是会继续看涨。

因此，从国际房价上涨经验、我国的经济发展阶段和全球资产荒这几个方面看，我国的房产仍然是可以配置的优质资产，仍然具有"改善家庭财富状况"的能力。

改善房回报率高于股票和理财

房子和股票、债券、理财比怎么样？哪一个投资工具更能够改善财富状况呢？

从历史数据看，这个问题的答案是很清楚的。买房的收益率比买股票、买债券更高，房产的收益率也要稳定很多。

我们来看数字。从 2003 年到 2017 年这 14 年的时间里，房价差不多涨了 10 倍，一线城市房价从每平方米七八千元涨到七八万元，二线从两三千元涨到两三万元。如果考虑借钱，过去首付平均是 30%，就是加了 3 倍多杠杆。这样一看，买房子就有 30 多倍的收益。

这样的投资收益是远远超过股票的。作为比较，周期上证指数涨了 4.5 倍，深证指数涨了 4.7 倍，中小板指数涨了 6 倍，港股的恒生指数涨了 4 倍。不管怎么比，买房的收益比买股票高了 5 倍以上。

如果你买理财产品，收益就更低了，也就涨了 1 倍左右。如果你买国债，收益率比理财产品还要低一些。

更重要的是，考虑到我国经济增长和城市化都还有很大的空间，只要国家继续发展，城市房价长期上涨的趋势就不会改变。

实际上，过去十几年买了房子的人都改善了财富状况。而买股票的人，除了极少数眼光独到的人赚了钱，大部分人是没怎么赚钱的。买了腾讯股票的赚了钱，买了中石油的赔了钱，买股票的风险是相对大的。

购买改善房应该如何安排首付和贷款

那具体应该怎么买房呢？这就有一个合理安排首付、安排贷款的问题。

有三个基本原则，是需要注意的。

第一，要尽量少付首付，多用贷款。一般来说，应该付一个允许范围内的最低首付。这样的安排不仅可以减轻早期的支付压力，还可以对抗未来的通胀。如果通胀水平高的话，10 年后要还的 100 万元可能只相当于今天的 50 万元，一下子你又省了 50 万元。

第二，不仅要多用贷款，贷款的期限还要尽量长，这样就可以减少近期的支付压力，并对抗未来的通胀。总之，是把支付往后延长。

第三，贷款的时候尽量用公积金贷款，因为公积金贷款利率低，可以省很多月供。按照目前的利率水平，每 100 万元 20 年期的贷款用公积金可以省 1000 元左右的月供。如果你有住房公积金，一定不要忘了拿出来用，不然这笔钱不好拿出来，就只能白白放在账上，变成名副其实的"纸面财富"。

本讲要点：

（1）改善型住房，不仅是改善居住，更重要的是改善财富状况。

（2）综合考虑我国的经济增长红利、城市化红利、人口基数红利，改善型住房还可以继续改善财富状况。

（3）房产不仅安全、易于投资，而且保值增值能力比股票、债券都要好，适合长期配置。

（4）购买住房要尽量使用长期贷款和公积金贷款。

第 18 讲
百岁人生：选择养老房的"八大要素"

我们先来说说什么是"养老房"。说起养老房，很多人可能觉得就是买个房子孝敬父母，这样的理解出发点虽然好，但是很不全面。

你可能听说过一个词叫作"百岁人生"，这个词是什么意思呢？就是说人类已全面进入长寿时代，我们的父母活到 90 多岁、我们这代人活到 100 多岁，都是大概率事件。如果 60 岁退休，还有 40 年甚至更长的养老生活，自然需要更多的财务资源。随着物价的上涨，还是要保留一点资产，多一层保险。养老买房，其实是老龄化背景下的一个保障机制和资产配置问题。买得好的话，不仅可以帮助父母养老，还可以让自己"老有所依"。

什么叫"买得好"呢？就是要尽量挑选增值潜力大的房产，这里面就有两个非常关键的问题：第一，在哪里买？如何挑选城市？第二，国外的房子要不要买？

挑选城市的"八大要素"

第一个问题，在哪里买养老房？很多人觉得这个简单，养老就在老家县城买房，房价还便宜。但既然是一份"老有所依"的资产，你就要考虑保值增值的潜力。所以，城市的发展潜力才是最重要的考量。

这个问题我和我的博士生恰好做过系统的研究，我简单梳理了决定城市房价的八大要素，供买房时参考。为了便于理解和记忆，我把这八大要素分为两类，每类4个：第一类是"常见的已知要素"，第二类是"不常见的关键要素"。

常见的已知要素分别是：（1）城市规模（用GDP总量或者人口总量衡量）；（2）人口流入；（3）人均收入（用职工名义平均工资衡量）；（4）土地供应。这些要素在有关房地产的讨论中经常见到，代表着一个城市的综合发展水平、人口吸附能力、人均收入水平和住房供应，都是影响房价的重要因素。

这些因素很常见，其重要性不应低估。比如说，城市规模是房价最重要的决定因素。这一条很重要，但是很容易被忽视。为什么大城市房价高，小城市房价低呢？因为一个城市的规模本身就是其资源集聚能力和城市管理水平的最重要指标。加上城市发展的网络效应，大城市的发展潜力和稳定性都会比小城市好很多。

人口流入这个因素也很重要。一个城市外来人口越多，房价越高，比如北京、上海、广州、深圳等大城市就是这样。

除了人们熟知的这些大城市，还有一些中小城市的人口流入也很多，比如珠三角的佛山、东莞、中山。这三个城市地处粤港澳大湾区，区位条件好、发展潜力大，吸引了大量的人口流入，房产保值增值的潜力也很大。

除了常见的这四大要素，我们再来进一步说说四大"不常见的关键要素"。了解这四个要素很关键，可能会帮你找到挑选城市的"胜负手"。这四个要素分别是：

（1）儿童数量增速。数据分析发现，一个城市学龄儿童的增速越快，房价上涨就越快。比如说，深圳房价涨得很快，除了刚才说明的原因外，还有一个非常重要的原因，就是深圳学龄儿童的增速是全国最快的。从2000年到2016年，深圳学龄人口增长超过

300%，不仅是全国最快的，而且是第二名厦门的2倍、第三名北京的3倍。

这样一来，你就明白为什么深圳、厦门、北京的房价涨得那么快了。家里有个小孩要上学，买房就变成了"刚需"，人们就不会再犹豫了。而且买了之后还一举两得，不仅解决了孩子上学的问题，房子还增值了。

（2）上市公司数量。这一点很有意思，一个地区上市公司数量是当地经济活力的重要指标。要知道，在我国上市是很难的，一个公司要过五关、斩六将才能上市，上市公司的总体质量是比较高的。比如发审会开会，经常是5过1、6过1，也就是五六家公司上会，只有一家顺利通过，审查之严由此可见一斑。

数据显示，2017年A股新上市公司数量最多的省（市、区）分别是广东、浙江、江苏、北京，然后是上海、山东、福建、四川（见表18-1）。这8个省（市、区），也是经济比较活跃的地区。总体上看，这8个省（市、区）在A股上市的公司总数也是最多的。

表18-1　各省（市、区）上市公司数量

省（市、区）	上市公司数量
广东	587
浙江	432
江苏	404
北京	319
上海	284
山东	197
福建	132
四川	121
湖南	104
安徽	103
湖北	101

(续表)

省（市、区）	上市公司数量
河南	79
辽宁	73
新疆	55
河北	54
重庆	50
天津	50
陕西	49
江西	41
吉林	41
山西	38
广西	37
黑龙江	36
甘肃	33
云南	33
海南	31
贵州	29
内蒙古	25
西藏	18
宁夏	13
青海	12

注：不含港、澳、台地区。
数据来源：同花顺。

（3）财政收入。一个地区的财政收入对房价很重要，为什么呢？虽然我国很多地方的经济统计不一定很准，但是财政收支的数据相对靠谱，经济真好的城市财政状况也很好。从数据上看，我国有5个省（市、区）的财政状况良好，分别是上海、北京、广东、浙江、江苏，其他省（市、区）的财政都处于赤字的状态，也就是入不敷出（见图18-1）。入不敷出就很容易大量卖地，房价增长的潜力自然就打了折扣。

(单位：亿元)

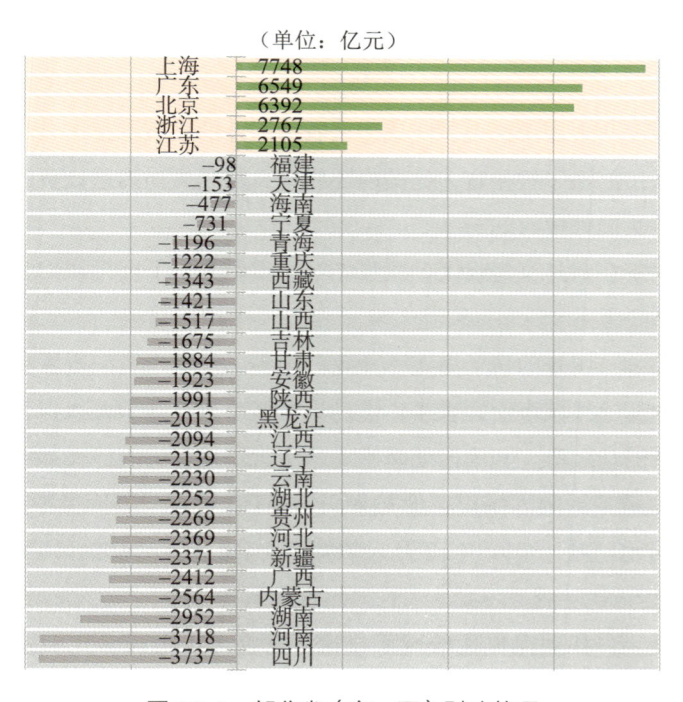

省（市、区）	金额
上海	7748
广东	6549
北京	6392
浙江	2767
江苏	2105
福建	-98
天津	-153
海南	-477
宁夏	-731
青海	-1196
重庆	-1222
西藏	-1343
山东	-1421
山西	-1517
吉林	-1675
甘肃	-1884
安徽	-1923
陕西	-1991
黑龙江	-2013
江西	-2094
辽宁	-2139
云南	-2230
湖北	-2252
贵州	-2269
河北	-2369
新疆	-2371
广西	-2412
内蒙古	-2564
湖南	-2952
河南	-3718
四川	-3737

图 18-1　部分省（市、区）财政状况

数据来源：各省（市、区）税务局。

（4）服务业占比，就是一个城市经济中第三产业的比重。这一项很重要。我们的研究表明，服务业主导的城市发展潜力大，在经济下行的情况下表现也比较好，比工业主导的城市好，具有对抗经济下行的特性。在我国经济增速下行、经济转型的大背景下，服务业的这一特性尤其重要。

这 8 个因素放在一起，我们就可以完全理解中国房价的决定因素。你买房的时候，不妨列个单子，一项一项比对。比对的时候，不仅要注意前面四个常见的已知要素，更要关注后面几个不常见的关键要素。

国外房产投资：看起来很美

下面我来简单说说，应该怎么看待国外的城市。很多人听说国外大城市的房子很便宜，比国内还便宜，与其买国内这么贵的，为什么不买国外便宜的？

对于在国外买房投资，我也做过一点研究，下面把我的主要发现概括一下。

第一，国外的房子其实不便宜。很多国外城市，一眼看去房价比国内的一线城市便宜很多，可是这些城市只有几十万人口，相当于国内的地级市。和国内地级市比，房价还是很贵的。比如说，亚特兰大是美国的大城市，但是人口只有50多万，房价每平方米2万多美元。对一个人口50万人的城市而言，这样的房价其实一点也不低。

第二，和国内可比的城市相比，国外房价更高。比如说纽约、洛杉矶等大城市，市区人口有好几百万，都市圈人口有一两千万。这样的城市，房价就比国内贵，纽约、洛杉矶的房价差不多是北京、上海的两倍。

第三，国外的房子投资收益率也不高。纽约、东京等特大城市的房产不但价格贵，持有成本也很高，投资回报率并不高。比如说纽约，房价大约是北京的两倍，名义上房租收益率在4%以上，但是扣除了各种税费，包括房产税、保险费、管理费等，最后也就在2%左右，和国内一线城市差不多，考虑到国内房价增长快，投资价值还是国内城市大。

其实，有一个简单的逻辑可以告诉你在国外买房不太靠谱。我们现在是一个资金富余的时代，国外的资金也在寻找投资机会，前两年欧洲的国债收益率甚至是负的，比零收益还要低，如果国外的房产有较高收益，早就被专业机构、富豪们买走了。等我们去买，可能又是"接盘侠"了。

所以，普通家庭去国外买养老房，是不太靠谱的。不过，少数高净值人群资产很多，在国内有很多套房子，在国外买房不是为了增值，而是为了投资组合的分散。在全球分散持有资产，那是另一种考虑，就不在本讲讨论了。

本讲要点：

（1）在长寿时代，养老买房不仅仅是居住，更重要的是购买一份资产，是养老的一份保障。

（2）挑选国内城市买房养老，要考虑八大要素：4个常见的要素分别是城市规模、人口流入、人均收入和土地供应，四个不常见但是非常关键的要素分别是儿童数量增速、上市企业数量、财政收入、服务业占比。

（3）国外的房子并不便宜，投资回报率也不高，投资价值并不大。

第 19 讲
哪里的房价潜力大？一份你没见过的城市清单

我把本讲的分析分为两个部分。

第一部分，哪些城市的投资价值更大？我会给出一份我的城市清单。

第二部分，怎么看中小城市的投资价值？

城市价值清单

哪些城市有较大的投资价值？这个问题比较简单。这几年我和团队做了详细的分析，我把主要的结论告诉大家。我把潜力大的城市分为三类，分别是一线城市、区域核心二线城市和都市圈次中心城市（见表19-1）。

表 19-1　中国 18 大城市

一线城市	北京、上海、广州、深圳
区域核心二线城市	厦门、福州、重庆、成都、长沙、武汉、杭州、南京、济南、青岛
都市圈次中心城市	东莞、佛山、苏州、天津

第一类，一线城市，就是北京、上海、广州、深圳。这四个城市不管是经济规模、基础设施，还是就业机会、人口吸引力，都已经是国际性的大都市，未来的竞争力不言而喻，其投资潜力也不言而喻。对于这几个城市而言，不是买不买房的问题，而是限购政策之下，很多人没法买、想方设法买的问题。

第二类，区域核心二线城市。我按从南到北的顺序排列，分别是厦门、福州、长沙、武汉、重庆、成都、杭州、南京、济南、青岛，一共10个城市。这10个城市都是大家熟悉的区域核心城市，位于东南沿海或者中部地区，基础条件好，经济腹地大，也都在吸引人口流入，有大的发展潜力。

第三类，都市圈次中心城市。这类城市也有4个，从南到北依次是东莞、佛山、苏州、天津。这4个城市的特点是处于都市圈的核心地带，离核心城市很近，加上本身的条件也已经非常好，很容易承接核心城市转移出来的资源，未来很可能形成都市圈次中心城市。

比如说东莞，离深圳很近，工业基础也非常好，很容易形成"深圳东莞一体化"的格局，再加上离广州也很近，广州附近的佛山基础也非常好。这样就很容易形成"广州-深圳-东莞-佛山"连带发展的超大城市群，发展潜力超乎想象。所以，东莞、佛山目前虽然还只是中等城市，但是以后有成为大城市的潜力。位居长三角的苏州也是类似的道理，本身实力很强，位居上海、南京两大都市中间，很容易形成联动发展的格局。

讲到这里，你可能发现了，怎么我的名单上都是东南部和中部的大城市，西北、东北的哪些城市有潜力？难道这些地区就没有有潜力的城市吗？

在回答这个问题之前，我先介绍一个概念，叫作胡焕庸线。什么是胡焕庸线？就是中国地理上的一条分割线，大致是从黑龙江黑河到云南腾冲这么一条从东北到西南的45度角斜线。这条线的东南侧人口稠密、降水充沛，而这条线的西北侧，则是地广人稀、天气干旱。奇妙的是，从1935年胡焕庸提出这个地理划分以来，线两侧的人口比例几乎是不变的。东南半壁土地面积占全国总面积的

36%、人口占全国总人口的96%，而西北半壁土地面积占64%、人口占4%。东南侧的人口密度是西北侧的42倍。

这么多年过去了，这条线两侧的人口比例这么稳定，说明背后的人口分布规律是稳定的。那么在将来，东南侧还是人口稠密，西北侧还是地广人稀，所以西北侧的城市投资潜力不会太大。如果你所在的城市在这条线的西北侧，买房投资的时候要仔细斟酌一下。

但是，胡焕庸线的西北侧潜力不大，可是东南侧还有很多大城市啊，比如郑州、西安、合肥、昆明等，这些城市也很好啊，为什么不在我的城市名单上？这个问题是这样的。这些城市作为传统的区域核心城市，潜力应该都是不错的。但是，我的清单是比较短的，只列出了非常确定的、潜力很大的城市名单，一共只有18个城市。其他城市潜力也可能很好，毕竟中国是个大国，有14亿人口，但这些城市目前看长期的潜力不是非常确定，到底有多大也不确定，所以就暂时没有列出来。城市发展是个动态的过程，随着情况的变化、政策的变化、这个名单可能还会调整。

中小城市买房投资：最好的时机已过

除了房价泡沫的问题外，大中小城市房价的分化也是大家关心的核心问题。

2013年以来，大中小城市的房价不再像以前那样同涨同落，而是呈现一个新的规律，就是"大城市大涨，中城市中涨，小城市小涨"的分化格局。这样的分化表明，我国人口聚集的方式已经发生转变。以前是分头往大、中、小城市去，现在主要是向大城市跑。

另外，自2016年房地产市场调控以来，大中城市的房价受到

图 19-1　三线城市房价累计涨幅

注：以 2010 年 6 月的房价为基数。

抑制，三、四线城市房价猛涨，比一、二线城市涨得要快，这增加了很多人的焦虑，不知道未来三、四线城市房价会怎么样。还有些人面临一个实际的选择，就是不知道要不要把老家的几处房产卖掉，去大城市买一套。

这是个很实际的问题。思考这个问题的时候，你不妨这么问一下自己：在目前的房价基础上，未来的房价增速是大城市快还是小城市快？

这个问题怎么回答呢？你不妨想一想，未来的人口迁移趋势是往大城市走，还是往小城市走？换句话说，未来的趋势是小镇的田园牧歌，还是大都市的匆匆忙忙？

好的问题，是正确答案的一半。这个问题问出来，你可能就已经猜到答案了。从城市发展规律上看，人口是要往大城市聚集的，就像我在以前的一本书中所说的，"人类演化的一条轨迹，是更多的人离开土地，汇成城市"（摘自徐远《人·地·城》）。田园牧歌的小镇固然令人向往，可是它的生活便利、职场机会、收入水平、教育医疗条件等各个方面都比不上大城市，最后人们还是要往大城市聚集。

举个例子。无论大城市生活条件多么艰苦，外地人还是愿意留下来，为什么？用我家阿姨的话说，在这里一个月打工挣的钱比家里种田一年多！机会多很多，收入比在家乡高很多，即便没有学历的年轻人，只要勤劳肯干，也会有机会，这就是大城市的魅力。而那些志存高远的年轻人，更是觉得小城市太小，安放不下自己的人生，大城市机会多、视野开阔，可以领略很不一样的风景。

当然，现实中每个人的感受是不一样的，有的人就向往小城市波澜不惊的生活，有少数人卖掉北京、上海的房子，回到家乡发展。这是个人选择，个人情况各异，偏好不同，不能用简单的"好坏"评价。但是同样也可以看到很多人后悔，又杀回大城市。总体上说，"逃离北上广"并不是普遍的现象。

其实，我自己就是个活生生的例子。离开了北美、回国来北京后，和很多人一样憎恨北京的雾霾、拥堵，雾霾最严重的时候盼着找机会出差，甚至赌咒发誓要离开北京。可是呢，人类的记忆只有7秒，雾霾一旦散去，仍然留在北京。为什么？小城市没有这么多好玩的事情，没有这么多令人激动的变化。

再列个数据。目前我国的大城市率，也就是百万以上大城市人口占总人口的比重还非常低，有很大的聚集空间。考虑到我国的资源聚集程度高，以后我国的大城市率会超过欧美国家，向日本、韩国这样的国家看齐。目前，这两个国家的这一比例分别为65%和46%，我国只有24%，还有很大的聚集空间（见图19-2）。所以，未来大城市房价的上涨速度会更快，更具有投资价值。

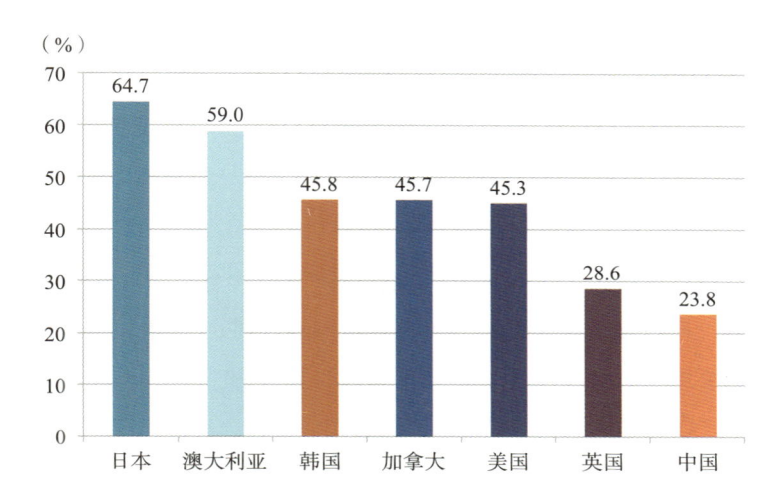

图 19-2　2015 年主要国家大城市率（百万以上城市人口占比）

综合分析下来，还是大城市房屋的升值潜力大一些。有买房资格的人，可以考虑把中小城市的房子换成大城市的房子。

最后，我还想强调一下，房产固然是投资，但是投资自己和家人是更重要的投资。一些落后地方的年轻人，不妨考虑到发达地方的城市里发展，只要勤劳肯干，城市里总会有机会，既提高了收入，也积累了技能、开阔了眼界。长期看，这是最好的投资。

本讲要点：

（1）我列出一个城市清单，共 18 个城市，这 18 个城市发展潜力大、房价空间也大。

（2）一般而言，中小城市房价潜力不大，有条件的读者可以考虑把中小城市的房产换成大城市的房产。

第 20 讲
租房比买房便宜吗?

有的读者可能会说,自己现在的问题是没钱,有钱早就买了。再说,现在房子这么贵,一线城市租售比达到 60 多倍,也就是房价是年租金的 60 多倍。而且房屋的产权只有 70 年,租一辈子的房不买,应该也没什么问题。

本讲的重点是澄清一个误区,就是很多人以为租房很便宜。虽然买不起的时候先租,等有条件再买无可厚非,但是如果以为可以一直租,租比买便宜,就大错特错了。我从三个方面讲原因:

第一,大城市的房租快速增长,虽然今天看起来便宜,但未来会很贵;

第二,由于房租的快速增长,房价相对于房租其实是很便宜的;

第三,房价里包含了未来的所有租金,能帮助你对抗通胀,而租房是要承受通胀风险的。

大城市的房租快速增长

我们先来看点数据,看看过去几年大城市房租的增速。2010 年到 2016 年是我国经济大幅减速的时期。可是即便经济减速,北上广深的房租还是快速增长的,每年上涨都在 6% 以上。上海的房租上涨得最快,每年 11.2%,7 年时间翻了一倍还要多(见图 20-1)。相较于这些年平均 2.6% 的通货膨胀率,房租的增速是非常快的,快了不止一倍。

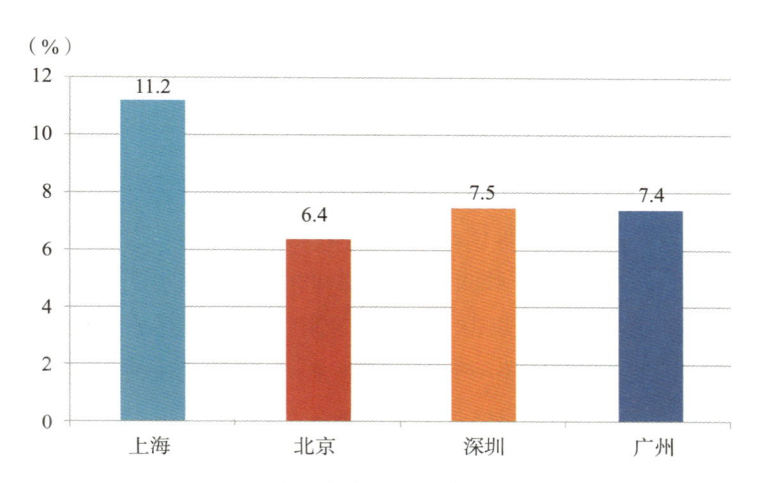

图 20-1　主要大城市房租增速（2010—2016 年）

房租的持续快速增长，租房的朋友深有体会。现在一线城市的租金很高，就是这些年租金持续上涨的结果。比如说，现在北京一个六七十平方米的小两居，租金经常要六七千元，好地段的更贵，放在六七年前，也就两三千元的水平。六七年的时间里租金翻了一倍不止，这样的增速是非常高的。你若想租一辈子的房子，几十年后会发现租金贵得惊人。

比如说，你现在租一个小房子，月租金 6000 元，每年增长 6%，也就明年涨 360 元，后年涨 380 元，这样涨下去，70 年后租金是多少？你可以拿出计算器简单计算一下，结果是 33.4 万多元。注意，这是月租金，年租金要 401 万元。注意，这是租金，不是售价。怎么样？看到这样的数字，你还觉得可以租一辈子的房子吗？

租金的快速上涨不仅是我国的现象，国外也一样。据统计，战后这 70 年，发达国家大城市的房租年均增长在 6% 以上。

那么，房租为什么增长那么快呢？我从两方面分析。

第一方面，从供求原理来看，这是由租房市场的性质决定的。

根据价格弹性原理，如果一种商品的需求很旺，而供给增加又很慢，则价格上升会很快。

大城市的租房市场是"需求刚性＋供给刚性"这样一个"双重刚性"市场。从需求面看，很多人不停涌进大城市，没房子的只能租房住，这个需求是刚性的。从供给面看，因为给定地段的房子就那么多，增加很慢，房屋的供给也是刚性的。出租的不愁租，租房的不得不租，你可以想一下房租的增速，一定是很快的。

第二方面，根据恩格尔定律，随着收入增加，人们在食品服装等基本品的支出比例是下降的，而在居住、旅行、娱乐等方面的支出比例是不断上升的。简单说，就是人们会把更多的钱放在房租上。把更多钱放在房租上，房租一定是上涨的，而且这个上涨速度至少要和收入增速一样快。过去几年的人均收入增速都在7%以上，房租的增速一定是高于这个数值的。

买房比租房便宜很多

在此基础上，由于房租的快速增长，现在看起来很高的房价其实相对于房租很便宜。

让我来简单算一下。举个例子，假设你租一个小房子，月租金6000元，年租金7.2万元，以租售比60倍计算，房子售价为432万元。在这种情况下，是租便宜，还是用30年的房贷买下来便宜？

一眼看去是租便宜，毕竟房价是租金的60倍。可是你如果考虑租金的上涨，结论完全是反过来的。非常简单的计算就可以表明，租和买两种选择，30年你支付的租金总额和房贷总额差不多，但是选择租，你30年后什么都没有，而选择买，30年后你有一个价值至少千万元的房子。

先来看租房。假设租金每年上涨6%，累计30年，租金一共是569万元。付了这569万元以后，你还是没有房子，还得继续租。

再来看买房。如果你凑了30%的首付，用公积金贷款买了这套房，30年还清，那么你的首付和房贷还款总额是603万元，比569万元的租金多了34万元。但不同的是，30年后，你已经有了一个属于自己的房子，而且贷款已经还清了，是净资产。粗略估计，30年后这个房子的价值至少翻两番，最少也在千万元以上。也就是说，租和买的差别至少是千万元级的。

所以听明白这个道理的读者，有条件的话，还是尽快买房。

上面的分析数字有点多，有兴趣的读者不妨拿出计算器简单计算一下。网络上也有很多房贷计算器，用起来很简单的。算完了之后，你对这种看似缓慢的累计增长、这种日积月累的强大力量，会有一个更深刻的认识。

这个简单的计算帮助我们理解一个重要的现象，就是租售比为什么这么高。如果你忽视房租的快速增长，可能觉得房价高，可是考虑到房租的快速增长，房价就不高了。现在的高房价是对未来房租增长的提前反映。

这个道理和高增长的股票定价高的原理是一样的。如果一只股票的业绩平稳较快增长，这只股票的估值就会比较高。为什么？因为大家都看好这只股票的话，就会尽快出手去买，不会等到业绩实现再去买，因为那个时候就晚了。大家争先恐后买，价格就被买上去了，估值就高了。过去这些年我国房价涨得快，其实就是这个道理，就是有人先看到了房价长期稳定上涨的潜力，争相买入，早买入，早受益。

买房的抗通胀性质

下面，我再增加一条买房的理由，就是抗通胀。

不知你有没有注意过，很多国家的货币面值都特别大，比如日元、韩元的计数单位都是十万、百万。为什么？其实是通货膨胀闹的。连续几十年的高通胀，如果再不新币换旧币，纸币的面值就会特别大。

其实，通货膨胀是全球现象，不限于发展中国家。据统计，第二次世界大战以来的 70 年时间里，发达国家的平均年通胀在 4.3% 左右，物价涨了 20 倍。而房租的增速比通货膨胀还快，长期平均在 6.6% 左右。

这样一来，你租房的话，就得面临不断的租金上涨，遇到恶性通胀的话，房租会比通胀更加恶性。你买房的话，就把未来很多年的租金上涨和通货膨胀的风险一下子都买断了。所以说，买房子是抗通胀的。

租房的"便利原则"

读到这里，你可能还有一个疑问：买房的确比租房好，可是现在实在买不起，必须租，应该怎么办呢？

这是个很好、很现实的问题，我们必须面对现实。怎么办呢？这时候，只能先租，以后有条件再买。在租的时候，你要遵循"便利原则"，就是租的房子要便于你的职业发展。

比如你是一个化妆师，事业刚起步，对你而言，最好住在交通便利的地方，客户一打电话，你马上就能到，这样可以更好地开展工作，积累更多的客户资源。这个时候，你虽然买不起房，但是投资了自己，让自己的事业起步。从长期看，投资自己是最好的投资。

如果租的偏远，虽然省了一点租金，房子大一点、舒服一点，但是不利于你工作，也不利于你休息，时间和精力会被浪费在来回的奔波上，你会疲于奔命。省了租金，浪费了职场发展，这是最大的浪费。对暂时只能租房的人而言，便利地区的地下室、小阁楼，要比不方便地方的一居室好很多。

本讲要点：

（1）由于房租的高速增长，买房比租房便宜，而不是相反。

（2）买房是买断未来很多年的租金和通胀，具有抗通胀的性质。

（3）暂时只能租房的话，要遵循便利原则，租便利工作的房子，投资自己。

第五部分 国际大都市的启示：未来房价的趋势

他山之石，可以攻玉。

国际大都市的房价，帮助我们看清未来的方向。

1. 1990年的东京地产泡沫，是近代经济史上最大的泡沫，看不到第二名。

2. 东京地产泡沫的形成，既有长期原因，也有短期原因。日本政府的政策失误，直接导致了一场史诗级的"金融战败"。

3. 纽约房价有三个特点：价格高、差异大、投资回报率并不高。

4. 芝加哥虽为美国第三大城市，但是经济停滞、人口流出、房价低廉，这说明决定房价的不仅仅是城市规模，更重要的是城市潜力。

5. 德国房价曾经低廉，但是金融危机以后增长迅速，低房价已经成为历史。

6. 德国历史上的低房价，原因很多，包括城市规模小、住房充足、老龄化严重、通胀低等等。这些经验很难复制，复制了也不能保证压低房价。

7. 韩国走过了从低收入国家到高收入国家的全部历程，我国的路径和韩国有很大的相似性。首尔房价，就是北京房价的一面镜子。

8. 中国香港地区房价很贵，是北京、上海的2倍左右，但是依然合理，谈不上泡沫。以香港房价为标尺，北京、上海房价还有至少1倍的涨幅。

第 21 讲

东京地产（一）：泡沫没有告诉你的故事

在这一部分，我将用 8 讲的内容，介绍主要国际大都市的房价、看看价格高低、有没有投资机会，也看看我们对于国际房价有哪些流行的误解。我们先来看东京。

说起东京地产，"泡沫破灭""一蹶不振""失去的 20 年"，都是经常用到的。讨论中，经常有人认为我国一线城市的房价已经接近东京 1990 年的水平，处于泡沫破灭的前夜。那么东京地产的真相，到底是怎样的呢？

读完我的分析，你会发现，东京地产的故事精彩纷呈，远不是"泡沫"两个字可以概括的。东京当时处于世界经济舞台的中心，这一点和今天的中国很像。仔细分析当时的情况，你甚至可以说，东京的地产泡沫是一场史无前例的"金融战败"，这次金融战败的教训，值得我们仔细吸取。

对于东京地产泡沫的分析比较长，我们分成两讲。本讲我先来回答两个重要的问题：

第一，东京地产的泡沫到底有多严重？有哪些重要的细节？

第二，今天的东京地产有没有投资价值？

泡沫的真相

我们先来看一张图。图 21-1 显示的是东京 1985 年以来的地产价格指数。图上的最高点在 1990 年左右，然后一路下行，到了 2003 年左右到达最低点，然后有涨有跌。从 1990 年到 2003 年，住宅价格跌了 60%，商业地产跌得更多，跌了 75%。所以说，东京地产经历了严重的泡沫，这是板上钉钉、没有争议的。

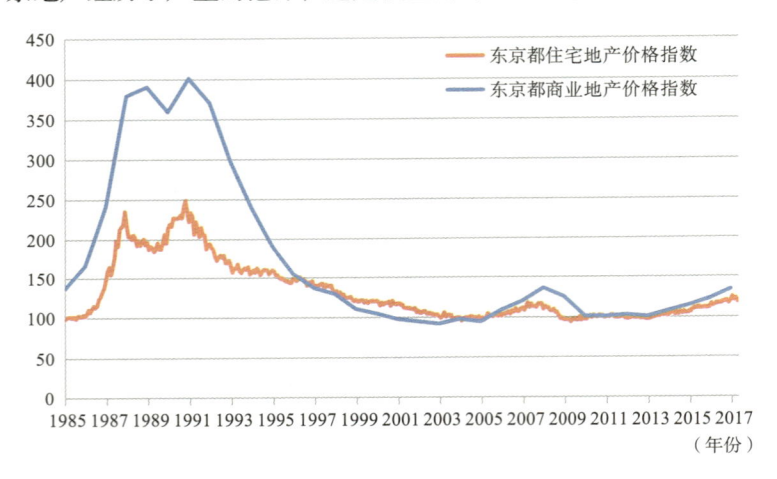

图 21-1　东京都地产价格指数（1985—2017 年）

数据来源：日本国土交通省（Ministry of Land, Infrastructure, Transport and Tourism）。

但是，这里面有很多重要的细节需要注意，我们来说其中最重要的两个。

第一，从 2003 年开始，泡沫已经过去了，东京房价已经上涨了。

仔细看图 21-1，从 2003 年开始，东京房价已经涨了，而且和欧美国家的房价是同涨同跌的。具体说，从 2003 年到 2007 年，东京房价平均涨了 15%；然后金融危机爆发，房价回调；到了 2013 年，又开始上涨。从 2013 年到 2017 年，东京房价涨了 20% 左右。所以，对东京而言泡沫这个事情从 2003 年已经结束了，成为历史名词了。

为什么要强调泡沫早已经成为历史？这和一个流行的认知误区有关。很多人把日本 1990 年以来的长期低迷，完全归罪到地产泡沫上去。"失去的 20 年""失去的 30 年"这样的说法，讲的就是这个。其实前面的 13 年和地产泡沫有关，在后面的 15 年，泡沫早已成为历史，经济低迷与泡沫没有直接关系了。泡沫固然对日本经济产生了深远的影响，但是也不能过于简单化，把什么都归结于泡沫。

上面说的涨幅，你可能觉得有点儿小，不足以证明泡沫已经成为过去。其实，这是东京都地产的均价，相当于北京六环内地产的价格（东京都面积大约 2200 平方公里），这是很大一个区域。如果我们只看东京市区，也就是东京市的 23 个行政区，和北京五环内面积差不多（东京市区面积大约是 620 平方公里，北京五环内面积是 667 平方公里），房价涨幅就更大。

东京最繁华的核心六区（千代田、中央区、港区、新宿区、涩谷区、文京区，面积大概是 87 平方公里），相当于北京二环内面积的 1.5 倍（二环内面积为 62 平方公里），其房价从 2012 年以来已经涨了 40% 多，相当于每年上涨 8%，其他市区区域房价每年涨幅也有 6%。所以说，泡沫早已成为过去，过去十几年了，特别是最近这几年，东京的房价涨幅挺猛的。

第二，东京商业地产是泡沫的主战场，跌幅也大很多。

我们仔细看会发现，东京商业地产的价格比住宅高很多。1990 年，东京商业地产价格指数比住宅高了快 1 倍，下跌的时候，商业地产的跌幅也大，达到 75% 左右，而住宅地产的跌幅只有 60% 左右。

所以，要理解日本地产泡沫，重点要理解为什么商业地产这么贵。这和东京泡沫的一个重要细节有关，就是当时东京的大量土地集中在大企业、大财团手里，这些企业、财团大量买地，建写字楼、购物中心。而且它们买地的时候，利用了当时宽松的金融环境，借了很多低息贷款，买地力度非常大，就大幅推高了地价。等到泡沫破灭了，这些商业地产的价格跌幅也更大。这对日本企业的资产负债表形成了巨大的压力。我们知道，日本企业很少破产，这些企业、财团尽管负债累累，但还在努力坚持，直到把这些负债消化掉。这就是为什么日本的地产泡沫影响长达十几年。作为比较，如果有一个比较好的破产制度，像美国那样，日本地产泡沫的影响就没有那么大了。尽管如此，到了2003年，这些巨额负债也已经修复。在此之后，日本经济的繁荣与低迷，是和世界经济周期一起波动的。

今天日本地产的投资价值

接下来我们回答一个最重要、大家最关心的问题，就是去日本买房合适吗？

我们分两种情况来分析，一种是居住，另一种是投资。如果是居住，我觉得就要根据实际需要，真的要去日本定居，那就买。除了东京，日本其他地方的房子真的不贵，很多地方的生活质量也不错。下面我们还是主要来说投资，很多人想去日本买房，是为了投资。日本的房子到底有没有投资价值？我们分两步来说。

首先，绝大多数日本城市的房产是没什么投资价值的。为什么？因为日本总人口在减少，很多地方的人口都在减少，未来还会进一步减少，已经出现了房子比人多的局面。据统计，2013年日本有6100万栋住宅，但是只有5200万户家庭，房子的总数已经超过家庭的总数，超了将近20%。在这种情况下，总体上日本房价是不会涨的，即便很大的城市的房价也不会涨。

金融危机以后，日本的房价虽然反弹，但主要是东京的房价在反弹。像大阪和名古屋，虽然是日本第二、第三大城市，房价也基本没涨。所以说，要想投资日本房产，看东京就行了，其他地方基本不用看。

东京的房价其实很高。中心区的均价换算成人民币在6万多元一平方米；中高端、比较新的豪宅，均价在15万~30万元一平方米，而且供不应求，往往是开盘就被抢光。所以，东京城中心的房子并不便宜，只有偏远的地方房子才比较便宜。你可能在网上看到过很便宜的东京房子，仔细看一看，往往都不在市中心。

那么东京房产的投资回报率有多高呢？我们来看一下这几年的数字。东京住房的租金收益率大约是5%，比北京、上海都要高很多，可是每年要交1.7%的房产税，还要交保险费、修缮费，剩下也就3%左右，还不如理财产品的收益率高。

此外，购买过程中还要交相当于房价4.5%的中介费、律师费等等。如果有投资收入，还要交30%的资本所得税，如果汇出境外，还要再交20%。所以，里里外外看，扣除所有的税费以后，除非东京房价暴涨，在东京买房投资实际回报是很低的。日本的经济发展潜力显然不如中国，房价的增长潜力也显然不如中国。这样看来，在东京买房投资显然不如在国内一线城市买房投资。

说到这里，很多问题还没有回答，东京地产泡沫为什么这么严重？究竟是什么因素导致了那样的疯狂？这些因素中国有吗？我们会不会发生类似的事情？这些问题，我在下一讲里仔细回答。我会告诉你，东京的地产泡沫真的可以归结为一场"金融战败"。

本讲要点：

（1）东京 1990 年的房价确实很高。泡沫破灭以后，东京房价跌了很多，商业地产跌 75%，住宅也跌了 60%。

（2）从 2003 年开始，东京房价触底反弹。2013 年以来，东京核心区的房价涨了 40% 左右，每年涨 8%，泡沫早已是过去的事情。

（3）日本人口总量在减少，房子比人多，东京以外地区的房价基本不涨。考虑到各种持有成本和税费，东京房产的投资回报率并不高。

第 22 讲

东京地产（二）：一场史诗级的金融战败

东京的地产泡沫，事后来看，可以归结为一场史诗级的"金融战败"。你甚至可以说，是欧、美、日联手吹大了日本的地产泡沫，又亲手把这个泡沫刺破，给日本留下了一地鸡毛。日本政府"既要也要"的复杂心态，对这个泡沫负有直接的责任。

我把本讲的分析分为三个部分。

第一，泡沫被吹起来的原因是什么？

第二，刺破东京地产泡沫的又是什么？

第三，日本的泡沫有哪些经验教训？

造成泡沫的短期原因：汇率升值、利率刺激

我们先来看这个泡沫吹起来的原因。

关于这个泡沫的形成原因，你可能听说过很多版本。我把这些原因分为两类，一类是短期原因，另一类是长期原因。其中短期原因有两个。

第一个短期原因，是 1985 年的广场协议迫使日元快速升值，美元兑日元的汇率从 1985 年的 250 左右降到 1990 年末的 130 左右，日元升值差不多 1 倍，每年升值 20% 左右。日本和中国一样，外贸占比很大，日元的快速升值影响很大，不利于日本的出口企业。

日元升值还有一个非常重要的连带效果，就是使得投资日本房产的短期收益一下子大幅增加，使得大量资金涌入日本房地产市场。

当时房价是涨的，买房子不仅享受房子升值收益，还享受日元上涨的收益。双重收益之下，买房的人都赚了好几倍，没买的人怎么坐得住？

第二个短期原因，是日本从1986年开始降息。降息的目的是刺激经济快速增长，因为日元快速升值影响了出口，也影响了经济增长，降息不失为一种短期的对冲政策。结果呢，降息是刺激了经济，日本经济从1987年开始反弹，但是也有很大的副作用，就是进一步刺激了房地产价格，因为资金便宜了，买房的人更积极。

在这两重因素下，日本主要城市的房价从1985年到1990年又增长了1倍多（主要城市房价上涨了1.6倍，日本全国上涨0.5倍）。注意，这不是在很低的价位上涨1倍，而是"百尺竿头，再涨一倍"。本来就高得离谱的房价又涨1倍多，才导致东京核心区域房价达到纽约8倍这样离谱的价格。

泡沫形成的长期原因：日本的经济奇迹

汇率升值和降息在短期内刺激了日本房价，这两个原因都很重要。你在很多其他场合，也可能听说过这两个说法。如果你以为这就解释了日本的地产泡沫，那就错了。

现在我们来问一个关键的问题：这两个因素能解释那么大的泡沫吗？我们之前讲过，从1946年到1990年，日本房价上涨了1000多倍，1990年左右东京核心区域房价是纽约的8倍，这样的涨幅和价位在主要国家当中不仅是绝无仅有的，甚至你都看不见第二名，因为第二名被甩得太远了，就像乌龟被兔子甩得很远一样。

这么大的泡沫，仅仅归结于汇率升值和降息还是有点牵强。比如说，过去十几年，我国的货币也在升值趋势中，利率水平也很低，为什么我国的房价只涨了十几倍，而日本的房价涨了1000多倍？只拿汇率和利率说事，显然不能解释这1000多倍的房价涨幅。汇率和利率都是短期原因，是直接原因。真要说清楚，还要看长期原因。长期原因决定人们行为的底层逻辑，有时候是更根本的原因。

要了解事情的真相，我们就要回到20世纪80年代的日本，看一下当时亚洲和全球的经济格局。

20世纪80年代，日本是亚洲唯一的工业化强国，而且已经是经济大国，当时日本早已是全球第二大经济体，技术实力和经济实力远超当时正在崛起的"亚洲四小龙"，而且"亚洲四小龙"体量太小，和日本不在一个数量级上，不对日本形成真正的竞争威胁。当时中国虽然已经开始改革开放，但还是很落后，也不对日本构成竞争威胁。即便是美国，竞争力也不如日本。当时的国际贸易，日本是顺差，美国是逆差，看起来美国公司根本竞争不过日本。"日本可以说'不'"这样的口号，就是在这样的背景下提出来的。

这样一看，整个亚洲将近30亿人（1985年联合国统计司统计当时亚洲总人口28亿）的市场都比日本落后，都是日本的潜在市场，日本企业完全可能占领整个亚洲市场，甚至世界市场。这样看来，日本经济的增长潜力似乎只有天空才是极限。

从这个角度看，东京不仅是日本的经济中心，甚至有可能成为整个亚洲的经济中心。换一个说法，东京不仅是日本的经济总部，还有可能是亚洲的经济总部。日本经济的想象空间，可以说是无限的。东京作为日本和亚洲经济的总部，地产上涨的想象空间也可以说是无限的。这个原因极大鼓舞了日本企业和居民的乐观情绪。日本的地产泡沫，就是在这样的乐观情绪下成长起来的。

后来，历史给日本开了一个残酷的玩笑。泡沫破灭以后，日本经济长时间低迷。到了2003年，日本经济终于要走出低迷的时候，中国已经开始崛起,日本的老龄化已经很严重。此消彼长之下,中国迅速取代了日本在世界经济舞台上的位置。到了2010年,中国超越日本,成为全球第二大经济体。从此,日本在世界经济舞台上的位置只能是第三了。如果以后印度、越南经济继续起飞,日本连第三可能也保不住。曾经不可一世的日本,前景可谓凄凉。

泡沫的破灭:三柄利剑刺破泡沫

那么,日本的泡沫是怎么破灭的?日本泡沫在1990年的破灭,是三重原因叠加作用的结果。

第一个原因,是日元已经大幅升值了1倍,快速升值的趋势结束了,因为日元升值而买房的动机大大减弱。从1990年到1995年,日元虽然延续了升值的趋势,但是速度已经大幅减缓,5年总共才升值23%左右(美元兑日元汇率从1990年末的130变成1995年末的100),每年升值4.2%,和之前的每年升值20%相比,不可同日而语。

第二个原因,是日本央行开始加息。1989年,日本的通货膨胀抬头,日本开始加息以对抗通胀。对于借钱买房的人来说,加息是个巨大的负担,因为每月的支出都在增加,这是非常直接的支付压力。加息到一定程度,就直接引发了房价的崩盘。

第三个原因更加隐蔽。1988年,全球主要国家通过了《巴塞尔协议》,这个协议要求增加银行的资本充足率,相当于大幅收紧了银行的银根。这就大大限制了日本银行的腾挪空间。这个原因在讨论中很少被提及,其实对于刺破日本的地产泡沫有更加根本性的作用。为什么呢?你想,银行没有充足的资本,想放贷也放不出来,银行的手脚就相当于被捆住了。

这样，在央行加息、升值结束、国际银行监管这三柄利剑的合力击穿下，已经极度膨胀的日本地产泡沫终于破灭，给日本经济留下了一地鸡毛。日本用了 13 年的时间，直到 2003 年，才最终修复这次泡沫造成的影响。

历史回眸：一场史诗级的金融战败

为了看得更清楚，我再按时间顺序梳理一遍。从 1985 年到 1990 年，重要的事件有 5 个。这 5 件事情像一套组合拳，先把日本的泡沫吹大，然后再把它刺穿，给日本留下了一个烂摊子。回头看历史，像极了一场针对日本的惊天阴谋。当然，在国际舞台上，一切都是阳谋，只不过有的棋手看得出来，有的棋手看不出来。

第一件事，《广场协议》签订。1985 年 9 月，5 个当时最发达的国家，美国、日本、德国、法国、英国签订《广场协议》，目的是让美元贬值，解决美国的贸易赤字问题。美元贬值，当然也就是日元升值。因为这个原因，日元被迫升值了 1 倍左右。日元的升值是以美国为首的五国一手操办的，是为了解决美国的贸易赤字问题，不是为了解决日本的什么问题。可笑的是，日本也是五国之一。

第二件事，日本大幅降息。签署《广场协议》的第二年，即 1986 年，日本出现了因日元升值引发的萧条局面。日本外贸出口增速由 1985 年的 4% 转为 1986 年的 –15.9%，也就是出口下降了 15.9%（数据来自日本财务省），这是个很大的降幅。日本的经济增长率也从 1985 年的 6.3% 下降至 1986 年的 2.8%，下降了一半还要多。为了对抗经济下行，1986 年 1 月—1987 年 2 月，日本央行连续 5 次降息，把利率降到 2.5%，这是当时世界上最低的利率。作为比较，当时美国的利率在 5.5% 到 7.5% 的范围内，超过日本 1

倍以上。而且，日本把这个低利率一直保持到1989年5月，长达2年零3个月。低利率对于资产价格的刺激作用非常大，导致日本的地产价格再次暴涨。

第三件事，《卢浮宫协议》签订。1987年2月，美国、英国、法国、德国、日本、加拿大、意大利7国在巴黎卢浮宫签订协议，日元继续升值，日本地产价格继续上涨。

第四件事，《巴塞尔协议》获得通过。1988年7月，巴塞尔委员会通过了最初版本的《巴塞尔协议》。这个协议的全称是《关于统一国际银行的资本计算和资本标准的报告》，协议的核心内容是增加银行的资本充足率，提高银行的风险防范能力。这样一来，银行的放贷能力就被限制住了。快速扩张的日本银行就被捆住了手脚，没法为已经吹起来的泡沫继续输血。

事后看，对日本来说，这个协议出台的时间点不能更坏了，既不是在泡沫吹起来之前，之前的话可以防止泡沫，也不是在泡沫破灭之后，之后就和泡沫破灭无关了，而是在泡沫已经吹起来、还没破灭的时候。这个时间点，对日本太不利了。

第五件事，日本加息。在升值、低利率的双重刺激下，日本的通胀和泡沫越来越严重。到了1989年，日本开始加息以对抗通胀。从1989年5月到1990年8月，日本连续加息，利率从2.5%一直加到6%，上升了1倍多。

而且，日本央行还明确要求金融机构限制对不动产业的贷款投入，日本货币供应量（M2）增长速度从1988年、1989年的10.4%和10.6%，跌至1990年的8.5%，1991年再跌至2%。信贷的快速紧缩最终导致泡沫在1991年开始崩塌，从此开始了日本"失去的10年""失去的20年"，至今已经快要30年了。

日本地产泡沫的经验教训

日本的经验对我们有什么启示呢？真的很多，我们简单说三点。

第一，目前我国市场情绪低落，房产调控很严厉，和日本 20 世纪 80 年代的情况正好相反。加上现在我国房价和东京 1990 年的房价差了一个数量级，根本谈不上泡沫。

第二，日本的泡沫是在已经很高的房价基础上，"百尺竿头，再涨一倍"，而我国呢，不停地进行房地产调控，和日本的情况也是完全不一样的。

第三，日本的政策有很多失误，值得我们借鉴。《广场协议》之后的日元快速升值，伤害了日本的出口，这只是在日本经济上砍下的第一刀。倘若日本不降息刺激经济，泡沫也不至于吹得那么大，后果也不至于那么严重。

事后看，日本要么不让日元升值那么快，要么不要降息刺激经济，两条做到一条，都不至于出现那么严重的泡沫。而当时的日本政府，既要听从欧美国家的指挥，又要降息刺激经济、保持较快的经济增长。这种"既要又要"的心态，使得日本政府非常被动。其实，经济增长是长期的事情，完全不用在乎一城一地的得失，因为一时的经济增长而失去了长期和未来。

历史不能假设，如果日本没有出现那么大的泡沫，没有从此一蹶不振，当今的世界经济格局真的不知道会怎么样。

今天的中国政府，看起来已经吸取了日本的很多教训，比如人民币升值是渐进的、速度不算快，这几年已经进入双向波动。再比如我国不断进行房地产调控，防止房价上涨过快。不过，面对印度、越南等国家咄咄逼人的经济起飞，依然不能掉以轻心。

本讲要点：

（1）东京地产泡沫形成的原因既有长期的，也有短期的。长期原因包括日本经济的长期增长、很强的经济竞争力、在亚洲的领先地位，以及日本国民的乐观情绪。短期原因包括汇率升值、货币宽松。

（2）日本泡沫的破灭是日元停止升值、央行快速加息，以及国际银行监管加强的共同结果。

（3）我国的情况和日本各方面都很不一样，不用过于担心泡沫。一定程度上，我国已经吸取了日本的经验教训。

第 23 讲
纽约：世界之都的房价有多高

纽约是世界金融中心，是当今世界最有活力的城市之一，全球范围内，纽约的房价只比避税天堂摩纳哥低。纽约的房价到底有多高？有没有投资价值？本讲我们就来仔细看一看。

先预告一下结论，纽约房产有三大特点：一是价格高，二是价格差异大，三是投资回报率低。我们一个一个来说。

纽约房产特点之一：价格高

说到纽约房产价格高，很多人可能不服气，说北京、上海房价这么高了，纽约还能高到哪里去？其实纽约房价真的很高，比北京、上海高了 1 倍左右。

先举个例子。2016 年，纽约有个著名的楼盘开盘，这个楼盘叫作"公园大道 432 号"，地处中央公园旁边，地理位置非常好，销售价格在每平方米 8 万～11 万美元，换算成人民币就是 55 万元到 75 万元这个范围内。这个价位，比北京、上海最贵的豪宅也要高了 1 倍以上。比如说，汤臣一品是上海最贵的楼盘之一，当时的价位每平方米在 20 万～30 万元。

所以说，纽约的房子真的很贵。中央公园一带是纽约豪宅聚集的区域，均价每平方米在 4 万美元以上，折合人民币 28 万元以上。作为比较，北京、上海的高端公寓，目前每平方米的均价在十几万元，大约是纽约的一半。所以说，不管是顶级豪宅还是高端公寓，纽约的价格都是北京、上海的 1 倍以上。

再来说说均价。纽约曼哈顿岛每平方米的房价均价大约在 2.3 万美元，差不多相当于 16 万元人民币，北京城区每平方米是七八万元人民币。纽约房价还是北京 2 倍多的样子。不管从哪个角度看，纽约的房价都很高，大约是北京的 2 倍，是可以这么说的。

纽约房产特点之二：价格差异大

纽约房价的第二个特点，就是差异很大。曼哈顿岛是纽约的核心，面积相当于北京的二环，岛内的房价水平总体都很高，但是岛内各区域价格差异也很大。中央公园边上豪宅聚集、很贵，单价动不动就是 30 万元人民币以上。而其他区域，比如曼哈顿岛的北部，也有单价不到 1 万美元的房子。所以说，岛内不同位置的价格差异很大。

而且，一旦离开曼哈顿岛，到纽约的其他岛，房价就快速下降。说到这里，必须先来简单解释一下什么叫其他岛，这和纽约这个城市的范围有关。纽约是美国东北部的一个海滨城市，是美国最大的城市，也是美国甚至世界的金融中心。可是，当我们说纽约的时候，如果不加区分，至少有三种可能的意思。

第一层指的是曼哈顿岛，这是纽约的核心区，面积相当于北京的二环。

第二层是指纽约市，一共由 5 个岛组成，曼哈顿岛是核心，其他 4 个分别是布鲁克林岛、皇后岛、斯塔滕岛和布朗克斯岛。这 5 个岛共同组成纽约市，不算水域面积，陆地面积是 790 平方公里，比北京五环内的面积略大（670 平方公里）。

第三层指的是纽约都会区，除了纽约市之外，还包含长岛以及新泽西州北部靠近纽约的地区，总人口约 2300 万，总面积约 1.3 万平方公里，比北京总面积（1.64 万平方公里）略小一点。

说清了这三个纽约的概念，我们接着说纽约房价的第二个特点，就是差异很大。曼哈顿岛内不同区域的房价差异很大，曼哈顿岛和其他岛的房价差异也很大。差多少呢？纽约房价第二高的是布鲁克林岛，比曼哈顿岛便宜一半，每平方米均价不到 1 万美元。皇后区的价位是第三，每平方米均价只有 5000 美元左右。所以纽约的房价高，主要是曼哈顿岛的房价高。一旦离开了曼哈顿岛，房价虽然高，但已经不是那么吓人了，比如布鲁克林的均价和北京的均价就差不多了，皇后区的价格和昌平就差不多了。

为什么纽约不同区域房价会相差这么大呢？其实不难理解。以北京为例，每平方米十几万元、二十几万元的小区也就那么几个，都聚集在二环边上、三环往里的位置，这些楼盘不仅位置好，质量也好。这两条加起来就意味着一些收入高的人愿意出高价买，就把价格抬上去了。为什么愿意出那么高的价格呢？因为这些人时间太贵了，为了节约时间，他们愿意出很多钱。再加上这些房子的质量也比较好，就更愿意出钱。但是，一旦离开这个核心区，区位价值没那么好了，房价就开始下降。即便建筑质量很好的楼盘，价位也会低很多。

可能有人会说，其实离开核心区，北京还是有一些地方房价很高。比如北京的万柳商圈，地处西三环与西四环中间，早就出了核心区域，可是非常贵，单价要二十几万元了。这其实也不奇怪，这是豪宅的价格。万柳不是所有的房子都这么贵，大多数房子单价还是在十几万元，20 万元是豪华别墅的价格。纽约周边也有这样一些富人聚居区非常贵，区内设施、景色、治安都非常好。这个时候，高价位其实是对于区内服务的付费。形成一定规模以后，这样的小区也变成了核心区，只不过不是针对商务人士，而是针对可以自由安排时间的既有钱又有闲的阶层。这时候，时间不是最贵的，舒适变成最贵的了。

纽约房产特点之三：投资回报率不高

最后，我们来说一下纽约房产的投资价值，就是买房子的收益率。

说到投资，先补充一个重要的信息，就是纽约不是所有的房子我们都能买的。按照产权性质，纽约市的公寓可以分为私有公寓（condos）和合作公寓（co-ops）。其中私有公寓相当于国内的商品房，在总量上占三成，是我们可以买的；合作公寓相当于国内的经济适用房或者廉租房，在总量上占七成，是我们很难买的。

这两种产权性质的公寓价格相差很多。合作公寓因为有诸多限制，融资、转卖、转租都很不方便，而且公摊费用大，所以便宜一些。而且，近年来随着外来买家越来越多地进入纽约房产市场，这些人只能购买私有公寓，推高了私有公寓的价格，这种价差就越来越大。目前，纽约私有公寓已经比合作公寓贵了 1 倍以上。因为私有产权公寓是我们能买的，而合作公寓虽然便宜但很难买，也不适合投资，所以和我们关系不大。

那么，如果我们购买私有公寓，投资收益率有多高呢？可以简单算一下。投资收益分为租金收益和价格上涨两个部分，不同区域也不太一样，我们以中央公园一带为例。这里的房子贵，租金也贵，毛租金收益率有 3.3% 左右，扣除 1.5% 的房产税，再扣除必须交的物业税、保险费等，净租金收益率大约只有 1.3%，这个净租金收益率就很低了。平均看起来，曼哈顿岛的净租金收益率还要低一些，只有1%左右。

投资住房的另一收益是资本升值，也就是房价上涨。过去10年纽约年均房价上涨4%，扣除交易手续费、资本增值税，每年按3%算，这样综合起来的投资回报率就是4%左右，等于3%的资本升值加上1%的资金收益。这个4%的收益比美国国债还是要高一点的，和我国的理财产品差不多，但比国内一线城市买房的投资回报率就要差很多了。

其实，4%左右的回报率水平是合理的。如果回报率更高的话，美国的富豪们早就加大购买力度，把价格买上去、把收益率买下来了。

本讲要点：

（1）纽约曼哈顿岛的房子特别贵，单价从每平方米1万美元到十几万美元不等，均价为每平方米两万多美元，中高端的公寓均价在每平方米4万美元以上，折合人民币每平方米28万元以上。

（2）纽约房价差异很大，曼哈顿岛最贵，一旦离开曼哈顿岛，房价就快速下降。而且曼哈顿岛内区域房价差异也很大，中央公园附近最高，北部地区的价格低很多。

（3）纽约房产投资回报率并不高，净收益率在4%左右，和我国的理财产品差不多。

第 24 讲
芝加哥：没落的贵族

看完上一讲，很多读者可能会形成一个印象，就是美国大城市的房子都很贵。

其实，也不完全是这样。比如说，芝加哥是美国第三大城市，房价就不算太高，市中心每平方米的均价才不到 4 万元人民币。芝加哥豪宅的价格只相当于纽约中低端住宅的价格。和国内比的话，芝加哥的房价比杭州、成都这样的核心二线城市都低，只相当于南京、合肥等城市的房价。

芝加哥房价为什么不高呢？我们分四步，一步一步来说清楚：

第一步，芝加哥的房价到底有多低？通过和美国其他大城市的房价比较，我们发现的确很低。

第二步，房价低的直接原因是什么？我们发现，是涨速太慢。这十几年，芝加哥的房价基本没怎么涨。

第三步，基本不涨的原因是什么？分析发现，是经济停滞和人口流出。

第四步，我们简单探讨一下芝加哥人口流出和经济停滞的原因。

芝加哥房价现状：低增长导致低房价

首先，我们来看一看芝加哥的房价到底有多低。图 24-1 展示了美国前十大城市的房价。我们看到，无论是全市范围内还是黄金地段，芝加哥的房价都比纽约、旧金山、洛杉矶、波士顿等低很多。

（美元/平方米）

图 24-1　美国十大城市房价与增长率

数据来源：Zillow（美国最大的地产交易平台）data。核心区是最繁华的邮政编码对应的区域。

芝加哥虽然是美国第三大城市，但是房价只属于第三梯队。

第一梯队是纽约，第二梯队是旧金山、洛杉矶、波士顿，第三梯队是圣迭戈、芝加哥、费城。芝加哥核心区的平均房价只有5000多美元，只有纽约的1/4、洛杉矶和旧金山的1/3。芝加哥是美国第三大城市，房价可谓非常亲民。

看清了现状，我们来看第二个问题，芝加哥的房价为什么这么低。图24-2显示的是1987年以来芝加哥的房价指数，作为比较，同时显示了美国十大城市和美国全国平均房价指数。

看了这张图，你就清楚了。芝加哥的房价低是长期增长缓慢的结果。仔细看，你会发现在2000年前后，发生了一个重大转折。在此之前，芝加哥房价的涨速并不慢，比全美平均水平还快一点点，比十大城市的平均水平也快一点点。但是从2000年开始，情况发

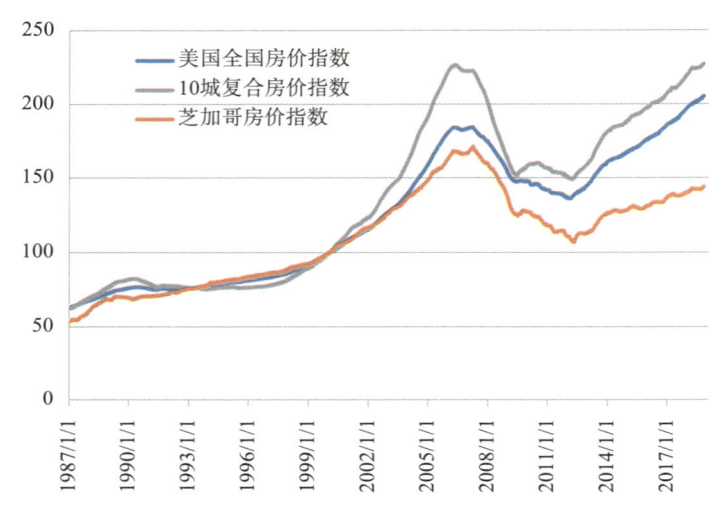

图 24-2 美国房屋价格指数（1987 年 1 月—2018 年 10 月）

数据来源：标准普尔卡司席勒房价指数（S&P/Case-Shiller Home Price Index），以 2000 年 1 月为 100。

生了很大的变化，芝加哥房价的涨速开始明显滞后，不仅比十大城市的平均速度慢，比全美平均速度也慢。

从 2000 年到 2018 年 10 月，将近 19 年的时间，芝加哥的房价只涨了 44%，每年只涨了 2% 多一点点，和通货膨胀的速度差不多（这 19 年美国的年均通胀是 2.2%）。作为对比，十大城市房价涨了 127%，是芝加哥的 3 倍；全美平均涨了 106%，是芝加哥的 2.5 倍。所以，芝加哥的低房价是进入 21 世纪以来房价长期涨速慢的结果，这是芝加哥房价低的直接原因。

芝加哥房价低增长的原因：人口流出和经济停滞

说完直接原因，我们来说底层原因。我们分析了数据，发现原因其实很简单,就是芝加哥经济增长慢,人口吸附力变差。

首先来看芝加哥的人口增速。我们分析了 2000 年以来美国主要城市的人口增长率,发现芝加哥的人口增速居然是负的,下降了 6.2%。要知道,在此期间美国的总人口是增长的,增长了 15% 左右,很多大城市的人口都是增长的。十大城市中,芝加哥是唯一人口下降的城市。为了看清这一点,我在图 24-3 中专门加了一条零增长线。你可以清楚地看到,只有芝加哥的人口增长是处于零增长线以下的。

图 24-3 美国主要大城市的人口和增长率(2000—2017 年)

数据来源:美国普查局(U.S. Census Bureau)。

其他城市,比如纽约、洛杉矶、旧金山、波士顿这些城市的人口都是增长的,休斯敦、菲尼克斯这样的城市,人口更是增长了 20% 左右。在其他主要大城市人口都增加的情况下,芝加哥的人口增长为负,确实凸显了这个城市的人口吸引力下降。

我们再来看经济增长。和人口的流出相一致，芝加哥的经济增长也是很缓慢的。虽然在人口总量上，芝加哥依然是第三大，但是人均产出只排在第七。一般来说，大城市的人均收入要高一些，用高收入来对抗大城市的拥堵、污染等不便利。但是芝加哥的情况说明其经济活力真的很一般。

芝加哥的人均产出低，是增长缓慢的结果。从经济增速看，21世纪以来芝加哥的经济总量只增加了16%。这是个很低的速度，每年不到1%，在美国十大城市中是最低的。2001年至2017年，美国十大城市的经济平均增速达到38%，是芝加哥的2.4倍（见图24-4）。芝加哥的长期经济疲软，由此可见一斑。

图24-4　美国十大城市人均GDP和GDP累计增长（2001—2017年）

数据来源：美国经济分析局（BEA）。

说到这里，情况就大致清楚了。芝加哥现在的低房价是2000年以来房价增长缓慢的结果，而房价增长缓慢是经济疲软、人口流出的结果。这样看起来，芝加哥的房价低就一点也不奇怪了。一个城市丧失了活力，没有新增人口，本来的人口有房子住，房价当然就不会上涨了。

既然房价不涨，房产的投资价值也就不大了。虽然芝加哥住房的租售比很低，只有 15 倍多一点，相当于 6.5% 左右的房租收益率，但是扣除房产税、保险费、管理费和维护成本，也就 3%～4% 的样子，比美国国债收益率高一点。再考虑到房产的流动性很低，还不如投资国债。

芝加哥没落的原因

芝加哥的人口为什么流出？原因肯定很多，比如经济增长缓慢，不能够吸引产业和人才的聚集。我们挑其中的两个重点进行分析。进入 21 世纪以来，美国的经济主要靠两大支柱，一个是高科技，另一个是房地产。而芝加哥在这两方面，都不占优势。

先说高科技。21 世纪以来，美国形成了很多的高科技园区，比如大家熟悉的硅谷园区、波士顿西部园区，还有北卡罗来纳州的三角科技园、得克萨斯奥斯汀的科技园，都很有名。但是芝加哥在这一轮科技园区的竞争中，落后了不少。

再看房地产。房地产的发展需要两个条件，第一个是产业基础，人们要有就业机会。在这方面，大城市都有优势，但是芝加哥这些年经济增长不太好，高科技方面也没显示出优势，就打了折扣。

房地产发展的另一个重要条件是气候。房子是用来住的，在其他条件一样的情况下，人们更喜欢住在气候宜人的地方。

我自己的感受是，芝加哥的气候真的不算好。芝加哥坐落在密歇根湖西南角落，没有遮拦，一望无际的大湖面上，风可以直吹过来，长年风很大。芝加哥号称"风城"，这个别号是名不虚传的。我曾经去过那里开会，恰好又是 1 月，风吹起来真的很冷，预报温度是零下5度，风吹起来至少有零下10度。

近年来，美国出现一个新名词，叫作"阳光地带城市"（sunbelt cities），说的是人们在往美国南部或者西部温暖的地区移民，比如得克萨斯州、亚利桑那州，以及传统的加州，这些地方的气候好、移民多。

根据一份学术研究，一个城市的人口增长、房价增长和年平均气温是高度正相关的（见图24-5）。也就是说，人们喜欢往温暖的城市移民，推高了这些地方的房价。这和我们的直观感受一致。这些年，美国南部温暖城市的房价涨幅总体要比北部城市大很多。

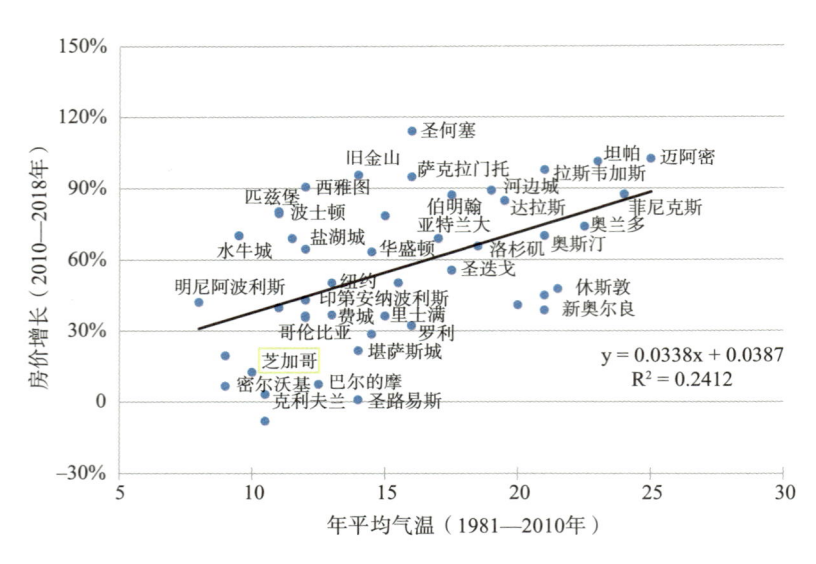

图24-5 房价增长与平均气温的关系

注：房价增速与年平均气温正相关。图中显示47个大中城市中位房价累计增长率与年平均气温的关系，房价增长为2010年1月到2018年11月数据，年均气温长期稳定，用的是1981年到2010年的均值。

数据来源：气温数据来自美国国家气候数据中心，房价数据来自Zillow。

从图 24-5 中可以清楚看到，气温越高，房价增长越快，这个关系非常清楚。大家以后买房的时候，对气温的因素也要有所考虑。

本讲要点：

（1）芝加哥虽然是美国第三大城市，但是房价真的很低，核心区均价只有不到 4 万元人民币，相当于纽约的 1/4。

（2）芝加哥房价低的直接原因，是 21 世纪以来房价涨速太慢，这十几年房价基本不涨。房价不涨背后的原因，是经济停滞和人口流出。

（3）芝加哥经济停滞和人口流出，有两个原因很重要，一个是高科技产业发展缓慢，另一个是气候不太宜居。这两个原因，大家在国内买房时也要参考。

第 25 讲
历史云烟：德国低房价的真相

说起德国地产，很多人都有一个印象，就是便宜。德国的房价低，经常是作为一种经验传播的，是大家学习的对象。德国不仅是大国，是欧洲最大、最强的经济体，房价还很低，因此德国的房价就经常作为低房价的经验来研究。

那么，实际情况到底是怎样的？我们先来看一张图。图 25-1 显示了 2018 年 12 月主要欧洲城市的房价。为了可比，取的都是城中心的公寓价格。

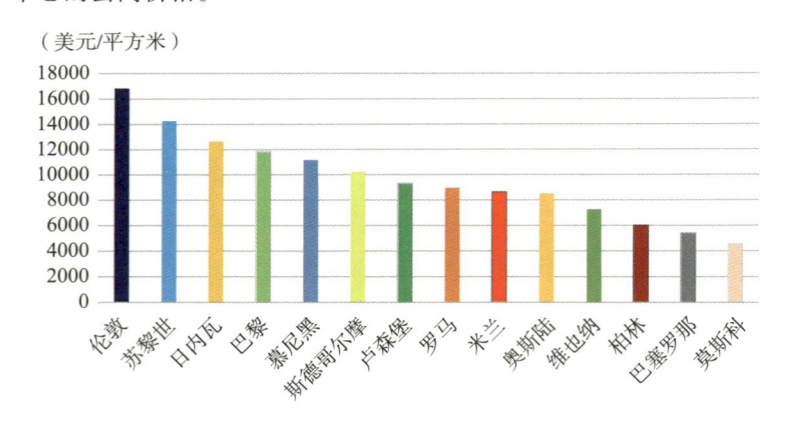

图 25-1 欧洲主要城市中心城区公寓房价

数据来源：NUMBEO 网站。

看图 25-1 的话，你会发现德国的房价也没有那么低。比如说，慕尼黑的房价和巴黎差不多，每平方米都在 11000 多美元，巴黎和慕尼黑分别是欧洲房价第四高和第五高的城市。要知道，慕尼黑只是德国的第三大城市，人口只有300多万，而巴黎是法国的第一大城市，人口有1200多万，是慕尼黑的4倍。这样看来，慕尼黑的房价不仅不低，而且很高。

那么，问题出在哪里？在大家的印象里，德国的房子不是很便宜吗？

问题出在最近几年的增速上。2012年以来，欧洲慢慢走出了全球金融危机和主权债务危机，资产价格开始上涨，德国房价增长尤其迅速。图25-2显示了欧洲主要大城市2012年到2018年的房价增长幅度。你会发现，增长最快的是柏林，大约翻了1倍，其次是慕尼黑，涨了56%。这两个都是德国城市，然后是卢森堡和伦敦，涨幅都在50%左右。很多人都知道伦敦的房价增长很快，但是很少人知道德国慕尼黑和柏林这两大城市的房价增速比伦敦还快。

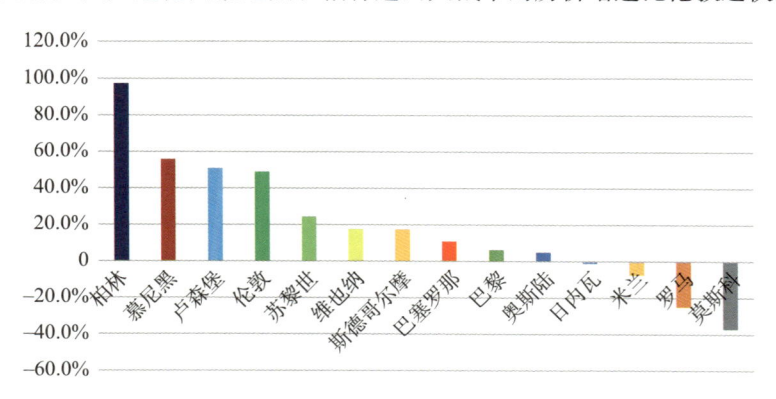

图25-2 欧洲主要城市中心城区公寓房价增幅（2012—2018年）

数据来源：NUMBEO网站。

作为对比，欧洲其他大城市增速就慢很多了。排名第五、第六的苏黎世和维也纳，房价增速都在20%左右，不到30%，不及慕尼黑和柏林的一半。巴黎的增速只有6.4%左右。这是什么意思呢？就是说 2012 年的时候，巴黎的房价比慕尼黑高了 50%，但是到了 2018 年，二者就差不多了。这就是为什么大家印象里德国房子很便宜，但是到了 2018 年，却发现不便宜了，就是因为这些年房价增长很快。

德国城市中，不仅慕尼黑和柏林房价上涨很快，其他大中城市房价上涨也很快。2012 年以来，很多大中城市，像法兰克福、斯图加特、科隆，房价涨幅都在 50% 以上。柏林房价涨得最快，达到 97%，斯图加特也很快，达到 81%，科隆也达到 64%（见图 25-3）。

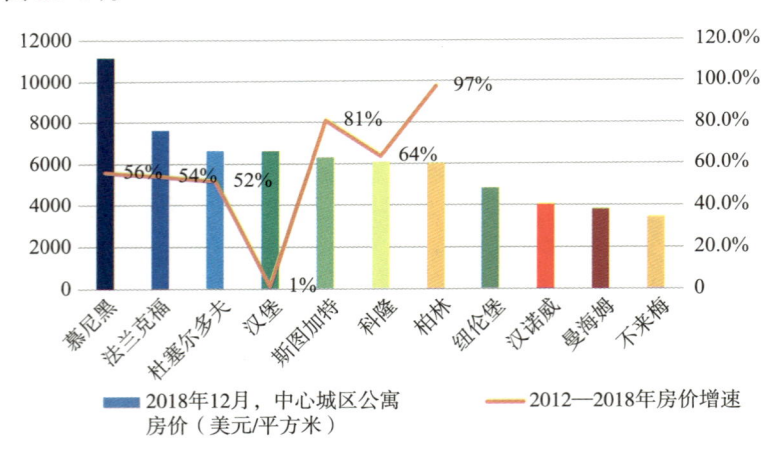

图 25-3　德国主要城市房价和增幅

数据来源：NUMBEO 网站（后面几个城市没有前几年的数据）。

在德国大城市中，汉堡有点特殊，房价涨幅最低，只有 1.4%，这是因为汉堡的房价本来就偏高。2012 年时，汉堡房价已经有 6500 多美元，当时柏林的房价才 3000 美元出头，第二大城市汉堡的房价是第一大城市柏林的两倍多。到了 2018 年，汉堡的房价虽然没涨，还是比柏林高了 10%，汉堡房价在 6600 美元左右，柏林房价在 6000 美元左右。所以说，不是汉堡的房价不涨，而是在 2012 年之前就已经涨了。

为什么汉堡房价涨得比其他城市早？汉堡是德国第二大城市，人口总量仅次于首都柏林，又是北部港口城市，是德国最大的外贸中心和第二大金融中心（第一大金融中心是法兰克福），是空中客车公司的生产基地。在这么多优势因素之下，汉堡的房价先涨一步，后面其他城市才开始涨（上面说的都是中心区房价，看郊区的话，汉堡的房价也涨了很多，从 2012 年到 2018 年涨了 40% 左右。所以，市中心房价涨完了之后，郊区也开始涨）。

所以，德国房价到底低不低呢？答案很简单：曾经很低，现在不低，因为金融危机以来，德国房价涨了很多。作为比较，法国、意大利、西班牙的房价几乎没涨，而德国很多城市的房价都涨了 50% 以上，涨幅超过伦敦，这样德国的房子就不便宜了。

在这个基本事实的基础上，我们还需要回答两个问题：

第一，德国房价为什么这几年涨了这么多？

第二，德国房价为什么过去很便宜？德国过去的经验可以复制吗？

对于第一个问题，分析下来有两个原因：一是德国经济比较好，这几年欧洲经济总体都不太好，但是德国经济相对很稳健，于是德国资产受到追捧；二是利率下降很多，抬高了资产的估值水平，房价也自然跟着涨。

我们再看一下图 25-2，你会发现意大利的米兰、罗马，俄罗斯的莫斯科，这些大名鼎鼎的国际都市，房价都是下跌的。为什么？原因很简单，这些国家的经济很糟糕。

在图 25-4 中，我们进一步比较了欧洲主要国家的经济增速和通货膨胀速度，包括英国、德国、法国、意大利、西班牙、俄罗斯、瑞典、瑞士。你会发现，德国的经济增速仅次于英国，比法国、西班牙、意大利都快。恰好，欧洲大国中，也就是英国、德国的城市房价增速快，法国、意大利、西班牙的城市房价增速都不快。

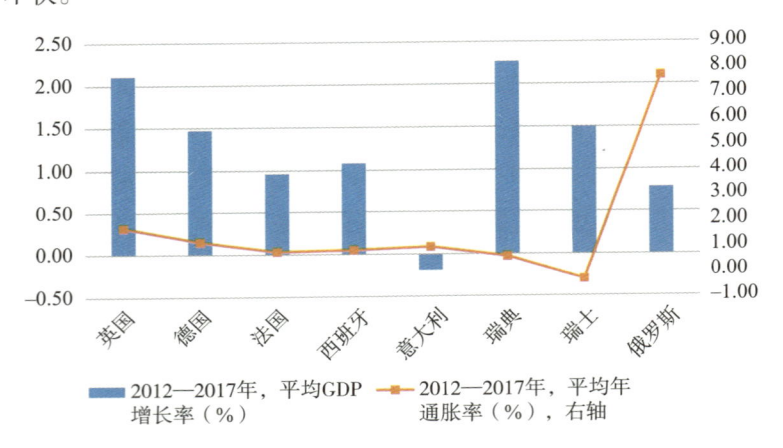

图 25-4　2012—2017 年欧洲主要国家年均 GDP 增速和通胀率

数据来源：世界银行数据库。

德国经济不仅增速快，体量还大。德国是世界第四大经济体，仅次于美国、中国、日本。德国也是欧洲最大的经济体，比英国、法国、意大利、西班牙的体量都要大一些。瑞典、瑞士都是人口不到 1000 万的小国，俄罗斯的人口虽然多，但是经济面临重重困难。因此德国经济实力总体是很强的，在欧洲可谓是一枝独秀，只有英国与其较为接近，伦敦的房价上涨也很快。这就再一次说明，决定房价增速的是这个国家的经济状况。

德国房价上涨的第二个原因，是金融危机以来的利率下降。金融危机以前，德国的 10 年期国债利率在 4% 左右的水平。金融危机以后，从 2008 年夏天开始，利率水平就一路下降，2016 年一度是负数，现在在 0.3% 的水平徘徊。扣除通胀以后，购买 10 年期国债的收益率是负的，接近 –1%。这样一来，德国人民就和我国人民一样，也面临着购买资产、为自己的财富保值增值的问题。在这种情况下，一直价格较低的房产就成为德国人民的最爱。

图 25-5 展示了美国、日本、英国、德国、法国这五大经济体的 10 年期国债利率，时间跨度是从 1995 年到 2018 年。你可以清楚地看到，德国利率是一路下行的。2012 年以后，更是降低到 2% 以下。扣除通货膨胀，实际的利率就很低了，接近 0。这样一来，德国人民就没法买国债作为安全资产了，保值、增值、抗通胀的房子就成为他们的选择。这和我国的情况是很像的。

图 25-5　五大经济体 10 年期国债收益率

本讲要点：

（1）德国房价曾经很低，但是金融危机以来，大幅上涨，德国大城市的房价已经很高，低房价成为历史。

（2）近年来德国房价快速上涨，是两个原因共同作用的结果，一是德国经济相对健康，二是利率水平大幅下降，人们不得不买房保值增值。

第 26 讲
打破幻想：德国的历史经验不可复制

近几年德国房价上涨很快，低房价已经成为历史，在大国当中，最后一个低房价的国家也加入了高房价的阵营。看清这个基本事实，有助于我们做出明智的选择。

本讲我们进一步刨根问底：德国房价为什么过去那么便宜？其中还有哪些经验我们可以借鉴？如果可以借鉴的话，我们就可以压低国内房价了。

在展开分析之前，一个很简单的角度可以帮助我们看清这个问题，那就是德国自己也不能保持过去的经验，继续压低自己的房价。从这个角度看，德国的经验其他国家应该更难复制。但是，我们还是来仔细看一下，寻找其中可复制的部分。俗话说，梦想还是要有的，万一实现了呢？

仔细梳理资料，我们发现在 2010 年以前，德国房价确实增长缓慢。从 1990 年至 2010 年的 20 年间，德国房价仅上涨了 15%，每年增长只有 0.7%。作为比较，同期英国、法国、美国的房价分别上涨 168%、131%、95%，涨幅分别是德国的 11 倍、8 倍和 6 倍。所以，在 2010 年以前，德国的房价是很稳定的。保持这个稳定的原因有哪些呢？我们发现有四方面的主要原因。

第一，德国的城市规模不大，没有超大都市。

在全世界范围内看，房价特别高的大都是规模特别大的城市，人口在千万级的城市。我国的一线城市，北上广深的人口规模都在 2000 万的级别。国际上房价高的城市，比如纽约、伦敦、东京、

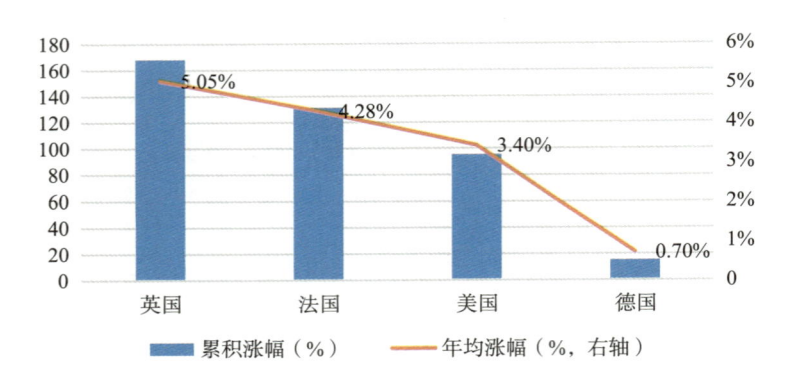

图 26-1 英法美德房价累计和年均增长（1990—2010 年）

数据来源：国际清算银行（BIS）数据库。

首尔，人口也在千万级别。而德国最大的城市首都柏林，人口才440多万，只相当于国内的青岛、西安。城市规模小，使得城市中心区的人口压力不大，大大减轻了房价压力。

我们来稍微仔细看一下数据（见图26-2）。英国、法国、德国的人口总量大致是可比的，都在6000多万到8000多万这个范围内，但是这三个国家的城市布局差异很大。英国、法国都是最大的城市规模很大，但是从第二大城市开始，规模就迅速下降了，像英国的伦敦、法国的巴黎，都是各自最大的城市，人口规模都在1200万左右，是第二大城市的6倍左右。英国、法国的第二大城市分别是伯明翰和里昂，人口都不到200万，不算特别大的城市了。

而德国很不一样，德国最大的城市柏林，人口在440万左右，第二大城市汉堡的人口在300万左右，二者的比例不到1.5，远远小于英国、法国6倍的比例。而且，德国后面的城市也很大，第三名、第四名分别是慕尼黑和法兰克福，人口分别在300万和250万左右，和第二名汉堡差不多，比英、法的第二大城市还要多很多。而德国的第五大城市，也和英、法的第二大城市差不多。

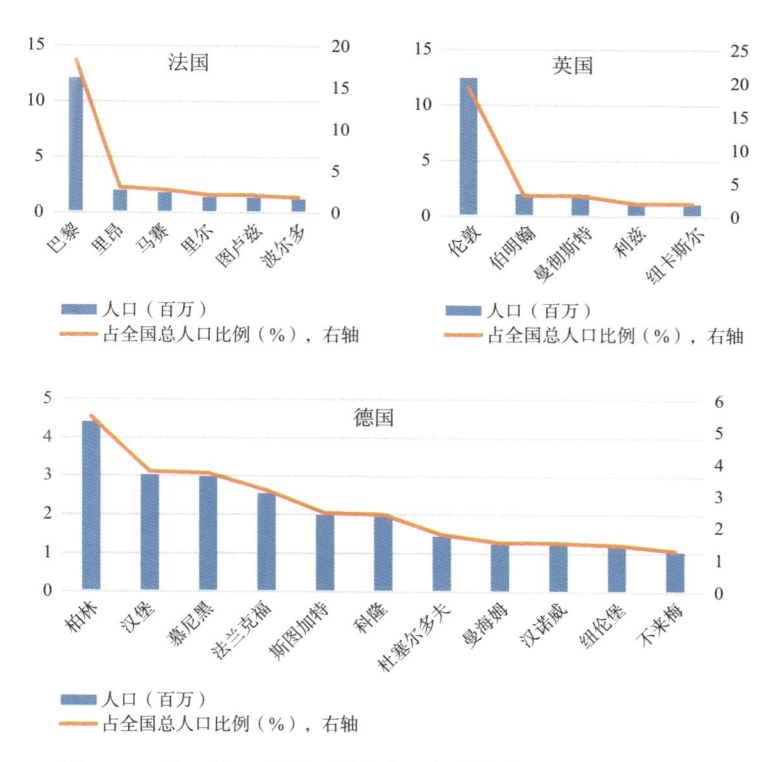

图 26-2 英、法、德百万以上人口都市的总人口和占全国比例

数据来源:OECD(2014年人口总量:德国8089万,法国6620万,英国6451万)。

这么说有点儿绕,你换个角度会更清楚一点。德国前四大城市的人口总量和英、法最大城市的人口总量是差不多的,第五大城市和英、法第二大城市的人口差不多。这样一比较,相当于把英、法的第一大城市分散成德国的前四大城市。这样一来,大城市的规模就降低了很多,房价压力就小了很多。

尽管如此,我们上一讲说德国的房价2010年以后还是涨起来了。德国第三大城市慕尼黑的房价,已经赶上了法国的最大城市巴黎。

我们进一步来刨根问底，德国城市为什么会这么分散呢？这和德国的历史传统有关。在历史上，德国的前身是"神圣罗马帝国"，在帝国历史的大部分时间里，由数百个更小的附属单位组成，其中有侯国、公国、自由城市等等。各地基本都处于自治的状态，拥有自己的军队、朝廷，甚至有收税的权力，每个侯国的最大城市都可以算是当时一个小小的经济中心。

柏林直到 19 世纪后期才正式成为德国的首都，人口才开始向这里聚集。此前的主要城市已经累积了一定人口，形成了一定的规模和产业基础，再加上柏林作为首都的时间比较短，所以德国人口的分布相对很分散。

二战以后，德国还被分割为东德、西德两部分，曾经的首都柏林不但被经济发展较差的东德所包围，还分裂成西柏林与东柏林。这样的局势就导致柏林的发展难上加难，德国难以形成超大规模的第一大城市。

除了这些因素，还有其他一些因素。比如说，德国的城际交通很完善，各个城市的基础设施水平也比较平均，社会保障、就医等条件几乎没有什么差异，工作机会也是各有千秋。很多德国的著名大企业并非出自大城市，比如说我们熟悉的大众集团，总部位于只有 12 万人口的小城市——沃尔夫斯堡。在沃尔夫斯堡，城中接近一半的人口在大众集团工作，这里的各种设施和条件都很好，人们不需要集中到更大的城市里面去。

所以，德国人不必像其他国家的人一样，拥挤在个别大城市里。但是这一点，我国是很难学的。我们的大城市已经聚集了很好的资源，包括教育资源、医疗资源、就业资源、基础设施资源，很难分散出去，未来只会吸附更多的人口和资源，形成虹吸效应。而且，我国人口基数太大，中小城市、广大农村的人口还在往核心城市聚集，人口很难减少。

第二，德国住房供应总体充足，平均2人有1套住房，房屋总体上不紧缺。

2016年，德国人口总数约为8200万，户均人口2人，也就是有4100万个家庭，但是存量住房有4170万套，相当于每个家庭有1.02套住房。住房总体上不紧张，房价自然也就比较温和。而且，由于德国的城市规模分布较为均匀，各大城市的房子都有价值，这些房子都是有效的供给。这一点不像我国，我国农村、小县城有很多房子，但是很多都是空着的，常年没有人居住，不是有效的房屋供给。

我们再来仔细看，德国的住宅充足并不是一蹴而就的，而是第二次世界大战以后大量建设的结果。二战几乎摧毁了德国一半的住房，二战结束后，德国的房子非常紧缺。当时德国有1460万户家庭，却只有940万套房屋，通常都是两三户人家挤在一栋房子里。

然后，德国就开始了大规模的建设。在二战结束以后的30年间，德国年均建成61万套住宅，共建成约1830套住宅，住房总量增加了几乎2倍。到了1978年，德国平均每户家庭有1.21套住宅，住房紧张问题得到了彻底缓解。在此之后，德国的住房套户比（住房套数/家庭户数）一直稳定在1以上，住房总体上不紧张。

同时，德国的住房建设也并没有停止，在人口总量达到峰值、不再增长的情况下，也继续建设。1978年，德国人口就达到顶峰，大约在8300万人，其后人口就不再增长了（保持在8000万~8200万人）。但是，1978—2009年，德国又增加了1100万套住房。也就是说，在人口基本没有增长的情况下，住房存量增加了1/3以上（35%）。

这是为什么呢？这些新增加的房子谁住呢？答案有两个。一是德国的家庭规模在减小，每个家庭的人数减少了，但是家庭总数增加了，这样对住房总量的需求就增加了。另一个是需求升级，有些家庭比较富裕了，需要两套或者多套住房，在不同住房、不同城市之间切换。这个经验对我国也有很大的启示，目前我国的家庭规模还有 3 左右，以后会进一步降低，还会增加住房需求。

第三，德国老龄化严重，新增住房需求少。

老龄化是高收入国家的普遍现象，但是主要发达国家中，德国的老龄化程度是最高的，仅次于日本。2016 年，德国 65 岁以上人口占比达到 21.27%，仅次于日本（26.56%），比英国（18.35%）、美国（15.03%）、法国（19.36%）都高。作为比较，世界平均水平为 8.48%，中国是 10.12%（见图 26-3），德国的老龄化程度是世界平均水平的两倍以上。

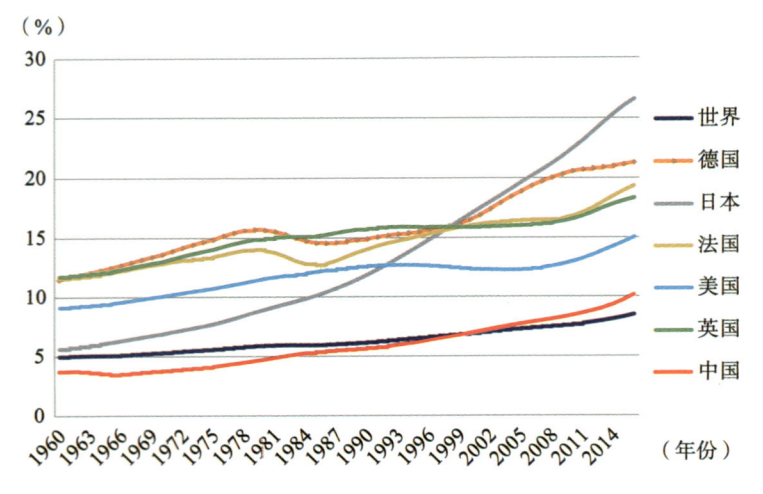

图 26-3　各国老龄化比较

数据来源：世界银行数据库。

老龄化的直接影响,是新增人口的减少使得增量住房需求较少,减轻了房价的上涨压力。此外,由于老年人较多,人口流动也会较少,使得住房的需求相对稳定,这也是一个稳定房价的因素。不过,老龄化同时意味着寿命延长,居住需求会长期存在,并不会导致房价的下跌。

第四,德国物价稳定,利用房地产保值增值的动机低。

二战后,世界各国的物价都经历了比较大的上涨,但是德国的物价总体很平稳。从 1955 年到 2017 年这 62 年间,德国物价只上涨了 3.86 倍,年化通胀率仅为 2.6%。和其他欧美国家相比,这个通胀率是很低的。比如说,同期英国的物价上涨了 19.18 倍,涨幅是德国的 4 倍多;美国和法国的物价上涨幅度,也分别是德国的 2 倍和 3 倍多(见图 26-4)。德国物价水平稳定,上涨很慢,居民利用房地产保值增值、对抗通胀的动机就变得很低,这就大大减少了住房的投资需求。

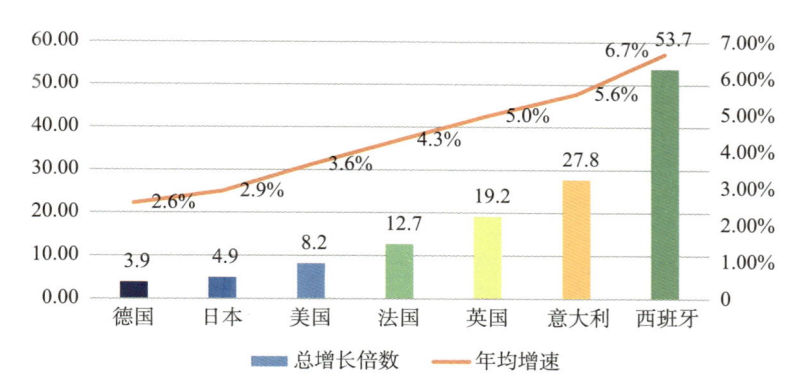

图 26-4 主要发达国家消费者物价指数增速(1955—2017 年)

数据来源:OECD 数据库。

前面我们详细分析了德国历史上房价的经验,总结为四条,分别是:(1)城市规模不大,没有特大城市;(2)住房供应总体充足;(3)老龄化严重,新增住房需求少;(4)通货膨胀率低,买房保值的动机低。除此之外,德国还有其他一些政策,比如长期对于房价和房租实行控制,等等。

那么,我们能不能全面学习德国的经验,抑制国内房价呢?很难,可以说是几乎不可能的。我简单说三个原因。

第一,我们能改变中国的城市规模分布,使得中国和德国一样,只有人口在几百万的中型城市,没有千万人口的大城市吗?就是说,我们能把北上广深彻底打散,让各地遍布昆山、嘉兴这样的城市吗?这显然不可能,想都不敢想。别忘了,我国的人口总量是德国的十几倍,德国人口只相当于我国一个人口大省。

第二,我们能很快增加住房的供应吗?其实,农村和县城有很多房子,根本不缺房子,缺的是大城市的房子,但是大城市寸土寸金,住房很难快速增加。

第三,我们能改变人口的总量、结构和增长速度吗?能使得中国的人口和德国一样吗?这显然是不可能的,人口的总量、结构、增长速度这几项,几乎都是给定的。

而且,即使我们使尽洪荒之力,做得像德国那样,你看德国的房价还是上涨的。2008年全球金融危机以后,德国作为欧洲最大、最有活力的经济体,其房产的保值增值作用被发现了,近年来房价增长很快,"德国房价低"的论断已经成为历史了。这样看来,即便我国能够全面学习德国的经验,房价还是会涨的。

本讲要点：

（1）德国房价过去很低，与房屋供应充足、城市规模不大、人口老龄化严重、物价水平稳定等因素，有直接的关系。

（2）德国房价在金融危机以后增长很快，与德国经济在欧洲一枝独秀、利率水平降低这两大因素有关。

（3）房价是多方面因素共同决定的。我国很难完全学习德国的经验，即便学习了，还是不能够阻止房价的上涨。

第 27 讲
首尔：历史的一面镜子

本讲介绍一下首尔的地产。很多读者可能会奇怪，为什么要专门讲首尔呢？首尔虽然是韩国的首都，但是房价很高，城市很拥堵，气候也不是很好，看不到明显的价值。

重点说首尔地产，是因为首尔地产的发展历程和中国有很多相似之处，是历史的一面镜子，有很大的参考价值。简单梳理一下，这个相似性至少表现在 4 个方面。

第一，韩国也是从低收入国家发展起来，经历了从低收入到高收入的整个发展历程；在此过程中，也经历了快速的城市化和房价上涨。而且，韩国政府也频繁进行房地产调控，积累的经验值得我们研究借鉴。

第二，韩国的文化和我国很像，都属于儒家文化圈，人们的思维和行为模式相似性很高，比欧美国家更有参考价值。

第三，首尔这座城市，面积、人口和北京都很像。首尔城区面积 605 平方公里，比北京五环内面积略小（北京五环内面积约 670 平方公里），首尔城区人口 1000 万左右，也比北京五环内常住人口 1198 万（据北京市统计局调查）略少。不管是面积还是人口，首尔城区和北京五环内都很相近，北京略大一点。如果比较首尔都市圈和北京全境，还是很相似（首尔都市圈面积 1.17 万平方公里，总人口 2527 万，占韩国总人口的一半左右；北京全境面积 1.64 万平方公里，总人口 2200 万）。

第四，韩国的人口高度聚集，全国将近一半的人口聚集在首尔都市圈，这和我国人口向特大城市聚集也很相似。

你看，韩国和我国有这么多相似性，简直就是一个缩微版的中国（我国总人口大约是韩国的 27 倍，总面积是韩国的 96 倍。韩国的面积和人口，与浙江省相仿）。而且，恰好韩国的经济起飞和房价增长都比中国早，韩国经济 20 世纪 60 年代开始起飞，我们是 80 年代。韩国走过的路程，我们不妨来仔细看看。

因为韩国和其他国家不太一样，本讲的分析分为三步。

第一步，在看首尔房价之前，我们先来简单看一下韩国的经济起飞历程。

第二步，在了解韩国基本情况以后，我们来看一下首尔房价的上涨过程，你会发现很有意思，韩国不仅经济发展过程和中国很像，房价上涨过程也很像。

第三步，我们来看看首尔的房产有没有投资价值。

我们先来说韩国的经济起飞过程。和所有国家一样，韩国的经济起飞也是工业化和城市化的产物。韩国从 20 世纪 60 年代起，开始了快速的工业化进程。这个过程，可以分为四个阶段：第一个阶段，是以纺织、玩具为代表的劳动密集型阶段；第二个阶段，是以钢铁、化工为代表的资本密集型阶段；第三个阶段，是以汽车、电脑为代表的技术升级阶段；第四个阶段，是以电子、半导体行业为核心的技术密集型阶段。

你会发现，这个进程和我国非常相似，我国目前的发展阶段大概是在汽车、手机、电子产品主导的阶段。半导体的发展才刚刚开始，还有很长的路要走。你看，历史的发展是很相似的。

随着工业化的推进，韩国经济取得了快速的增长。从 20 世纪 60 年代起，韩国人均 GDP 以年均 9.7% 的增速，连续增长了 30 年，韩国一下子从落后的农业国发展为先进的工业国，创造了韩国经济增长的"汉江奇迹"。

从这个角度看，中国的经济奇迹其实不是独一无二的，战后日本、韩国长时间的高增长都不比我们差。而且，人家早已是高收入国家了。所以，中国既不应该妄自菲薄，也不该妄自尊大，因为我们的经济发展并不特殊。如果有特殊之处，就是我们的体量大很多，遭遇的困难和阻力也会大很多，不要掉以轻心。

接着说韩国。和所有国家一样，韩国的经济奇迹也伴随着快速的城市化。从1960年到1990年这30年间，韩国的城市化率从28%提升至74%，达到发达国家的城市化水平。1990年，首尔人口就已经超过1000万，成为名副其实的大都市。

目前，韩国的人均GDP大约是3万美元，是名副其实的高收入国家。放眼全世界，二战以后从极为落后的农业国，一举发展为高收入的发达国家，成功的案例并不多，韩国可谓是杰出的代表，值得所有对经济发展问题感兴趣的人深入研究。

在此基础上，我们来看一下首尔的房价。首尔人口占韩国的一半，讨论韩国房价，其实主要讨论的就是首尔房价。

我们可以把首尔的房价增长，分为三个阶段：(1)从1970年到1991年的快速增长阶段；(2)从1992年到2000年的平稳阶段；(3)2000年以后的恢复上涨阶段。图27-1显示了首尔从1986年到2017年的房价指数。

1986—1991年这一阶段，首尔房价上涨了130%，5年就翻了一番多。1986年之前的价格数据比较难找，我们搜集各种资料，拼在一起进行计算，韩国从1970年到1991年，房价总共上涨了多

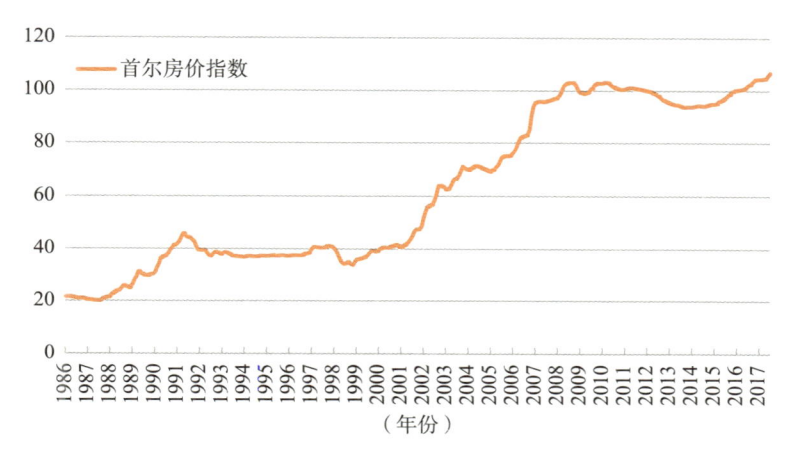

图 27-1 首尔房价走势（1986—2017 年）

资料来源：KB 国民银行。

少倍呢？保守估计，上涨了 14 倍。①这个 14 倍的增速，和过去 20 年我国房价的增速差不多。这就再次表明，我国房价的快速增长，在高速经济增长的背景下，一点也不奇怪。

这 20 年间首尔房价的快速增长与韩国的快速经济增长和城市化显然是直接相关的，是韩国经济成就的结果。到了 1990 年，韩国人均 GDP 达到 16000 美元（按照 2016 年不变价计算），进入高收入国家行列，城市化率也达到 74%。1996 年，韩国还加入了代表发达国家的 OECD 组织（经济合作与发展组织），这也是对韩国经济成就的肯定。1988 年的汉城奥运会，显然也促进了汉城（也

---

① 根据韩国国土开发研究院的资料，1975—1979 年首尔房价涨了 210%。这几年的 210% 和 1986—1991 年的 130% 加起来，就是 7 倍。这个 7 倍的涨幅没有考虑 1970—1975 年以及 1979—1986 年这 12 年的涨幅，因此是大大低估的。假设这没有数据的 12 年每年增长 6%（这是个很保守的估计），那么 12 年间就又翻了一番，1970—1991 年的总增长就是 14 倍。

就是首尔）的基础设施建设和房价增长。1988—1990年，首尔地价年平均涨幅高达34%，3年就翻了一番。

从1991年开始，首尔地产进入第二个阶段，即平稳发展阶段，一直到2000年。这10年当中，首尔的房价几乎没有上涨，主要原因是三方面。

首先，韩国大幅加快住房建设，住房数量大幅增加。从韩国国家统计局的住房供给数据来看，1985年韩国的住房存量为610万套，2000年住房存量达到1100万套，差不多翻了1倍。房屋数量的增加，是房价平稳的主要原因。

其次，在控制需求方面，韩国政府采取了多方面的手段。比如限制土地价格，限制开发商利润，征收土地综合税、土地增值税，实施不动产实名制，限制住房贷款等等。由于这些增加供给和限制需求的政策，这10年间韩国地产的价格保持稳定。

到了1997年，随着亚洲金融危机的爆发，韩国经济陷入萧条，GDP一度下跌30%。为了刺激经济复苏，韩国政府实行低利率政策，以及多种税收优惠政策，活跃地产交易，促进住房供给。这样一来，大量资金开始重新进入房地产市场，房价重新开始上涨。2001年、2002年，首尔房价同比涨幅分别达到20%、31%。随着房地产和制造业的复苏，韩国经济走出金融危机的泥潭，房地产也进入第三阶段，恢复上涨。从2000年到2008年金融危机爆发，首尔房价增长了大约150%，平均每年上涨13%。

这其中有件事特别有意思。2005年，韩国政府为了抑制房价，增加了综合不动产税，也就是房产税，税率为0.4%，而且是累进的，最高可以达到2%。可是，即便如此，也没有阻挡房价的上涨。2005—2008年，首尔房价上涨了50%左右，直到金融危机的爆发。这就充分说明，房产税推出也不一定能够降低房价。

那么，现在首尔房价水平如何呢？不同区域差异很大，总体水平和北京差不多，比北京还略高一点。换成人民币，首尔便宜的区域房价大概每平方米2万元，贵的区域6万~10万元，这些都是普通住宅。豪宅的话，每平方米价位在15万~20万元，最贵的可以达到50万元以上。

考虑到韩国是个小国家，人口总量和浙江省差不多，首尔的房价其实不低。测算投资报酬率的话，扣除税费，净租金收益率大概是2.2%，资产升值率约为2.6%，加起来是4.8%，不到5%。这样看来，首尔房产的投资收益率吸引力并不大。

本讲要点：

（1）韩国的经济发展历程和中国很像，房价也经历了快速的上涨和反复的调控，和中国也很像。

（2）通过大幅增加供给和严格限制需求，韩国曾经在20世纪90年代保持房价的基本稳定，但是21世纪以来，随着政策的放松，房价又恢复上涨。

（3）韩国曾经推出房产税，而且是累进的，最高税率达到2%，但是依然没有能够阻止房价的上涨。

（4）首尔的房价很高，比北京还要高一点点，投资收益率并不高，不到5%。

第 28 讲
香港：中国房价的标尺

说起香港地产，很多人的第一反应是贵。的确是贵，香港的半山豪宅均价在人民币 28 万元/平方米[①]，九龙的高端公寓均价在人民币 33 万元/平方米。就连西港城这样比较偏的地方，高端公寓的单价也达到了人民币 25 万元/平方米。这些其实都不是超级富豪的豪宅，而是高级白领阶层的高级公寓。那些超级豪宅，单价往往在 50 万元/平方米以上。

所以说，香港的房子真的很贵，和纽约差不多。北京、上海的房子虽然贵，但是价格和香港比起来只有一半都不到，简直就是小巫见大巫。考虑到香港房子的实际得房率很低，实际价格就更贵。我以前在香港住过两年，号称 60 多平方米的房子，其实只有 40 平方米左右。

因此，我们本讲要重点回答的第一个问题，就是香港的房子为什么这么贵。为了回答这个问题，我们不妨来看一下香港房价的变迁。图 28-1 给出了香港私人住宅的租金和售价指数，时间跨度是从 1980 年 3 月到 2017 年 9 月。

从图 28-1 中可以看到，香港住宅的高价是长期上涨的结果。从 1980 年以来，香港房价总体上是一路上涨的，只有 1997 年到 2003 年这段时间是例外。特别是 2003 年以来，更是加速上涨，2008 年金融危机期间，也仅仅有很小幅度的回调。从 2003 年的低

---

① 数据来自中原地产，实用面积呎价换算，汇率 0.88，1 平方米等于 10.7 平方呎。

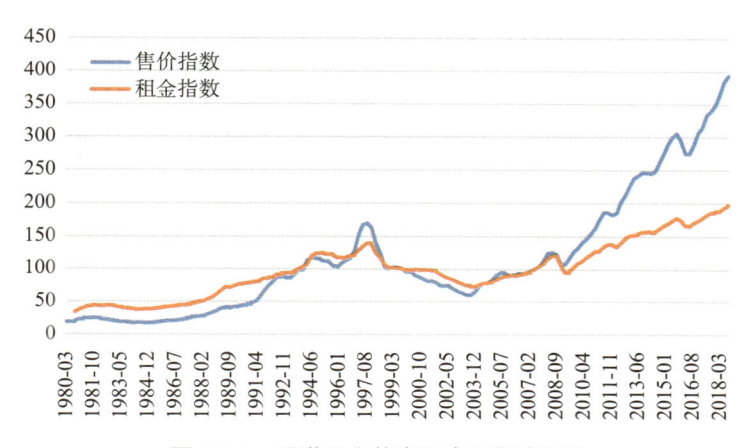

图 28-1 香港私人住宅租金和售价指数

注：设 1999 年指数为 100。
数据来源：香港差饷物价估价局。

点到2018年底，已经连续上涨了15年，累计涨幅达到650%，每年上涨13%左右。香港房价这么高，和这些年的一路上涨是分不开的。

但是，香港房价也不是一直上涨的。1997年的时候，房价扭转了之前的上涨势头。从1997年到2003年，香港房价是下跌的，跌幅达到60%，跌了一半还要多。从2003年开始，香港房价才触底反弹，重新开始上涨，直到现在。这一段时间的下跌，是个有意思的现象。特别是对于希望房价下跌的人，这个经验值得好好研究。

在说正确答案以前，我们先来说一些常见的错误解释。比如说，很多人把这段时间的下跌简单归结于香港回归，使得香港人对于未来充满不确定性，这显然是不对的。1997年香港回归早就是公开的信息，不是突发事件，不会对房价产生突然的影响。对未来没有信心的人早就做了安排，不会等到1997年才没有信心。何况这个理由也不能解释 2003 年以后香港房价的大幅上涨。今天的富人挤破了头到香港买房，怎么能说对香港没有信心呢？

再比如说，很多人把这段时间香港房价下跌归结为经济低迷，这也和事实严重不符。实际上，由于东南亚金融危机，1998 年香港经济是衰退的，但是 1999 年就已经反弹了。到了 2000 年，香港经济增速更是达到了惊人的 7.7%，可谓是非常繁荣。可是，这时候房价依然是下跌的。

那么，那几年香港房价下跌到底是什么原因呢？其实是房屋供应增加了。我们来仔细看一下，1997 年之前，《中英联合声明》限制了香港每年卖地的数量，房屋供不应求，房价上涨很快。到 1997 年回归以后，当时的特首董建华在 1997 年 10 月的第一份施政纲领中，就提出了"八万五建屋计划"，每年计划兴建房屋不少于 85000 套（包括公营和私营房屋）。那时候，香港总人口只有 600 多万，每年 85000 套的新建住宅，可谓非常之多。

从 1998 年开始，特区政府就大幅增加了土地供应。到了 2000 年，首批"八万五建屋计划"中兴建的房屋正式推向市场，一年内共有 85710 套住宅建成；其后的 2001 年，又有总共 10 万套住宅推向市场，这个数字已经大大超过了 85000 套的目标；到了 2002 年，因为房价下跌，社会舆论压力很大，新房供给大幅减少至 67000 套，"八万五建屋计划"实际上停止。

这个计划停止的第二年，也就是 2003 年，香港房价就开始触底反弹。从这个经验看，1997—2003 年香港房价的低迷与房屋供应的大幅增加是有很大关系的。

香港的房价下跌经验，对我们应该有很大的启发。为什么这么讲呢？因为这么多年来，从 20 世纪 80 年代开始，香港的房价几乎是单边上涨的，金融危机都不能阻止房价的上涨，唯一的一次大幅回调就是这一次，而且下跌的根本原因不是经济危机，不是信心不足，而是房屋供应的增加。所以说，不看房屋的供给增加，谈房价的下跌，都是耍流氓。

说到这里，我们再增加一个细节，就是如何增加房屋的供给。这里我想强调的是，不是在任何地方增加房屋都可以的，而是要在便利的地方。香港的基本情况是人口和建筑都很密，建成区面积只有200平方公里多一点，比北京三环里的面积大一点，而且地铁很发达，交通很便利。香港的基本建房模式是在地铁上盖房子，土地是卖给开发商和地铁公司一起开发的，所以不存在有住房无交通的问题，围绕这个房子，道路、商铺、停车场、公交车、社区康乐设施都会发展起来。所以，香港的房屋增加是有效增加，不是在偏远的地方增加很不方便的房子，"更不是建鬼城"。内地要想有效增加房屋供给，也要在较好地段想办法，不能只在远郊盖房子，远郊的房子不能替代城里的房子。我们之前讲过，城中村的改造很困难，但是难也要改造，要增加有效房屋供给，这是必须要克服的困难。

再来回答一个大家都很关心的关键问题：香港房价涨了那么多，那么高，有泡沫吗？

这个问题图28-1也可以回答。除了房价，图28-1中还有一条线，显示的是香港房屋的租金。可以看到，房价和租金的变化方向是一致的。在2008年金融危机之前，这两条线几乎是重合的。这就说明，房价的变化和租金的变化是高度一致的。或者说，房价的增长是以租金的增长作为坚实支持的。这样看起来，很难说香港的房价有泡沫。

金融危机以后出现了一个新情况，就是香港房价的增速超过了租金的增速，从2009年到现在，租金翻了一番，但是房价快要翻了两番（增长360%）。这是否说明房价增速过快，有泡沫呢？

也不是的。因为金融危机之后出现了一个新情况，就是全球范围内的货币宽松，利率大幅下降。利率下降之后，租金收益率也跟着下降，这是全球的规律，没有办法。给定租金增速，房价的增速就要上升，而且只有涨得更快，才能保证租金收益率的下降。

图 28-2 显示的是各类地产的租金收益率和 10 年期政府债券收益率。看一下图 28-2，你会发现香港各类房屋的租金收益率在 2010 年以后都是下降的，不管是大房子还是小房子，变化的趋势是一致的。而且，租金的变化趋势和 10 年期政府债券收益率的变化趋势也是一致的。不过，租金收益率更加稳定，而且依然高于 10 年期政府债券收益率。

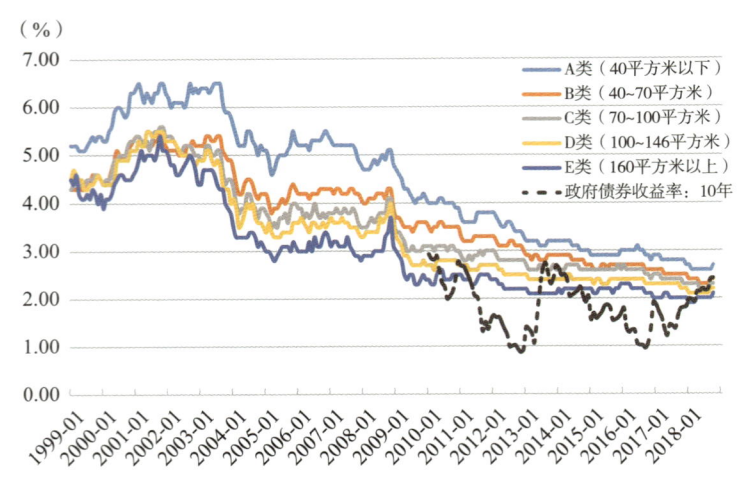

图 28-2 各类私人住宅租金回报率和 10 年期政府债券利率

数据来源：香港差饷物业估价局，已扣除差饷、地租、各类管理费。

这里我强调一下，香港买房子的租金收益率依然是高于买政府债券的。进一步考虑到香港这些年的房价快速上涨，每年高达百分之十几，买房投资显然比买政府债券划算。而且，香港房产是很安全的资产，流动性也很好。在这种情况下，买房投资是很划算的，很难说香港房价有泡沫。

至此，我们就得到了一个结论，就是虽然香港的房价是北京、上海的两倍以上，但是依然很难说这个房价有泡沫。此时，我们面前就摆着一个很严肃的问题：北京、上海的房价以后会有多高？会比香港高，还是比香港低？

这当然是个仁者见仁、智者见智的问题。长远看，北京、上海的人均收入会向香港靠拢，人口规模会比香港大好几倍，香港只有700多万人，而北京、上海有2000多万人，还会进一步增长。香港作为金融中心、购物中心的优势地位，也会慢慢减弱。看起来，一个很大的可能性就是北京、上海的房价，会赶上甚至超过香港。这不是说香港的房价会跌，而是说北京、上海的房价还会涨。香港作为一个标尺，可以帮助我们更加清楚地看到北京、上海的房价趋势。

本讲要点：

（1）香港的房产很贵，比北京、上海贵了1倍以上，但是租金收益率依然超过政府债券，再加上房价上涨带来的升值收益，投资回报率依然合理，很难说有泡沫。

（2）过去这40年，香港房价几乎是一路上涨的，金融危机也不能阻挡。

（3）1980年以来香港房价唯一的一次大幅回调，是在1997年到2003年。回调是因为有效房屋供应的大幅增加，这一经验对于我国的房地产调控很有启发。

第六部分
房产投资中的坑

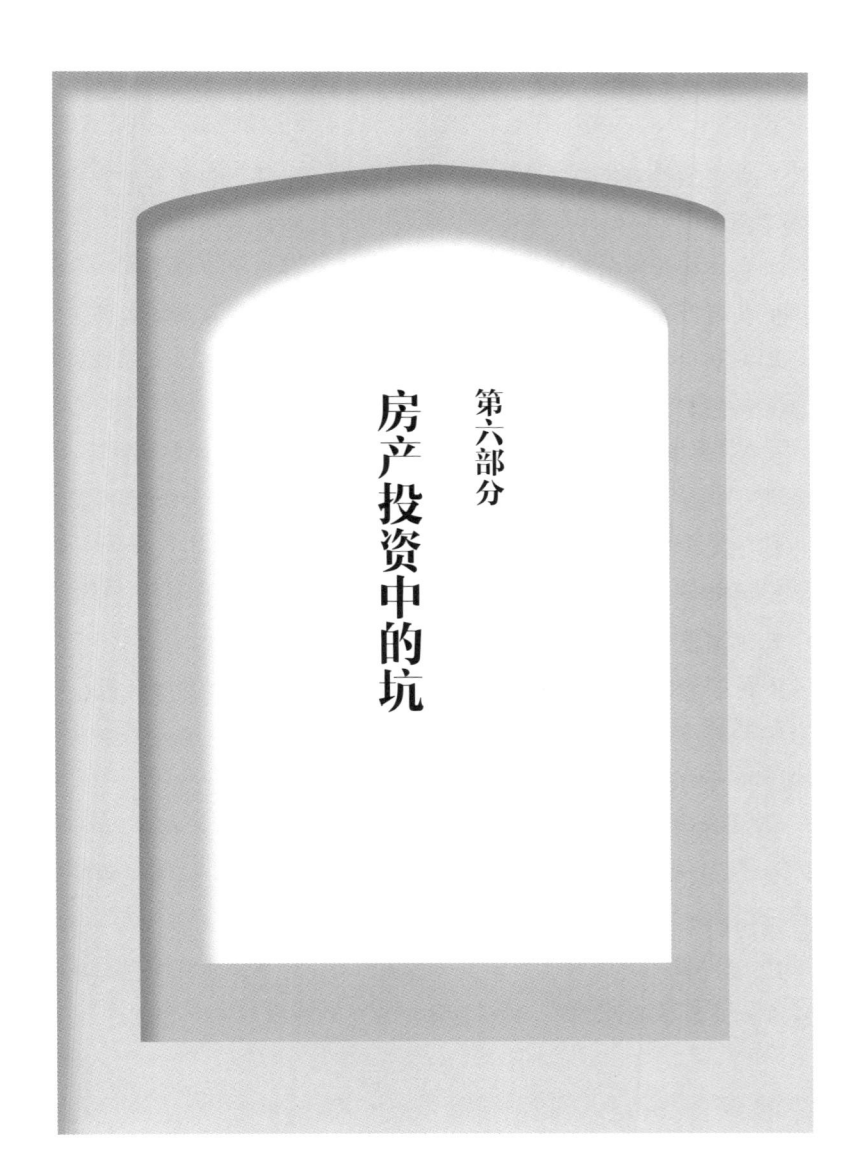

买对了是百年资产，老有所依，买错了就是钱坑。

1. 住宅像股票，公寓像债券。公寓不是不能买，但是买的东西根本不同。
2. 住宅的续期问题已经解决，商住公寓的续期成本会很高。
3. 商住公寓的居住属性低，购买、持有、出售成本都比较高。
4. 新加坡是高收入国家，房价很高，税费很高，还有专门针对外国人的限制，不适合普通家庭投资。
5. "亚洲四小虎"（泰国、马来西亚、印度尼西亚、菲律宾）经济起飞比我国早，但是都陷入"中等收入陷阱"，经济潜力和房价潜力都不突出。
6. 越南经济起飞较晚，增长空间大，可能有机会。
7. 柬埔寨和缅甸的风险太高，文莱国家太小。
8. 在东南亚国家买房，要注意对外国人的限制和其他政策风险。
9. 共有产权房只能卖给有共有产权房资格的人，且占用首套房名额，这大大降低了其投资价值和"买房上车"的价值。
10. 共有产权房位置较偏、配套较差，价格优势并不明显。
11. 旅游地产的买点在于风景和气候，但是宜居时间不一定长，空置期间的管理成本较高。
12. 房子是不可贸易品，房价由当地的供需平衡决定。与国际房价比较，只是分析的起点，不能直接给出房价合理与否的结论。

第 29 讲

商住公寓能不能买？
住宅像股票，公寓像债券

商住公寓能不能买？本讲我们就来回答这个问题。

本讲的分析比较长，我先说一下结论：住宅可以看作股票，而公寓更像债券，不是能不能买的问题，而是买的东西不一样，获得的收益也不一样。

为什么这么讲呢？你可以把住宅看成城市的股票，随着城市的发展，这个住宅股票的价值是增值的，可以参与城市的分红，包括房租上涨、房价上涨、学位资源价值上涨，以及各种便利。

而公寓呢，虽然也是房子，但是只能拿利息，不参与分红。这主要表现在两个方面，一是公寓有期限限制，就像债券有到期日，到期了就还本付息，然后就结束了；二是公寓对城市资源的分享有限制，比如不能落户、不能上学、不能办各种证，这也很像债券，只能拿固定利息，不能参与公司的经营，没有投票权。

下面，我们就来重点解释这两个重要区别。

公寓像债券，有到期日，续期费用高

第一，公寓有期限限制，就像债券有到期日。

这一点表面上对应的是公寓 40 年或者 50 年的产权，其实有更深的含义。怎么解释呢？住宅的产权是 70 年，公寓的产权是 40 年或者 50 年，看起来只是期限长短的区别，其实远不止于此。

根据现有的政策，住宅到期之后可以自动续期，续期的成本很低。

比如说 2017 年和 2018 年连续两年，李克强总理在两会后的记者会上公开表示 70 年产权的房子到期可续期，无须申请，无前置条件。总理怕大家不放心，专门加了一句："国务院已经责成相关部门就不动产保护相关法律抓紧研究提出议案。"①

连续两年的公开表态，这一点是很清楚的。这里的"无前置条件"，大致是不设置障碍，甚至不收费的意思。这和之前官员的表态也是一致的。比如 2016 年 12 月 23 日的新闻发布会上，国土部副部长王广华公开表示，住宅建设用地使用权期满后，业主不需要专门提出续期申请，市、县国土资源主管部门也不收取相关费用，正常办理房地产交易和不动产登记手续。这里面的意思就是免费续期。

虽然最后的立法草案还没有出来，但是从政策连续、社会稳定的角度出发，最多交很低的费用就可以续期，这几乎是板上钉钉的事情。所以，所谓 70 年产权的问题其实已经解决了，大致可以看作永久产权，就像普通股票一样，并没有一个给定的期限。

现实当中，已经出现过交很低的费用就把住宅续期的情况。2016 年 4 月，因为历史原因，深圳福田区一套 80.6 平方米的住宅的土地使用性质虽然是住宅，但使用年限只有 50 年，从 1985 年到 2035 年。该业主在 2016 年 3 月补交了 44940 元的土地价款，就把该房产的土地使用年期延到 70 年，从 2035 年延长到 2055 年，性质仍为商品房。当时，这个房子的市价是 8 万元/平方米，市价约 645 万元，补交的地价款仅相当于市值的 0.7%。从这个案例看，

---

① http://politics.people.com.cn/n1/2017/0315/c1001-29147065.html.

补交的价款真的很低。这个案例对于未来商品房的延期，有很大的参考价值。

但是公寓就不太一样了。上面提到的总理的表态强调了70年产权的房子，也就是住宅用房，没有提40年或者50年产权的公寓。现实中已经有一些商住公寓的土地使用期限到期，但续期的问题迟迟没有解决。目前看起来，公寓续期的成本会比较大。

为什么呢？原因很简单，这是目前的政策体系决定的，很难改。具体说，公寓的土地性质是商业用地、旅游用地、娱乐用地，或者工业用地，期限是40年或者50年。这些用地都不是居住用地，是给各类企业的经营用地，既然是经营用地，就有一个税收的问题。这些土地上的经营活动，政府是要收税的，是财政收入的一部分。如果免费或者低费续期，就意味着政府的财政收入没了，而且是白白就没了。这些收入去了哪里呢？去了拿这个土地的人那里。这就相当于无偿的转移支付，政府的收入，也就是国有资产，白白流失了。这于情于理都说不过去。而且这两年，中央和地方的债务增长都很快，再让政府白白放弃一块收入，可能性很小。

所以，现在合理的预期是，商住公寓到期后，要交比较高的费用，才能续期。这个费用不是象征性的，应该大致等于政府在这块地上几十年的税收。或者交更多的费用，一次性改成住宅楼，相当于一次性买断政府未来的税收收入。

从这个角度看，商住公寓确实像债券，买的就是40年或者50年的使用权。想要延长使用期限，就要再加钱。作为比较，住宅楼的使用权名义上是70年，其实可以用很低的价格延长，相当于永久产权。

公寓像债券：只拿利息，不拿分红

下面我们来说第二个区别，公寓对于城市资源的分享是有限制的。最大的限制是没有学区资源。大家都知道，很多家庭买房，最重要的就是给孩子找个上学的地方。中国人特别重视教育，入学名额是很多家庭买房的最重要考虑，这使得学区房几乎就成了刚需。

那公寓能实现这个功能吗？不能。买了公寓房，能自住，能出租，但是不带学区，不能解决孩子的上学问题。学位资源这个最重要的资源，公寓是没有的。

公寓和商品房还有一个更深层的区别。对于商品房买房者来说，你是这个小区的永久居民，周边的事物，公安、派出所、民政等一系列公共服务都和你有关。对于公寓购买者来说，你只是一个租户，周边的事情和你是没关系的。

比如说，你要去民政局办事，民政局会问你户口在哪里，公寓不能落户，你只能到原来的户口所在地办事。在城里生活，这样的事情很多。这些城市公共服务，用不到的时候你不觉得重要，用到的时候给你很多便利。但是，当你手续不全、没法用的时候，就给你带来很多麻烦。

公寓成本高，舒适度低

除了上面讲的两大区别以外，公寓和住宅还有很多其他差别。比如，公寓的持有成本与生活成本都比较高。公寓用的是商水商电，价格比住宅的民水民电要高很多，高1倍以上。100平方米的房子，公寓每月的水电费可能要多出300~400元，一年就是几千元，不是个小数目。再比如，公寓的户型一般不太好，往往是塔楼，通风、采光也经常不太好，还不通燃气，居住的舒适度也比较低。还比如，家里有小孩的家庭往往就不太愿意住公寓。为什么呢？除了上面提到的舒适程度的原因外，公寓人来人往、不太安全，也是重要的考虑。

最后，还有一点，公寓的贷款成本较高，利率往往高出一个百分点，贷款期限还短，最多10年，而住宅贷款最多是30年。如果需要转手，公寓的交易税费也高很多，100万元的公寓，交易税费可能要比住宅多出四五万元甚至更多。

表29-1详细比较了公寓和住宅的优缺点。综合起来看，公寓和住宅相比，还是有很多缺点的。

表29-1 公寓和住宅对比

	住宅	公寓
产权	70年（低价续期）	40年或50年（高价续期）
生活成本	民用水电， 停车费、物业费低	商用水电，比民用贵1倍； 停车费、物业费高
居住舒适	日照、采光、通风好	日照、采光、通风常不好， 多为塔楼，房型不宜居，不通燃气
落户、学位	可以落户，划片学区	不能落户、入学，但可注册公司
贷款	首付：最低3成 期限：最长30年 利率：可下浮或者上浮	首付：最低5成 期限：最长10年 利率：一般上浮10%
契税	1%~2%	一律3%
个人所得税	差额20%，满2年免征	差额20%，无免征条款
增值税	差额5.65%，满5年唯一免征	差额5.65%，无免征条款
土地增值税	一般没有（划拨用地需缴纳出让金的1%）	税率30%~60%
公摊面积	17%~22%	30%左右

由于表中列出的这些区别，市场上住宅和公寓的价格有很大的

差别。同一个城市，相邻的公寓和住宅，公寓往往要便宜很多，便宜 30% 甚至更多。

公寓能不能买？就看租金增长够不够快

最后，我们来回答一个关键的问题，公寓能不能买？根据上面的分析，不是能不能买的问题，而是买的东西不一样，获得的收益也不一样。买住宅，你买的是城市的股票，是永久产权，价值和城市一起增长。买公寓，你买的只是一个债券，要计算这个债券的回报率有多高。

计算公寓的回报率，基本就看两点，一个是租金的水平，一个是租金的增长率。扣除空置率和一定的管理费用，如果租金还有 5 个百分点以上的回报，大概是可以买的，因为替代产品回报率更低，理财产品只有 3%~4% 的回报率，而买股票的风险要大很多。但总体上看，能买住宅，还是不要买公寓。

而且，现实中买公寓也是有很多限制的，大城市的限制尤其明显，不是谁想买就能买的。我来举几个例子。

第一个例子是广州。2017 年 3 月 30 日开始，禁止个人买一手公寓，一手公寓只能在法人单位之间流通，不得卖给个人。个人只能买二手公寓，而且要满 2 年才能交易。

第二个例子是深圳。2018 年 7 月 31 日提出，新建设的商务公寓，一律只租不售，而且不得改变用途。

第三个例子是北京。北京全部新建商办类项目只能出售给企事业单位、社会组织，存量的商办类项目再次销售可以卖给个人，个人还要满足很多苛刻的条件（目前，在上海、成都、杭州，中国大陆身份人士公寓不限购，可以买公寓，外籍人士及港澳台居民，只可以购买居住类用房）。所以，商住公寓也不是说买就能买，面临很多限制。

本讲要点：

（1）公寓有固定的期限，续期大概率要交比较高的费用，住宅的续期成本很低，可以看作永久产权。

（2）公寓的回报只有租金，而住宅的回报还有学区等公共服务。

（3）公寓的成本高，居住舒适度低。

（4）购买公寓与否，需要计算公寓的回报率，主要看租金水平和租金增速，如果超过5%，大致是可以买的。

第 30 讲
免费的午餐？东南亚国家的房产投资

这些年国内房价越来越高，很多人想着到境外投资买房，就像多年前香港、台湾的居民到内地买房一样。

在前面几讲中，我们已经看到发达国家的大城市房产投资回报率都不高，本讲我们来重点看看东南亚国家，这些国家离我们近，华人也很多，很多人感兴趣，是境外买房投资的重点。

总体情况：越南可能有机会

我们先来看一下东南亚国家的基本情况。我们说东南亚，一般指的就是东盟十国。这些国家在我国东南方，陆地国家和海洋国家都有。表30-1介绍了东盟十国的基本情况，包括人口、面积和人均GDP等。

表 30-1 东盟十国基本情况（2017 年）

国家	人口（万人）	面积（万平方公里）	人均GDP（美元）	GDP（亿美元）
1 新加坡	561	0.07	57714	3239
2 文莱达鲁萨兰国	43	0.58	28291	127
3 马来西亚	3162	33	9945	3124
4 泰国	6904	51	6594	4554
5 印度尼西亚	26399	190	3847	10154
6 菲律宾	10492	30	2989	3136

（续表）

国家	人口（万人）	面积（万平方公里）	人均GDP（美元）	GDP（亿美元）
7 越南	9554	33	2343	2204
8 老挝	686	24	2457	170
9 缅甸	5337	68	1264	673
10 柬埔寨	1601	18	1384	223
总和	64739	448	4264	27604

数据来源：世界银行。

先来看总体。东盟十国总人口约6.5亿，总面积约448万平方公里，幅员上比半个中国略微小一点。GDP总量相当于广东、江苏两个大省的体量。进一步，我们把这10个国家分为三组，分别是高收入国家、低收入国家和中等收入国家。

先来看第一组，高收入国家。新加坡和文莱是高收入国家，虽然都是小国，但是收入水平已经很高。新加坡的房价很高，对买房有严格的限制，税费也很重，不适合普通家庭买房投资，这一点我们后面再展开讲。文莱收入很高，其收入来源主要是开采石油和天然气，但是全国只有40多万人，就像中国的一个小县城，投资价值也不大。这两个国家，我们基本上是排除了。

第二组，低收入组国家。这一组包括缅甸和柬埔寨两个国家。缅甸和柬埔寨不仅收入低，内部还有点儿乱。缅甸还有一些零星的战乱；柬埔寨国内的大额交易，用的居然不是本国货币（柬埔寨瑞尔），而是美元。这样的国家，很难说经济一定会起飞。可能性当然有，但是概率不大。买这两个国家的房子，都是高风险投资，也不太适合普通家庭。

第三组，中等收入国家。这一组有 6 个国家。其中老挝与我国云南省交界，是个小国，总人口只有 680 多万，是我国一个地级市的规模，人均收入依然很低，只有 2000 多美元。老挝即便经济起飞，城市规模也不会太大，房产投资的价值也不算大，就先略去不看了。

剩下的 5 个国家，马来西亚、印度尼西亚、菲律宾、泰国和越南，都是发展中的大国，我们从三个角度来粗略看看这些国家的经济潜力和房产价值，这三个角度分别是人口规模、收入水平和大城市的现状。

这 5 个国家当中，最小的是马来西亚，有 3100 多万人，最大的是印度尼西亚，有 2.6 亿人。印度尼西亚是世界第四人口大国，仅次于中国、印度和美国。菲律宾和越南也有 1 亿左右的人口。大家平时可能觉得越南是个小国，其实越南有 9500 多万人口，是世界第十五大人口大国。最后说一下泰国，泰国有 6900 多万人口，和英国、法国差不多。从人口规模上看，这 5 个国家都很可观，具备形成大城市的基本条件，因此房价的潜力是有的。

看完了人口，再来看收入。按照收入从高到低排序，这 5 个国家的排名依次是马来西亚、泰国、印尼、菲律宾和越南。这 5 个国家中，除了越南，其他国家经济的起飞都比中国早，在 20 世纪 80 年代就开始起飞了。东南亚"四小虎"说的就是除越南之外的这 4 个国家，不过这"四小虎"的经济远远没有"四小龙"来得惊艳，在 1996 年时就纷纷陷入困境，1997—1998 年还遭遇了东南亚金融危机，经济衰退，直到 2005 年左右才恢复到 1996 年的收入水平，可以说也是经历了"失去的 10 年"。

熟悉财经讨论的读者可能听说过一个词，叫作"中等收入陷阱"，就是说一个国家经济起飞，进入中等收入国家的行列，但是不能持续增长，没能变成高收入国家，陷入了中等收入这个陷阱。像马来西亚、泰国就是这样的国家。这些国家在中等收入的阵营里已经停留了快30年，还是没有变成高收入国家。打个比方，就像一个人中学上了好多年，就是没能考上大学。你想想，这样的国家房价会有很大的涨幅吗？应该是没有的。

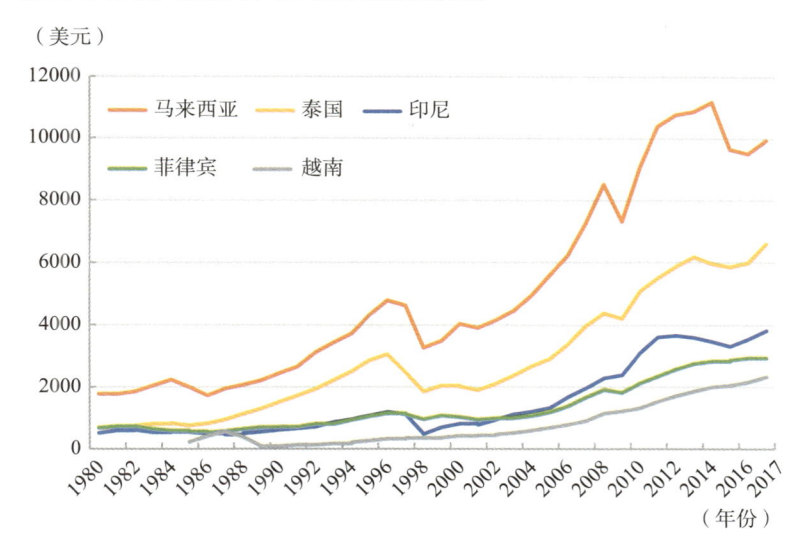

图 30-1　东南亚五国人均GDP（1980—2017 年）

作为对比，新加坡、中国香港、中国台湾、韩国这"亚洲四小龙"虽然也经历了危机，但很快就恢复了增长，都已经进入高收入地区的行列。比如说新加坡，现在的人均GDP接近6万美元，和美国差不多。这个对比就说明，"四小虎"的经济增长潜力是有疑问的，而经济增长潜力是资产价格上涨的根基，没有经济增长，哪来的房价上涨？这样看起来，除了经济刚刚起飞的越南，其他国家的房价潜力都不算太大。

城市情况：越南房价已经起飞

下面我们来看看东南亚主要的大城市。我们已经知道，房子的价值就是城市的价值，城市越大、收入越高，房子的价值就越大。本讲我们主要分析马来西亚、印度尼西亚、菲律宾、泰国的六大城市，加上新加坡[①]，一共七大城市。为了便于比较，我们加上了北京、上海、广州（见表30-2）。

表 30-2 东盟七大城市和中国三大城市的人口、收入、城区房价

城市名称	所属国家	人口（万人）	人均GDP（美元）	市内平均房价（美元/平方米）
北京	中国	2171	19111	9333
上海	中国	2418	18460	8726
广州	中国	1450	22323	5156
新加坡	新加坡	561	57714	16478
吉隆坡	马来西亚	725	23448	3028
槟城	马来西亚	177	12278	1858
雅加达	印度尼西亚	1008	17374	1967
曼谷	泰国	828	25861	4675
马尼拉	菲律宾	1288	8790	2695
河内	越南	759	4031	2068
胡志明市	越南	845	5428	2255

注：人民币兑美元汇率用 6.75 进行折算。
数据来源：北京、上海、广州 2017 年国民经济和社会发展统计公报，城市房产 cityhouse 房价大数据网，东南亚各国统计局官方报告，Numbeo 房价统计网站。

先来看新加坡。新加坡的收入很高，人均GDP将近6万美元。

[①] 新加坡是一个城市国家，无省市县等行政单位划分，因此将新加坡与城市进行比较。——编者注

再加上新加坡的面积很小，只有720平方公里，相当于北京五环内的面积，房价高是理所当然的，房屋每平方米均价在16000美元左右，换算成人民币在11万元左右，比北京、上海还要高不少。此外，新加坡对于外国人买房还有很多的限制，比如外国人只能购买公寓，以及高于5层的有地住宅。这不难理解，新加坡国土面积狭小，寸土寸金，对于土地的保护一定是很上心的。

而且，新加坡的房产税很重，还是累进的，最高可以达到20%，房屋交易的印花税也在1%~3%。新加坡对于外国人买房，还要加收20%的印花税。再加上房子本身就很贵，投资价值已经不大了。此外，新加坡为了抑制房产价格，还会出台一些临时性的政策。比如说2018年7月6日，为了给房地产市场降温，新加坡把住宅印花税提高5~15个百分点，并收紧贷款限额。综合看起来，新加坡住宅的投资价值很小。

我们再来简单看看印度尼西亚、马来西亚、菲律宾。这几个国家的大城市有雅加达、马尼拉、吉隆坡和槟城。看房价的话，这些城市的房价并不高，均价在1万~2万元，城中心的房价在3万~4万元。那么，这些房子到底有没有投资价值呢？

其实这个问题很简单，不需要多说，你只需要问自己：当地经济早已起飞了，起飞比我们早，富人不少，华人也不少，凭什么还有好的投资机会留给我们呢？这在逻辑上是不通的。

何况，这几个国家对于外国人买房是有很多限制的。比如说，在印度尼西亚，外国人不能买永久产权的物业，只能购买租赁产权的物业，租赁期只有30年，到期之后可以延长20年。所以综合看起来，这几个国家的房产投资价值不大。

在这些国家中，越南比较特殊，需要重点关注。和其他国家比，越南最重要的不同是经济起飞很晚，并没有经历过中等收入陷阱。2000年的时候，越南的人均GDP只有430美元，非常低；到了2017年，稳步增长到了2300美元，17年翻了两番还不止。而且，它的人均GDP目前还只有2300美元，相当于中国的1/4，这样看来，它经济增长的空间还是很大的。另外，越南政局稳定，社会也比较安定，这些有利于经济的繁荣。

目前越南的房价水平，以首都胡志明市为例，均价在1.5万元左右，豪宅单价也有好几万元的，最高也有6万~7万元的，总价上千万元的别墅也不少，和国内的一线城市比，便宜不止一半。倘若越南经济能够保持稳健增长，比如每年7%，10年就会翻一番，20年就会翻两番，达到中国目前的经济发展水平。如果这样的话，越南房价大概率也会翻两番甚至更多，达到甚至超过中国今天一线城市的水平。当然，这里面不是没有风险的，越南经济的腾飞也不是板上钉钉的事情。

本讲要点：

（1）新加坡是高收入国家，房价很高，房产的税费也很重，对于普通家庭而言，投资价值不大。

（2）文莱是个很小的国家，投资价值也不大。

（3）柬埔寨、缅甸的风险太高，房产还不是安全资产。

（4）泰国、马来西亚、印度尼西亚、菲律宾的经济早已起飞，比我国起飞还要早，我国居民去投资房产并没有优势。

（5）越南是后起飞国家，是全球第十五人口大国，倘若经济能够保持增长，房产有一定的投资价值。

第31讲
共有产权投资中的三个坑

在第12讲中,我专门讲过共有产权房的两个要点:第一,共有产权房是土地财政的新形式,增加了地方财政的可持续性,会长期存在;第二,共有产权房是中低收入家庭买房上车的新方式,不适合中高收入家庭。

为什么说共有产权房不适合中高收入家庭呢?本讲我专门再讲一讲。简单说,就是限制太多,投资价值不大,还会损失商品房名额。因此,能买商品房的还是直接买商品房。

为了说清这个问题,我先来举个例子。网上曾经有一个消息,说中铁碧桂园在北京有个共有产权项目,弃购率高达70%。这则消息乍看之下,蛮奇怪的。这个项目是碧桂园开发的,碧桂园是大开发商,还是精装修,房屋质量应该不错。更重要的是,项目位于海淀区西北旺镇,海淀区是北京上风上水的"风水宝地",而西北旺镇是未来的高科技园区,腾讯、百度、新浪、华为等科技巨头都已经入驻,未来的发展空间很大。

换句话说,这个项目虽然比较偏,位于五环外,但是区位价值并不低,区位优势可以说很不错。在北京,北五环相当于南三环,又地处高科技产业园区附近,还有地铁,房子还是精装修的,总体看起来应该说很不错。为什么弃购率这么高呢?换句话说,买了这个房子,有哪些坏处?我们来仔细梳理一下。

第一,共有产权房的出让受到严格限制,只能在共有产权体系内部交易,投资价值大大降低。

根据目前的政策，共有产权房取得产权证不满5年的，不得转让；满5年需转让的，可按市场价格转让，但是有两个限制。

第一个限制，是政府有优先购买权，可以优先购买，一般是通过代持机构操作。第二个限制，代持机构放弃的，转让对象还有限制，限定为其他符合共有产权住房购买条件的家庭。

也就是说，共有产权房只能在共有产权房体系内进行交易，而且政府有优先回购权。政府的优先回购权还好说，反正是按照市价，只要市价高，卖给谁都是卖。可是第二个限制就比较关键了。什么意思？因为高收入家庭是不会买共有产权房的，中低收入家庭才会买。这样一来，共有产权房价格就不会太高，卖不出价钱。换句话说，通过分割市场，把共有产权房市场和商品房市场分割开，就大幅压缩了共有产权房的投资属性。这样一来，这类房子只能买来居住，而且最好是马上能入住，否则太不划算了。既然是居住，没有投资价值，还不如租来住，不用买。

第二，共有产权房还会占据首套房的名额，大大增加以后买房的负担。这就使得共有产权房作为过渡房，买房先上车的价值大大降低了。为什么这么讲？因为共有产权房虽然便宜一点，入手门槛低，但是一般比较偏远，很多人买的时候是想作为过渡房，以后条件好了，再换地段好一点、大一点的房子。可是它会占首套房的名额，会大大增加以后的买房成本，这样上车成本就太高了。

一般来说，首套房的首付比例只有30%左右，二套房的首付比例则达到60%甚至更高。比如说北京，首套房的首付比例是35%，二套房普通住宅首付比例高达60%，非普通住宅首付比例更是要高到80%，这就大大增加了购买二套房的支付压力。其实按照北京现在的房价，五环内几乎所有的房子总价都会超过468万元，几乎所有五环内的房子都会被认定为非普通住宅，也就是说，需要支付 80% 的首付。这样买了共有产权房之后，就很难买商品房了。

第三，对于单身者而言，还会面临一个更大的问题，就是如果在 5 年之内结婚，而且结婚对象有房，那么共有产权房就会被回购。根据上面的分析，回购的时候，价格是不会太高的，大概率是要亏钱的。亏钱只是一方面，同时亏掉的还有首套房资格，不仅房子没了，首套资格也没了。

因为这三个坑，很多人"弃购"也就不奇怪了。毕竟，共有产权房位置比较偏，而且户型比较小，大家只是想买房上车，作为过渡的。可是因为这三个限制，共有产权房投资的功能大大降低，买房上车的功能也大幅降低，还不如等一等，买个满意的房子。

说到这里，共有产权房弃购率高的问题就基本说清了。简单概括，就是重重限制之下，共有产权房的投资功能、买房上车功能都打了很大的折扣。到最后，只有想长期持有共有产权房的人才会去购买。想投资或者想把它作为过渡的人，都不会买。

当然，从政策设计的角度看，这个政策可以说是很成功的。成功之处在于，把房子的投资功能几乎完全剥夺了，真正做到了"房住不炒"。现实中，一些中低收入家庭觉得买更贵、位置更好的房子确实很难，基本不可能了，还是可以买共有产权房。持有足够长的时间，还是可以转让，可以保值和增值。

本讲最后，补充三个信息。

第一，共有产权房的位置总体而言确实比较偏。图 31-1 显示了北京共有产权房的分布，你可以看到，大部分共有产权房都在五环外，城南有南四环外的，但是在北京南四环已经很偏了，相当于北五环外了。从区域上讲，共有产权房大部分位于昌平、门头沟、大兴这些较偏区域，甚至是怀柔、密云、平谷这些很偏的区域。长期看，房子的价值是城市的价值，这些区域因为较偏，长期投资的价值也会小很多。

第二，相对于位置邻近的商品房，这些共有产权房的价格优势也不明显。比如说，翡翠家园是个共有产权房项目，处于北京北六环以内，位置不算很偏，但是周边几乎没有公共交通，配套基础设施很差。之前我们强调过，房子的价值主要体现在其稀缺性上，而稀缺性主要取决于周边各种公共配套设施，因此翡翠家园的价值就打了很大的折扣。翡翠家园平均价格 2.1 万元/平方米，而附近的其他普通住宅平均价格也就 4 万~5 万元/平方米。考虑到 2.1 万元/平方米买的是 50% 的产权，再加上各种限制，其实一点都不便宜。

图 31-1 北京共有产权项目分布图，深色为已售项目，浅色为在售项目

资料来源：北京市住建委网站。

第三，共有产权房弃购并不是个别现象，而是普遍现象，而且这种现象越来越多。我们前面说的中铁碧桂园项目弃购率达到

70%，其实并不是最高的。比中铁碧桂园项目晚开盘的桃源香谷，弃购率达到了 82%。

当然，弃购不是说这些房子卖不出去，而是排名靠前的人因为各种原因不选购了，让给排名靠后的人选购。因为排队的人很多，最后总还是有人买。共有产权房有这么多缺点和限制，还是能卖出去，也从侧面说明了住房的需求还是非常大的。

本讲要点：

（1）共有产权房有很多限制，只能卖给有共有产权资格的人，而且占用首套房名额，大大降低了其投资价值和买房上车的价值。

（2）共有产权房位置较偏、配套较差，价格优势并不明显。

（3）共有产权房的投资价值不大，弃购率很高，适合中低收入家庭购买，不适合中高收入家庭。对于有条件的家庭，如果能买商品房还是买商品房合适。

对于收入较低的家庭，如果实在买不起商品房，共有产权房也是可以买的，长期看也是保值、升值的。

第 32 讲
管理成本：旅游地产中的坑

本讲我们主要讨论旅游地产的投资价值。

很多人对旅游地产感兴趣，是因为一个"一举三得"的考虑。找个山清水秀的地方买房子，一可以在度假时居住，二平时可以租出去，三可以享受增值收益。一举三得，是不是很美？本讲要告诉你的是，事情没那么美妙，这里面有很多坑。我还会告诉你，买旅游地产的正确姿势简单说有两种——"规模经营模式"和"时间股份模式"，都属于专业化经营。

海南地产：半年的房子

我们先来看一个具体的例子，就是海南地产。大家说旅游地产的时候，潜意识里第一个就想到海南。可以说，海南几乎是旅游地产的代名词。海南是我国最南端的省份，温暖宜人，尤其是三亚，是我国为数不多的位于热带的地区，更是冬季的度假胜地。地理上有一条北纬 18 度线，夏威夷、三亚、墨西哥城、圣迭戈等度假胜地，都在这条线上，因此这条线被称为旅游度假的"黄金纬度"。

那么，海南的房子值得买吗？一眼看去是值得买的，毕竟我国就这么一个区域位于热带，旅游资源独一无二。而且，海南几乎没有工业，没有污染，环境非常好。但这里还是有很多问题，我们一个一个来看。

第一，三亚的夏天很热，不是很宜居。每年 4 月到 9 月，半年时间，海南都很炎热，而且很潮湿，并不适合居住，只有10月至次年3月比较宜居。这一点其实就把海南的房价打了个五折。因为只有一半的时间好住，另一半的时间不好住，相当于买了半套房子。换句话说，你现在花3万元买三亚的房子，实际上相当于花了6万元。这样一看，至少可以说三亚的房子已经很贵了。

这一点不仅对于海南适用，对很多其他地方也适用。比如东北很多地方也很美，是夏天度假的好地方，可是冬天很冷而且很长，一年中有半年甚至更长时间住不了，好住的就是夏天几个月。所以这些地方的房产也要打个很大的折扣。你看黑龙江的房子不贵，其实是很有道理的。

第二，不住的时候房子怎么处理。一个办法就是放着。不出租，也不打理，去住之前集中找人打理一下。这样一来，因为海南大部分地区的气候很潮湿，对于房子的损坏比较大，墙皮、家具长霉的情况并不少见，尤其是不每天去开窗通风的话。墙皮、家具也还好，毕竟通风不麻烦，找物业帮忙就可以做到。但枕头、被褥等放半年可能就没法用了。这些都是管理房子的成本。这些成本虽不高，但是确实需要知道。

另一个办法是出租。这种办法的困难之一是出租和自住中间怎么协调。你想自住的那半年也恰好是别人想租的半年，你想租的那半年反而不好租。这就回到第一个问题，海南的房子其实只有半年好住，另外半年的价值要打很大的折扣。海南的房子，其实是半年的房子。

旅游地产的管理成本

如果既要自住又要出租，就只能短租。短租和长租不一样，成本是很高的，只配家具肯定不行，还要床褥、炊具、卫生用具、洗漱用品等，这样一来，就相当于酒店式公寓了。

因此短租的管理成本是很高的，相当于管理一个酒店，只不过提供的服务项目少很多，很多事情客人自己做而已。但是你需要提供工具，否则客人没法自己做。

那么，问题来了。对于度假的人来说，是住酒店划算，还是住公寓划算？酒店虽然贵很多，但服务多很多；公寓虽然便宜一些，但是服务少很多。这时候的比较取决于打算住多久。如果只住几天，还是酒店划算，虽然多花点钱，但是省心；如果住很长时间，比如一个把月甚至更长，可能还是公寓划算，毕竟省了不少钱。

所以，最后还是住多久的问题。其实，对于度假而言，一个地方住四五天，最多八九天，也就够了。有句话是这么讲的：所谓旅游，就是从自己住腻了的地方，到别人住腻了的地方。在一个地方住四五天，就会发现当地的风土人情也就那么回事。这样看来，对于绝大多数人而言，还是住酒店划算。一家人出去度假，多花点钱，但是省很多心，是个合理的选择。

说到这里，其实旅游地产的投资价值就清楚了。所谓旅游，是到风景秀丽、气候宜人的地方休闲度假，换换心情。这时候，不宜操心劳碌。住四五天的时间，还是酒店划算。这样看来，因为要住一段时间就买个房子，其余时间租出去，这个想法不是很现实，因为出租管理的成本太高了，要管理好是很麻烦的。对于绝大多数普通家庭而言，并没有时间、精力来做一份类似于酒店管理的工作。

买旅游地产的正确方式：规模经营和时间股份

那旅游地产是不是就完全不能买？也不是。根据现实中的经验，有两种买法。

第一种，作为经营一种资产去买。这其实是一种专业化。一些有资金实力的人买几套、十几套，或者几十套房子，雇几个人来管理一片旅游地产。这样做还是可以的，因为管理的成本可以分摊掉。在海南、云南等地方，有很多人做这样的生意。我去过西双版纳，住的公寓式酒店就是这样的模式。因为提供的服务很少，所以经济实惠。只要床褥干净，其他的也就不讲究了。

第二种，不买整套的房子，而是买几十分之一套房子。这是什么意思呢？就是大家合伙，共同买一套房子，谁需要谁去住。比如10个人合伙，每个人有1/10的产权，或者20人合伙，每个人有1/20的产权。这样有什么好处呢？就是自己不用的时候不用管，别人用。这样有什么坏处呢？就是还需要协调和管理。这时候，还需要引进一个第三方，一般就是一个公司。你从这个公司去买产权，其实是买每年一定时间的使用权。

这种买几十分之一套房子的做法，在国外已经很普遍。像佛罗里达这样的地方，气候温暖、阳光充足，是很好的度假胜地。可是就像前面讲的，自己买套房子成本很高，又不能总去住。于是，就有些公司开发了一种生意，叫作"time share"，翻译过来就是"时间股份"。什么意思呢？就是买一套房子的固定天数的股份，比如你买10天，你的股份就是10/365。每年你有这套房子10天的使用权，公司会给你提供类似于酒店的服务，这样你来住的时候也不用自己操心，舒服很多。

如果某一年你不来住怎么办呢？可以把自己的股份转让出去，让给别人用，自己得到一点收入。如果某一年你觉得住10天不够，想多住几天，也可以去买别人的股份。

通过这样的调剂，灵活性就大大增加了。这种方式还有一个优点，就是如果这个地产升值，你还可以分享升值的好处。从经营公司的角度看，这其实是一种融资模式，就是第三方公司从所有股东那里融资，购买经营这些房产。目前这个模式在国外很流行，估计以后国内，也会有人做这个生意。

本讲要点：

（1）旅游地产的买点在于风景和气候，很多地方，比如海南或者东北，并不是长年气候宜人，宜居的时间只有半年，甚至更短，相当于买了半套房子。这样考虑，旅游地产的真实价值要打很大的折扣。

（2）旅游地产少部分时间自住、大部分时间出租的话，会有很高的管理成本。

（3）成熟的旅游地产经营模式是专业化经营，或者一下子买很多、雇人专门管理，或者买很少的份额、交给别人管理。

第33讲
国际比较中的坑：从"不可贸易品"说起

我曾经和国内某地产公司的一个老总聊天，他问了我一个问题：像南京这样的城市，房价凭什么超过波士顿？一听之下，我竟无言以对；仔细琢磨，发现这里面的道理还真的挺深的。

展开分析之前，我先补充一下背景资料，简单介绍一下波士顿。波士顿是美国的文化名城，世界级学府哈佛大学、麻省理工学院都在这里，其他大学也很多，共有100多所。这些大学质量很高，除哈佛和麻省理工学院之外，波士顿大学（Boston University）、塔夫茨大学（Tufts University）、布兰戴斯大学（Brandeis University）都是美国著名的大学。波士顿也被称为"美国的雅典"，是美国的文化之都。

波士顿不仅聚集着很多著名的大学，还聚集着很多经济、金融和科技公司。这里是很多大公司、大金融机构的总部，著名的有吉列、泰瑞达（Teradyne，世界顶级半导体和电子设备制造商）、新百伦等实业公司，还有像富达投资（Fidelity）、道富集团（State street）这样的顶级资产管理公司。富达投资是全世界最大的专业基金公司，管理的资产达到1万亿美元。道富集团则是全球最大的托管银行和最大的资产管理公司之一，托管的资产高达21.8万亿美元，管理的资产超过1.8万亿美元。听到这些天文数字，你对波士顿的金融和经济实力应该有个概念了。

不仅如此，波士顿西侧的90号高速公路两侧是美国最重要的高科技园区之一，聚集着很多高科技公司，特别是计算机公司和生物工程公司。这一点也不奇怪，因为波士顿的大学资源太丰富了。

总体上看，波士顿是个实力很强的城市，不仅顶尖大学云集，还聚集着很多企业，更是东部的港口。这就是为什么在美国2016年 US NEWS 评出的十大最佳求职城市中，波士顿排名第四，仅次于硅谷、旧金山和首都华盛顿特区，排名甚至在纽约和西雅图这样的城市之上。

说完了波士顿的基本情况，再来看看波士顿的房价。这么厉害的城市，每平方米的平均房价只有5000美元，相当于3万多元人民币，核心区房价也只有12000美元左右，相当于8万元人民币。作为比较，南京城区的房价现在已经每平方米4万多元了，核心区的房价已经8万~9万元，快要到10万元了。再加上美国的房价按使用面积算，经常送地下室、阳台等，而国内按建筑面积算，有大约20%的折扣。所以，说南京的房价超过波士顿，并没有说错。

说实在的，南京虽然也是历史名城、六朝古都，医疗、教育资源很丰富，经济实力也算强，在国内是典型的核心二线城市，但尽管如此，和波士顿真的没法比。这样的房价的确很令人费解，很多人说南京房价有泡沫，是可以理解的。但是我真不敢这么讲。地产泡沫的观点流行快20年了，可是这个泡沫就是不破，严厉的调控之下还是不破。如果是泡沫，那这个泡沫也太坚强了。听说有一个词叫作"刚性泡沫"，房地产如果有泡沫，那一定是"刚性泡沫"。

如果不能说泡沫，到底怎么理解呢？其实，这和分析的方法有关。简单说，所有这样的比较都有一个最最基本的假设，就是房价是可以比较的。国际比较的方法在经济分析中非常常用，大家都在用，但是很少有人去深究，这个比较本身到底合不合理，有没有意义。

比如说，南京的房价很高，可是南京的居民能怎么办？能搬到波士顿吗？极少数可以，但是绝大多数人不行，因为他们的家庭、工作、生活、社会关系都在南京，到波士顿旅游可以，能定居在那里吗？能找到工作吗？能拿到美国的工作签证吗？收入比这边高吗？生活比这边好吗？对于少数人，这些问题的回答是肯定的，但是对于绝大多数人都是否定的。这就意味着，绝大多数人只能望波士顿兴叹，那边的房价和我们是没关系的。房价不是少数人决定的，而是多数人决定的。极少数人移民到波士顿，是不会改变房价的。

其实，这个问题换个角度问，会更清楚一点：波士顿房子便宜，你能把波士顿的房子搬到南京来吗？

这样问有点抬杠的意思，目的是把答案给问出来。这么一问，你就明白了，房子的实质不是砖头，不是钢筋水泥，而是位置，房价高不高，关键就在位置。决定房价的三个最重要因素，分别是位置、位置、位置。波士顿的房子搬不到南京来，南京的房子也搬不到波士顿去。波士顿的位置和南京的位置是不可替代、不能互换的。

其实，不仅国际间的位置不能换，国内的位置也是不能换的，任何两个位置都是不能换的。严格讲，每一栋房子都有一个固定的位置，都有一个固定的经纬度。这个经纬度决定了房子的位置以及价值。即便在一个城市里，房价也可以差很多倍。比如北京，金融街和万柳的房子，好一点的每平方米已经差不多20万元了，可是燕郊（东六环外）的房子才2万元，差了10倍。倘若觉得这10倍的差距过大，你可以问一句：能把燕郊的房子搬到金融街来吗？没有人能。

这个道理和经济学上一个基本概念是相通的，就是"不可贸易品"。不可贸易品和可贸易品相对。可贸易品是可以用较低成本运输的商品，比如农产品、各种工业品、机器设备、电子产品等等。虽然成本有高有低，但都是可以运输的。蔬菜的运输、仓储成本比较高，但是依然可以运输，依然是可贸易品。

不可贸易品是不能运输，或者运输成本太高的产品，比如说餐馆服务。广州的饮食很好，很多人都喜欢，但是北京的人很难因为吃饭去广州，"打飞的"去广州享受美食，也就能说说而已。还有一个办法，是把广州的掌勺大厨请到北京来，可是一个人还不行，还要请他的团队过来，然后还要采购广州的食材。这样你就发现，其实餐厅服务真的很难运输。不然的话，美食可以遍布全世界，广州也就不会是"美食之都"了。

其实很多服务都是很难运输的。我以前在美国念书的时候，理个头发要 20 美元，折合人民币 160 元，还要给小费，而当时在北京理个头发才 5 元。这么大的差异也没有办法，不能因为剃个头就飞一趟北京。现实中，很多服务类商品都是不可贸易的。房子因为位置固定，根本没法搬运，是典型的不可贸易品。从这个角度看，房价的国际比较，直接意义不大。

既然这样，国际比较还有没有意义呢？还是有的，但是要用对，不能乱用。国际比较的意义可以简单概括成一句话：国际比较是分析的开始，不是分析的结束。

国际比较的目的是找出异同，为进一步的分析做准备，而不是通过比较直接给出结论。比如说，两个国家或者两个城市的房价不一样，可能是因为收入不一样，也可能是因为未来收入的增速不一样，或者人口基数不一样，或者人口增长不一样，可能的原因很多。通过比较，发现异同，然后进一步分析，找出合理和不合理的地方，这样的国际比较才有意义。

回到南京和波士顿的比较。波士顿固然是很有实力的城市，但是城区人口只有60万，白天人口有120万，也就是有60万人从郊区进城上班（波士顿都市圈人口有440多万）。作为比较，南京常住人口有840万，是波士顿夜间人口的14倍、白天人口的7倍。所以，单单人口一个因素，就可能把南京房价推得很高。再加上波士顿的资源很分散，很多人不需要聚集到城里，住在郊区或者附近的卫星城就可以。但是南京这样的城市，资源尽管丰富，但是都聚集在核心区，导致人们往核心区聚集，进一步推高房价。

南京人口目前已经很多了，未来可能还会更多。为什么？南京是江苏的省会，有非常好的教育和医疗资源，又是历史名城，文化底蕴很足。随着城市化的进一步推进，很多江苏人都会想搬到南京来。江苏是人口大省，总人口达到8000万，只要有1%的人搬到南京，就是80万人口，比波士顿的人口总量还多。这样一来，南京房价超过波士顿是不奇怪的。

所以，尽管综合实力南京很难和波士顿比，但是也很难说南京房价超过波士顿就一定不合理，而是要具体问题具体分析。毕竟，每一个城市都是独一无二的，世界上没有两个完全相同的城市，就像没有两片完全相同的树叶一样。现实中常见的错误，是比较完了发现不一样，就直接跳到结论轻言泡沫。

本讲要点：

（1）波士顿是综合实力很强的城市，教育、经济、金融实力远超过南京，但是南京的房价已经超过了波士顿。

（2）尽管如此，我们很难说南京的房价有泡沫，因为房子是不可贸易品，南京和波士顿的房子无法交换，人口也不能自由流动。

换句话说，这种房价的差异无法通过房子的流动或者人口的流动抹平。

（3）南京房价超过波士顿，可能与南京人口总量大很有关。另外，南京人口还可能进一步流入。

（4）本讲讨论最重要的意义是告诉我们，比较是分析的开始，不是分析的结束。

第七部分
房产交易的几个问题

我们每个人，都是一个资产组合。
每个人的一生，都是一个资产组合动态管理过程。

1. 房屋买卖的交易成本很高，对资金的要求也很高，并不适合投机炒作，而是适合长期持有。
2. 现实中很多人买房是为了居住，或者长期持有等待升值。炒房的人有，但是数量不多，对房价影响也不大。
3. 很多人希望房价下跌，其实是希望有逢低买入的机会，这时候房价是很难真正下跌的。
4. 严厉的房地产调控，降低了部分房子的价格，同时也降低了交易量，一旦调控放松，房价还会反弹。严格意义上讲，这种房价下降是假摔。
5. 从历史经验上看，房价要么上涨，要么停止上涨，很少有回调，回调了幅度也不大。
6. 我们每个人，都可以看作一个资产组合。这个组合里最重要的资产就是我们自己，其次才是房子、股票、债券、存款等。
7. 我们每个人的一生，都是一个资产组合动态管理过程。
8. 我们的每一次选择，都既是一次选择，也是一次放弃，放弃的东西就是我们的机会成本。
9. 房价的涨落影响每个人的财富状况，即使不买不卖，也和每个人息息相关。
10. 房子和地产股的价格波动很不一样，房价很平稳，股价波动很大，二者的波动很不同步。
11. 从长期回报率上看，房子超过地产股 1 倍左右，但是大城市的房子和大地产商的股票，长期平均回报率差不多。

第 34 讲
房子适合投机吗？寻找神秘的炒房团

本讲我们来讨论一个非常有意思的问题，就是投机炒作对于房价的影响。

日常生活中，你可能听很多人讲过，房子这么贵，都是有钱人炒起来的，或者职业的炒房团炒起来的。很多人买了很多房子，倒买倒卖，推高了房价。像温州炒房团、山西煤老板炒房团、鄂尔多斯炒房团，都是经常被批判的对象。

这种说法很流行，很多人都听说过。但是不知为什么，我听到这种说法的时候，总有一点奇怪的感觉。别人挣钱是别人的本事，我不嫉妒。但是，见贤思齐，我只奇怪，自己怎么就不会炒房？炒房这么挣钱的事情，我怎么做不了？

于是，我就开始留意，看看都是些什么人这么厉害，会炒房子。说实在的，我一个都没找到。我身边很多人都有房子，有些人还买了很多套，可是这些人很难说是炒房。为了把这件事情说清楚，我把买房子的动机分为三类：居住、投资、投机。

第一种，居住买房。很多人买房是为了居住。有的人只有一套，有的人家庭条件改善了，为了改善居住状况，买了两套。这种购买都是为了居住，显然不能算炒作。各国的统计口径，都会把首套房和二套房算作自住房，从第三套开始，才算作投资住房。

第二种，投资买房。因为看好房价上涨，打算买入长期持有，这也不能叫作炒作，这叫投资。比如说，很多人买房是因为看好房价的长期趋势，打算买个房养老，有条件的还想多买几套，作为一种资产长期持有。这是显然的投资行为，不是投机行为。

这种情况可能有人会有不同意见。有人可能会说，买了很多房子也不能算炒作吗？那要看这些人是不是不停地倒买倒卖。如果只买不卖，或者很少卖，就不能算炒作。类比一下股票市场，炒股票是指频繁操作。买股票持有很多年，等待上涨，是不叫炒作的，叫价值投资。

现实中，有些人买了很多房子，有点招人恨。比如说，不少香港人、台湾人在沿海城市买了很多房子，买了之后就放着或者出租。这是投资，还是投机？既然没有倒买倒卖，你很难说人家投机，应该说是投资。他们为什么买那么多房子？就是因为早些年香港、台湾的房价涨得厉害，他们经历过，搞懂了房产的投资价值。于是，等到大陆经济起来了，这些人觉醒得早，看准时机就抓紧买了。因为早期的时候不限购，就买了很多。

此外，还有很多山西人、鄂尔多斯人挖煤挣了钱，钱到手没地方放，不会炒股票，存款利率又太低，所以就只能买房。这种情况也是不能算作炒作的。我自己调研的时候，发现一些鄂尔多斯人拿了钱没买房，去搞些不靠谱的金融投资，不少人血本无归。你想想，站在这些人的角度，是买房划算，还是搞那些投资划算？因为缺少安全靠谱的投资机会而买房投资，是不能算炒房的。

第三种，一些人看好房价上涨，但是觉得以后会下跌，想先买一套，等涨价之后在下跌之前卖出获利。这是典型的投机炒作。

对于这种炒作，大家想一想，操作的难度有多大。完成这个操作，至少需要四个条件。

第一，你要能够准确判断房价的涨跌，短期看涨，长期看跌，要把握好时点，不但能看清长期趋势，还能看清短期波动，否则就不能挣钱。这很难。我研究房地产也有好些年了，也只能看清一个趋势，看波段的时候就觉得很困难。你若问我房价什么时候涨、什么时候跌，我一般是不太敢讲的。

第二，你要能够迅速完成这个操作，想买的时候能买，想卖的时候能卖，不会出现"买不到，卖不掉"的情况。这要求你是个很有办法的人。

第三，假设你满足前两个条件，这个买卖价差的利润要足够覆盖所有的交易成本。房屋买卖的交易成本很高，有各种税费，要办很多手续。粗略估计，买房税费，包括契税（1%~1.5%）、中介费（2%~3%）、印花税等，相当于房价的4%。卖房税费（现实中常常是买房一方负担），包括增值税（住房满两年免征，购房时间未满两年的，按照成交价5.6%交纳）、个人所得税（提供发票原件的，按照成交价减去相关成本的20%交；不提供原购房发票原件的，按照成交价的1%交纳）、印花税等，也要交4%左右。一个来回，要交8%左右的费用。这种炒作要扣除这8%的税费，才能谈挣钱。

当然，这个计算不太准确，不同的房子交易费用也不完全一样。还有一个简单的办法理解这个交易费用。你看满大街的房地产中介公司，那些办公场所、中介服务人员，都是交易费用。他们的门店房租、水电费、办公费、人员费，都是要从房屋买卖里面出的。而且，这只是中介费，中介费在房屋买卖中只占一小部分，大部分是各种契税。交易费用这么高，高到房子只能是投资品，不可能是投机品。投机炒房子的人如果弄不好，最后会搬起石头砸了自己的脚。

表34-1　主要地产经纪公司的规模和收入

公司	经纪人	门店数	中介收入（亿元）	中介利润（亿元）
链家	13万	8000	180	13.6
中原地产	6万	2620	104	亏损

（续表）

公司	经纪人	门店数	中介收入（亿元）	中介利润（亿元）
我爱我家	5.5 万	3200	106.92	9.87
21 世纪（中国）	4.5 万	5466		
Q 房网	2.5 万	1168	33.75	5.87
世联行			52	15.18

数据来源：天风证券、国盛证券、巨潮资讯网、21世纪不动产（中国）官网。经纪人和门店数，中原地产和Q房网为2017年数据，其余为2018年数据。中介收入和中介利润数据，链家为2016年数据，其余为2018年数据。中原地产业绩数据为大陆区业绩。世联行2018年年报显示，中介服务业务链接经纪公司4万多家，链接经纪人20余万（无直营门店）。

第四，你要有相当的资金实力。炒房是要花很多钱的，大城市一套房就要上千万元，首付要好几百万元，资金量不够大，没有上千万元，其实没资格谈炒房。有好几千万元资产的人，因为惧怕风险，也不一定会炒房。

我们总结一下，同时满足这四个条件的人才能炒房，但是同时满足这四个条件的人其实很少。

中国14亿人，资金实力在千万元以上的，不到百分之一。这其中，能够准确判断房价短期涨跌的，不足百分之一。这其中，愿意不辞劳苦做买卖操作的，不足百分之一。三个百分之一下来，就是百万分之一，14亿人的百万分之一，就是1400人。往多说，也就万把人吧。

所以说，现实中不是没有炒房子的人，是有的，但是数量很少，区区几千人、上万人而已。这些人能影响中国的房价水平？这是不可能的。要知道，全中国的房价总价值在300万亿元以上。要是能影响的话，相当于每个人能撬动300亿元以上的资产价值。这样的事情，用小学算术算一下，想都不敢想。

因此，在考虑房价的时候，炒作对房价的影响是不用考虑的。如果房价是炒上去的，早就下来了。比如说，前些年温州、鄂尔多斯的房价很高，有明显的投机炒作嫌疑，后来就跌得很厉害。

说到这里，还是会有很多人有疑惑，比如，很多人会说：我就认识一个朋友，他的朋友的阿姨也不识字，就炒房挣了很多钱，怎么能说没有人炒房呢？

这个问题非常好，很多人都听说过这样的故事。其实，这个问题的问法更好。一般来说，这个传说中的炒房大侠并不是你直接的朋友，而是你的朋友的朋友，或者你朋友的朋友的阿姨。这种人是存在的，数量不明、没有统计，但是在江湖上被广为传颂，就显得很多了。

本讲要点：

（1）现实中很多人买房是为了居住，或者长期持有等待升值，都不能算是投机炒作。

（2）房屋买卖的交易成本很高，对资金的要求也很高，房屋并不适合投机炒作，而是适合长期持有。

（3）现实中有炒房的人，但是数量并不多，对房价影响也不大。

第 35 讲
"房价跌了吗"背后的三个潜意识

本讲我们来讨论一个非常常见的问题：房价跌了吗？

比如说我自己，因为做一点房地产的研究，就经常被问这个问题。被问的次数多了，我就慢慢明白了，一个人在问这个问题的时候，潜意识里可能有三层意思：（1）他希望房价下跌；（2）他在等待房价下跌；（3）他担心房价不下跌。

想明白这些，"房价跌了吗"这个问题就好回答了。具体说，针对这三层不同的潜意识，我会用三个反问，把答案给问出来。

第一，针对希望房价下跌这个潜意识，你可以这样问回去：跌了的话，你买吗？

这个问题问出来，答案是比较明显的。在北京、上海这样的大城市，房价虽然很高，很多人都希望房价下跌，但是其实潜意识里，很多人还是想买的。特别是还没买房的年轻人，房价跌的话还是想买的，毕竟衣食住行是基本需求，房子是要买一套的，就是嫌太贵而已。

那么，问题来了：很多人都在等着买的话，房价还会下跌吗？

而对于很多小城市，这个问题的答案是不一样的。房价开始下跌，可能意味着泡沫开始破灭了。大部分小城市没什么人口流入，房价开始下跌，往往就表明炒作结束。这时候是卖出的时候，而不是买入的时候了。

通过这个问题，你可以看到，看房价会不会下跌，其实是看现实中有多少人还在想着买。没人想买了，就是快要下跌了。

第二，针对等待房价下跌这个潜意识，你可以这样问回去：如果很多人都在等着买，你觉得房价会下跌吗？这个反问和第一个反问引发的问题是一样的。

对于这个问题，很多人的回答很纠结。一方面，按道理讲，很多人排队等着买，房价是不会下跌的。另一方面，现在房地产调控很严，开发商或者一些二手房主撑不住了，就会降价卖。

比如曾有报道说北京房价跌了10%。这个消息让很多人很兴奋，房价最坚挺的北京都下跌了，其他城市还会远吗？

不要高兴得太早。还是回到我们上面的那个问题，已经下跌10%了，你买不买？你会发现，很多人并没有兴高采烈地出手买，而是还在纠结中。其实，纠结是对的，因为房价并没有真的下跌，真相复杂得多。

2019年3月底，是有报道说距离2017年"3·17"调控已经两年，和之前的高点比，北京房价已经累计下跌超过10%。其实，对于房价下跌10%（甚至更多）的说法，大家要多个心眼。比如说，说这句话的人可能没有告诉你，二手房的交易量跌了一半还要多。

这个报道以2017年"3·17"新政为临界点，之后的一年（2017—2018年）与之前的一年（2016—2017年）相比，北京全市二手房交易量不到前一年的一半，下降了52%。再往后一年（2018—2019年），也就是从2018年3月17日到2019年3月17日，交易量略有回升，但仍比政策实施前（2016—2017年）下降40%，仍然是下降了将近一半。

这是什么意思呢？交易量下降一半，大致就是只有不得不卖的人才卖了，其他人还在坚持。不得不卖的房子，往往就是不好的小区或者小区里面位置、楼层、朝向较差的房子，或者因为某种原因急着等钱用。这样一来，价格降一点很正常。

买过房子的人，或者没买过房子但是仔细研究过房子的人，都知道一件事，即便是位置邻近的几个小区，或者一个小区内部的不同位置的房子，或者不同楼层、不同户型、不同朝向的房子，价格差10%都很正常。再加上市场上可能存在阴阳合同之类的事情，对于这个10%的降幅，大家要仔细看，不要太当真，至少不要简单按照字面意思理解。其实，"3·17"调控之后这两年，北京好的小区的房价并没有下降，只有偏远或者特别破旧，或者物业管理特别差的小区的房价，才有所松动。

针对第二个反问，结论是如果很多人都在等待房价下跌，想在低一点的价位入手，那么其实房价不会真的下跌，即便下跌也很可能是"假摔"。现实中，很多大城市的人不是不想买，而是觉得贵，希望跌一点用更低的价格买。这种情况下，房价是很难真正下跌的。

第三，针对担心房价不下跌这个潜意识，你可以这样反问：从历史经验上看，房价会有大幅的回调吗？

根据我国过去的经验，房价很难回调。图35-1显示了2005年以来70个城市的平均房价指数的变化，同时显示的还有上证指数，上证指数是股票价格的一个综合指数。你可以看到，和股价的大起大落不同，房价基本只有两种状态，上涨和停止上涨，基本没有回调的时候，有的话回调的幅度也很小。2008—2009年金融危机期间，股票回调了70%左右，而房价回调幅度很小，基本没有回调。2014年下半年，房价经历了十几年来最大的回调，也只有不到10%的幅度。紧接着，房价就开始了2015年那一轮迅速的上涨。其实呢，等到了2014年房价回调的人，也未必有机会上车，因为他们还在犹豫，等待进一步回调的时候，房价又开始涨了。

图 35-1 房价与上证指数

数据来源：Wind 数据库。

本讲要点：

（1）很多人都希望房价下跌，其实是希望有逢低买入的机会，这时候房价是很难下跌的。

（2）严厉的房地产调控降低了部分房子的价格，但是同时也降低了交易量，一旦调控放松，房价还会反弹。严格意义上，这种降低是假摔。

（3）从历史经验上看，房价要么上涨，要么停止上涨，很少有回调，回调了幅度也不大。

第 36 讲
没有买卖，也有伤害：
理解资产组合和机会成本

日常生活中，经常听一些人讲：我就一套房子，自己住，不买也不卖，房价涨跌跟我没关系。

听到这样的说法，很多人会觉得有些道理，但是也会觉得有些问题。那么这句话到底对不对，问题又出在哪里呢？

其实，这个问题不难回答，只需要问一个问题，答案就清楚了：有房子的人和没房子的人，做事情的方式一样吗？

举一个极端的例子。比如说老赵生病了，需要一大笔医药费，可能是几十万元。这时候，老赵有没有一套房子是完全不一样的。如果有房子，卖掉或者抵押获得一笔钱，这病就看了，然后生活继续，想办法把钱再挣回来。如果没有这个房子，看不起病，这一关就不一定过得去了。

这个故事有点极端，现实中大家当然不希望遇到这样的情况。可是，不怕一万，就怕万一，买保险就是这个意思。房子作为一种稳定、可以长期持有的资产，其实就是一种保险。

有房子的人知道自己有一份资产，是不怕房价涨的，甚至盼着房价涨，这样自己的财富多一些。没房子的人就不一样了，房子涨价，别人的财富涨了，消费水平涨了，物价水平也会涨。这样如果自己的财富不涨，相当于自己变穷了。

这只是一个例子。如果我们把这个例子拆解开来，其实涉及经济学上两个非常重要的基本概念，一个是资产组合，另一个是机会成本。这两个概念在经济学中都具有基础性的地位。理解这两个概念，可以帮助我们理解日常生活中的很多重要问题。

每个人的一生，都是一个资产组合管理过程

资产组合这个概念很多人可能都听说过，但是理解未必足够深入。

比如说，金融学教科书会告诉你，资产组合包括风险资产和无风险资产，无风险资产包括存款、国债，风险资产包括公司债、股票、理财产品、黄金等。普通教科书常常漏掉房地产，更不提你的劳动收入。给你的印象是，所谓资产组合管理就是把资金在存款、理财产品、股票、债券上进行分配。

其实这么理解很片面，因为漏掉了很重要的资产，甚至可以说漏掉了最重要的资产，比如房子。粗略估计，我国房地产总价值在 300 万亿元以上，超过股票、债券、存款、理财产品的总和，大约是后面这几项总和的两倍，可以说是最重要的金融资产。这样看的话，如果房子和你无关，股票、理财产品、债券也都和你无关了。那什么和你有关呢？这显然是不对的。

再比如说，教科书上的资产组合常常漏掉了我们的劳动收入。其实对于绝大多数人而言，劳动收入都是我们一生中最重要的收入，超过房子、股票等。除了极少数含着金钥匙出生的富二代，劳动收入是一个人最重要的收入来源。没有劳动收入，我们也就没有房子，没有存款，没有理财。所有这些都是劳动收入的派生收入。其实即便对于含着金钥匙出生的富二代，劳动收入依然是最重要的收入。如果没有一技之长，只知道铺张浪费，也是很快就会坐吃山空的。以前有句话叫"富不过三代"，讲的就是这个

道理。

说到这里,我们来做一个大胆的抽象。我们每个人其实都可以看作一个资产组合。组合里面的主要资产,最重要的是劳动,其次是房子,然后是股票、债券、理财产品等等。这样看,我们就不可能说房子和我们无关了。

把这个抽象再往前推进一步,我们每个人的一生都可以看作对这个组合的管理,而且还是个动态的管理过程。简单说,就是根据个人的情况,把时间、精力、资金在不同的资产上进行分配、调整,从而获得更大的收益。

比如说,年轻人钱少,但是学习能力强,就要多投资自己,努力学习和工作,积累技能,这样以后的劳动收入就多一些。再比如说,中年人钱多,应该多买房子、多理财,为以后的生活积累更多的财富。老年人呢,财富可能比较多,用钱的地方比较多,要多买债券,保持足够的流动性资产。

对资产组合这个概念有深入理解,可以让我们避免很多的误区。回到我们本讲讨论的问题,如果你知道自己的一生都是一个资产组合管理过程,而房子是最重要的金融资产,就不会说房子和自己无关这样的话了。从这个角度看,掌握一个靠谱的分析框架以后,很多问题都会变得很清楚,少犯很多错误。

机会成本:你本可以得到的东西

机会成本也是经济学上的一个基本概念,非常重要。什么是机会成本?简单说,就是你本可以得到的东西,或者你因为做了某一件事情而放弃的东西。

比如说,你本可以去腾讯工作,但是选择了去百度,你就放弃了本来可以在腾讯得到的收入，以及在腾讯得到的职业发展，这就是你的机会成本。再比如说，你大学毕业本可以参加工作的，但是你选择了出国留学，或者选择了在国内继续读研究生。你放弃的工作带来的收入，以及你在职场上能够学到的东西，就是你的机会成本。

为什么要强调机会成本这一概念呢？因为我们每个人的一生时时刻刻都面临选择。选择的时候，就是把各种选项，包括潜在选项，摆在桌子上掂量，权衡收益和风险，选择收益最大、长远看发展最好的选项。

而且，这种选择是路径相依的，很多时候都不可逆。比如说，你选择了留在国内读研，就很难出国了。因为读完研究生的你已经不是本科刚毕业的你了。再比如说，你选择了不买房，炒股票，可能过几年就买不了房了，因为股票亏了，而房价涨了。

机会成本这个概念告诉我们的是，我们在选择的时候，不仅要看到明显的、看得见的选择，还要看到自己本来可以得到但是可能失去的东西。这样看问题还有一个好处，就是看得全面、看得长远。这时候，你会发现你的格局会大一些，就不会在小处过于计较。所谓的格局，就是看大不看小，看粗不看细。当你发现自己的选择涉及很大的得失成败，就不会在蝇头小利上过分计较。

本讲要点：

（1）房价的涨落影响每个人的财富状况，即使不买不卖，也和每个人息息相关。

（2）我们每个人都可以看作一个资产组合。这个组合里最重要的资产就是我们自己,其次才是房子、股票、债券、存款等等。我们每个人的一生,都是一个资产组合管理过程。

(3)我们的每一次选择都既是一次选择,也是一次放弃,放弃的东西就是我们的机会成本。

第 37 讲
房产和地产股等价吗?

本讲我们来讨论一个很多人都很关心的问题,就是买房和买房地产开发商的股票,是等价的吗?现实中,有很多人会说,房子很贵,一下子买不起,我就买房地产开发商的股票,相当于买了一小套房子。这个想法对不对呢?

本讲我要告诉你的是,这个说法既不对,也对。不对的地方在于,这两种资产的价格规律和回报率有很大的差异,甚至是截然不同的。对的地方在于,如果你找到其中的诀窍,买地产股还是可以部分替代买房子的。

在展开分析之前,我们先来看图 37-1,图中有 3 条线,一条代表房产价格指数(70 城房价指数),另一条代表地产股价格指数(Wind 房地产指数),第三条代表上证综合指数(作为股价波动的参照背景存在)。稍微看一下图 37-1,就可以发现三条线尽管都是波动上涨的,但是有三个重要的不同。

第一个重要的不同:股价的波动比房价大很多倍。从波动率的角度看,这两者不在一个数量级上。

房价波动率很小,基本是上涨的,虽然涨速有时快有时慢,但是很少下跌,即便下跌,幅度也不大,最多也就 10%,基本上是平稳上涨的态势。相比之下,股价的波动非常大,大起大落很常见。比如说,2007 年 10 月到 2008 年 10 月,上证指数跌了 70%,房地产股票指数跌了 75%,但是房价并没有明显下跌,只是停止上涨而已,有些城市房价跌了一点点,但是很快就开始上涨了。换句话说，此时买股票的人跌惨了，但是买房子的人完全没事。

图 37-1　房价与房地产股票指数

数据来源：Wind 数据库。70 城房价指数来自国家统计局，Wind 房地产指数是 Wind 公司根据股票数据的计算结果。

第二个重要的不同：房价的上涨和房产股票的上涨在时间上是完全不同步的。就是说，房价涨的时候地产股价不一定涨。比如说 2015 年夏天以来，房价涨得很厉害，调控之前依然涨得很厉害，很多城市的房价已经翻倍了，比如杭州、西安。

可是房地产股并没有涨，反而跌了不少。为什么？因为股票大盘是下跌的。2015 年夏天，上证指数达到 5100 多点的高位，然后就快速下跌，最低的时候跌到 2400 多点，跌了一半还多。在大盘下跌的影响下，地产股也是基本下跌的，和大盘基本同步。总体上，房价的规律和房地产股票完全不一样，2015 年以来涨得很快，严厉的调控之下依然是上涨的。

二者不但下跌的时候不同步，上涨的时候也是不同步的。比如说，2014 年下半年到 2015 年上半年，房地产股票涨得很厉害，但是房价却经历了显著的回调，70城房价指数下降了5%左右。所以说，房价的上涨和房产股票的上涨是很不同步的，上涨和下跌都是不同步的。

第三个重要的不同：总体上而言，房价的上涨幅度是超过房地产股票的。根据Wind的计算，从2000年以来，房产股平均每年增长6.9%（已经考虑分红）。而根据我们以前的计算，房价每年的涨速平均在13%左右，差不多是房产股涨速的两倍。

综合起来看，因为这三点不同，买房子和买地产股是很不相同的。那是不是这两种资产就没有相似性呢？也不是。

比如说，刚才比较的是回报率的均值，房价涨速是地产股的两倍左右。但是不同城市、不同区域的房价相差很大，不同房地产股票的涨幅相差也很大，不好一概而论。比如说小城市的房价涨速不到13%，大城市的房价增速超过13%。

房地产股票也一样，也有涨得很好的。比如说万科，1991年上市的老股票，截至2018年已经上市28年了，累计上涨232倍，年化收益率21.5%，据统计是这些年来A股市场化涨幅最大的股票。买万科股票的长期回报和买一线城市核心区的房子差不多。

其他的大型地产股，收益率也不错。表37-1统计了十大地产股的表现，看起来都还不错，十大地产股的平均年化收益率也有20%左右，达到19.7%。所以说，地产股不是不能买，而是要挑着买。平均而言，大地产商的股票靠谱一些，回报率和核心城市的房价差不多（不考虑住房的租金收入），小地产商的股票回报率比较低，而且风险大。

表 37-1　十大地产股表现

名称	代码	上市时间	累计涨幅（%）	年化增速（%）	市值（亿元）
中国恒大	3333.HK	2009/11/5	770	27.2	2701
万科A	000002.SZ	1991/1/29	23208	21.5	2630
中国海外发展	0688.HK	1992/8/20	3381	14.3	2589
华润置地	1109.HK	1996/11/8	1464	13.3	1833
碧桂园	2007.HK	2007/4/20	118	7.0	1812
保利地产	600048.SH	2006/7/31	1047	21.6	1402
龙湖集团	0960.HK	2009/11/19	269	15.6	1220
融创中国	1918.HK	2010/10/7	864	31.8	987
华夏幸福	600340.SH	2003/12/30	4784	29.6	764
绿地控股	600606.SH	1992/3/27	2053	11.8	743
平均				19.7	
Wind房地产指数		1999/12/30	206	6.9	

注：市值为2018年最后交易日（12月28日）市值，港股市值按照当时汇率（1港元=0.878元人民币）换算，累计涨幅和年化增速都是截至2018年底。

数据来源：Wind数据库。

上面的比较说明，大城市好地段的房产和大地产公司的股票，长期回报率差不多。那么，这两种资产的底层逻辑，是否也有相似性呢？其实是有的。

一种说法是，房子就像城市的股票。对应起来说，地产股是地产公司的股票。稍微想一下，这两种股票的逻辑其实有相似的地方。

房子是城市的股票，管理层是地方政府，投入的是地方财政，产出是基础设施。房子作为股票，对应的分红是基础设施带来的各种便利，直接的衡量就是房租。房价，就是这些租金的价值。

地产股是开发商的股票，管理层是企业的管理层，投入的是土地、建材、人力等等，产出是房子。

粗看起来，二者很不一样，但是仔细看一下，有很相似的地方。房子和地产股的价值，也就是直接的收入来源，都是房子，背后都是租金，租金反映的都是基础设施的价值。开发商建房子的时候，也要建基础设施的，或者自己建，或者交土地出让金给地方政府，由地方政府来建。从这个角度看，地方政府也是房地产开发商，只是分工不同而已。或者说，我们住的房子是地方政府和开发商联手建的。

说到这里，再回头比较房子和地产股这两种股票，会更清楚一些。房子是城市的股票，地产股是开发商的股票，产品都是房子，现金流都是租金，价值载体都是基础设施。这么看，房子和地产股还是非常相似的。怪不得大城市的房子和大地产商股票的长期回报率也是差不多的。

需要强调的是，上面这么分析是撇开了二者很多的不同、寻找共性，一点也没有抹杀二者很多不同点的意思。比如说，我们上面讲房价和地产股股价的波动很不一样，地产股股价波动很大。再比如，小地产商的股票回报率不高。影响资产价格的因素很多，我们只是在寻找最重要的逻辑，这样有助于建立分析的框架。

最后，简要回答一下本讲标题中的问题，买房子和买地产股等价吗？答案是不等价，不一样的地方太多了。当然，二者也有相通的地方。实在买不起房子，买地产股也不是完全不行，一个简单的办法就是买持仓大型房企的房地产ETF基金。这种基金主要持有大型房企的股票，如果买的时间点合适，而且长期持有的话，回报率和买房子差不多。

不过，目前我国房地产调控很严，地产股的估值逻辑受到很大影响，地产股的不确定性也很大。相比较而言，还是买大城市的房子稳妥很多。

本讲要点：

（1）房子和地产股的价格波动很不一样，房价很平稳，地产股股价波动很大，二者的波动很不同步。

（2）从长期回报率上看，平均而言，房子超过地产股1倍左右，但是大城市的房子和大地产商的股票，长期平均回报率差不多（不考虑租金收益）。

（3）房子和地产股的投资逻辑既有很多的不同，也有相通的地方，产品都是房子，现金流都是租金，价值载体都是基础设施。

（4）在严厉的房地产调控之下，地产股的估值受到很大影响，买地产股的不确定性很大。

第八部分
资产配置与高房价

房产回报率高、风险低，是富人的主要资产配置方式。

1. 印度的工业基础较差，快速完成工业化的可能性较低，经济前景并不看好。
2. 虽然印度人均收入只有我国的1/5，但是大城市房价已经很贵，房价最高的是孟买，已经和北京、上海相差不远。
3. 孟买的高房价说明决定房价的不是平均收入，而是富人的收入。
4. 世界上房价最高的地方是摩纳哥，因为那里人均收入高、气候宜人，而且是避税天堂，吸引了很多富人，所以房价很高。
5. 香港也有避税天堂的性质，房价也很高，位居世界第二。
6. 其他国际大都市的城区房价也很高，在1万美元到2万美元之间，豪宅价格在1.5万美元到3万美元之间。
7. 估计未来世界大城市房价年均增速为5%左右，每14年翻一番。
8. 房产是富人最重要的资产配置方式，超过股票、债券和现金。平均而言，富豪把一半左右的财富分配到房产上。
9. 房产成为富人的首要资产配置，是因为两个特点，一是回报率高，二是风险低。从1870年以来的一个半世纪里，房产的长期年均回报率比股票高2个百分点。
10. 伦敦、东京、新加坡、纽约等国际大都市，聚集着世界上数量最多的富人，也是房价最高的几个城市（除去摩纳哥和香港两个避税天堂）。中国的北京、上海，也是富人数量很多的城市，房价也很高。

第 38 讲
印度经济与房价：孟买高房价的启示

本讲我们来谈谈印度房产。印度是个大国，和我国可比性大，参考价值也大。印度总人口为 13.5 亿（2018 年数据），是全世界唯一总人口可以和中国相提并论的国家。根据现在的估计，印度总人口几年后就会超过中国，成为全球第一人口大国。

而且，印度经济增长也很快，房价也涨了不少。比如说，孟买是印度第二大城市，房价也已经很高了，和北京、上海差不了多少。所以，印度和我国的可比性很大，即使不去印度买房，研究印度的房产对于认清房价的规律还是有很大的参考价值。

关于印度房价，我们来看两个问题：

第一，印度经济的基本情况怎样？印度会成为下一个中国吗？

第二，印度房价涨得快不快？现在价格有多高？

印度会成为下一个中国吗？

我们先来看印度经济的基本情况。截至 2018 年，印度 GDP 为 2.7 万亿美元，人口 13.5 亿，人均 GDP 为 1992 美元。这是什么意思呢？印度 GDP 总量大约是我国的五分之一（19.8%），人均 GDP 也大约是我国的五分之一（20.4%）。总体上，印度还比较落后，人均 GDP 相当于我国 2002 年（经价格调整）的水平。

说到这里，你可能觉得很奇怪。财经讨论中，经常听到对印度的各种赞美之词，但为什么它实际上经济这么落后，只相当于中国

2002年的水平?

现实就是这样的。去过印度的人都知道，印度不仅收入水平低，基础设施也很差。印度的城市化水平，2017年只有33.6%，相当于中国1998年的水平。印度最落后的是制造业。小米手机在印度大受欢迎，也从侧面说明了印度的制造业水平很低。

不过，印度近些年增长很快。从20世纪90年代中期以来，印度GDP增长率维持在5%至10%之间，这个增速是很快的，已经开始了经济起飞阶段。2015年，印度经济增速达到8.2%，近年来首次超过中国。在这样的背景下，印度会不会成为下一个中国，成为一个热门的话题。

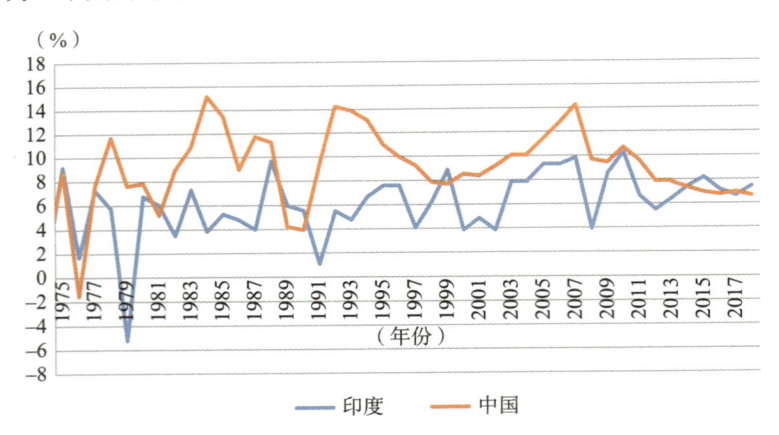

图38-1 印度和中国经济增速比较（1975—2018年）

数据来源：世界银行数据库。

那么，印度会不会成为下一个中国呢？这是一个很难回答的问题，最诚实的回答是三个字：不知道。

世界发展到今天，科学技术和社会形态变化都很快，未来的不确定性太大了，真的很难预测。然而，我们又必须对未来做出判断，这种判断不一定完全正确，但是可以作为理解未来的一种参考。换句话说，这个分析不是行动纲领，而只是参照系。有了这样一个参照系，就可以对未来的情况有所准备，并且根据新的情况不断修正分析和判断。

在展开分析之前，先说结论。我的基本判断是，中短期内，比如说10年以内，印度很难成为下一个中国，基本原因有两个。

第一，印度目前的工业化水平太低，缺乏经济发展必需的工业化基础。放眼全世界，没有哪一个大国不完成工业化，就可以实现经济起飞。可以说，工业化是大国起飞的必由之路。印度要想成为下一个中国，必须先完成工业化。

印度目前的产业结构，工业很弱，制造业更弱。2017年，印度三大产业的产值比重分别为17.4%、28.8%和53.8%，服务业产值约为工业的两倍，工业很弱。工业当中，制造业占GDP的比重仅为16.5%，非常弱。印度服务业产值占比很高，主要是大金融类行业（金融、保险、房地产以及商业服务）、贸易旅馆运输及通信行业（行业增加值分别占GDP的21.1%和18.4%）。服务业固然重要，但是没有工业基础，进一步的经济起飞很难形成支撑。很多人夸赞印度的服务业占比高，其实是对工业的重要性认识不足。

第二，印度想完成工业化，难度很大。为什么呢？目前中国已经是世界工厂，中国的人口和经济体量很大，制造产业链很全，印度很难和中国竞争。印度想要复制中国的经验，成为世界工厂，也很难。为什么呢？中国起飞的时候，世界上低端产品没人生产。但是现在，中国在中低端制造业领域占据统治地位，印度很难从中国人手中把这个市场夺过去。

对于制造业的薄弱，印度自己是很清楚的。2014年9月25日，印度政府启动了"印度制造"（Make in India）计划，目的是吸引全球公司在印度投资设立工厂。目前，除了航空、国防和新闻媒体三个行业之外，其他 25 个行业均允许外资在印度设立全资子公司。

"印度制造"计划在吸引外资方面，获得了很大的成功，吸引了很多外资流入（2014 年之后流入印度的外国直接投资快速增长，2014 年至 2017 年印度获得外国直接投资累计净额 1630 亿美元，在全球位居前列。作为比较，同期中国的外国直接投资为 8535.6 亿美元，是印度的 5 倍多），但是对于印度工业有多大的作用，还有待观察。比如说，衡量制造业竞争力的关键指标是净出口占 GDP 的比重。这些年来，印度基本是净进口的，2017 年净进口占 GDP 的比重达到 3%。或者说，印度的制造业竞争力还是很差的。

基于刚才的两个理由，我判断印度成为下一个中国的可能性很低。更准确地说，虽然近年来印度经济增长很好，未来还会保持一定速度的增长，但是我并不看好印度经济的长远潜力，并不认为印度会成为下一个超级经济体。虽然印度因为人口总数大，会成为很大的经济体，但是很难成为美国、中国、日本、德国这样有影响力的超级经济体。

关于印度的经济潜力，有各种说法，比如民主制度、种姓制度、英语水平、精英化教育、年轻的人口结构等等。在我看来，最重要的逻辑还是工业化的逻辑。目前，看不到印度实现全面工业化的可能性。因此，我不看好印度的长期经济潜力。

印度房价现状

大致了解了印度的经济，我们就可以来看一下印度的房价状况了。印度的人均收入虽然只有1992美元（2018年），但是因为近年来经济一直增长，印度的房价也是一直增长的状态。

根据国际清算银行（BIS）的数据，从2009年6月到2018年6月，印度房价增长了2.35倍，相当于从100元涨到335元，年化增长率约为14.4%。按照这个速度，大约5年房价就翻一番，比我国这些年的增速还要快。印度的经验再次表明，只要经济增长，房价就会增长，低收入国家也不例外。

刚才说的是增速，现在我们来看看房价水平，以孟买为例。孟买是印度的第二大城市，人口有2300多万，仅次于首都德里，因为这里富人多，这些年房价涨速很快，房价水平也是印度最高的。

孟买的房价涨速有多快呢？根据彭博社的一篇报道，孟买房价30年来暴涨了近600倍[①]。这个涨速和日本早年的房价涨速可以媲美了。看到这个涨速，再结合印度的人均收入其实还很低，给我们的启示是，房价的快速上涨是普遍现象，中国的房价上涨真的不是特殊现象。

孟买的房价水平有多高呢？根据全球知名的NUMBEO网站，孟买城区均价为7000多美元，相当于人民币5万元。这是什么水平？和北京、上海的均价也相差不远了。要知道，印度的人均收入还只有不到2000美元，只有我国的1/5。和印度其他城市比呢？印度的首都是德里，德里也是印度最大的城市，人口有2800多万，房价为2100多美元，不到孟买房价的1/3。印度其他大城市的房价也都在1000~2000美元的水平，和孟买的房价相差很远。

7000多美元是孟买城区的均价，富人区房价可以达到10000多美元，最贵的地方可以达到20000美元。印度虽然人均收入低，

---

① http://news.mas.xafc.com/show-472-730986-1.html.

但是人口基数大，很少比例的富人就可以把房价买得很高。

这一点对于理解我国大城市的高房价，有很大的启发意义。大城市房价反映的从来不是平均收入，而是中高收入，豪宅价格反映的是少数富人的收入。在任何人口基数大的地方，房价反映的都不是所有人的平均收入，都会和人均收入脱节。这就是为什么用房价收入比这样的指标，要比较谨慎。

最后，我们来回答一个实际的问题，就是中国人能在印度买房吗？根据印度法律，中国人是不能在印度买房的。具体而言，根据1999年的印度《外汇管理法》，以及2015年的《外汇管理法（印度境外购买或者转让印度不动产实施细则）》，很多国家和地区的公民都不能在印度购买及转让不动产，这其中就包括中国，以及巴基斯坦、孟加拉国、斯里兰卡、阿富汗、尼泊尔、不丹等国家。这些国家的公民，不管在印度的居住状态怎样，都不能购买印度的不动产，只能租赁，且有租期限制。所以，目前中国投资者无法直接以个人名义购买印度房产。

不过，这并不是很大的损失。如果你同意我对于印度经济潜力的判断，就是说印度经济的潜力并不大，再考虑到气候、文化等因素，以及现在印度房价已经很高，也没必要去印度买房。

本讲要点：

（1）印度的工业基础较差，目前看快速完成工业化的可能性较低，经济前景并不看好。

（2）虽然印度人均收入只有我国的1/5，但是大城市房价已经很高，房价最高的是孟买，已经和北京、上海相差不远。孟买的高房价说明，决定房价的不是平均收入，而是富人的收入。

（3）印度房价高，是快速增长的结果。过去10年，印度房价年均增速达到14%，每5年就翻一番。过去30年，孟买房价增长了600倍，和日本早期的增速可以相提并论。

第 39 讲
盘点世界上的高房价

本讲我们来讨论一个前瞻性的问题,就是未来世界的房价会有多高,以及为什么会这么高。

为了回答这个问题,我们分两步走。第一步,我们来盘点一下当今世界的房价已经多高了;第二步,看看未来房价还会涨多少。

世界房价地标:摩纳哥[①]和香港

我们先来回答第一个问题,现在的房价已经有多高了。根据 NUMBEO 网站、房地产咨询公司 Knight Frank 的统计,世界上房价最高的并不是纽约、伦敦这些地方,更不是我们抱怨很多的北京、上海,而是一个叫作摩纳哥的小国。摩纳哥住宅均价为 6.25 万美元/平方米,约为北京房价的 4 倍。

摩纳哥房价为什么这么高呢?我们来仔细看一看这个小国家。摩纳哥可以说是名副其实的弹丸小国,国土面积只有 2 平方公里,仅仅相当于 2/3 个颐和园。在这 2/3 个颐和园的面积上,住着 3.87 万人(2018 年数据,其中摩纳哥籍 8378 人,其余人口来自世界各地,主要以法国人、意大利人为主)。因为面积很小,所以摩纳哥的人口密度很大,高达 1.9 万人/平方公里。作为比较,这个密度和香港岛[②]的人口密度差不多。2018 年香港人口密度为 0.68 万人/平

---

① 摩纳哥国土面积很小,因此将其与其他城市进行比较。——编者注
② 香港区域范围包括香港岛、九龙、新界和周围 262 个岛屿。——编者注

方公里，其中香港岛和九龙人口密度分别达到 1.6 万和 4.7 万人每平方公里，但是新界人口密度很低，只有 4000 人每平方公里。总体上，摩纳哥的人口密度和香港岛差不多。

摩纳哥这么小，房价为什么高居世界首位呢？原来，摩纳哥是世界著名的"富豪乐园"，人均收入很高、气候非常好，还免征个人所得税，是个名副其实的避税天堂。收入高、气候好、避税天堂这三个因素，是摩纳哥高房价的三大原因。

第一，我们来看看收入。摩纳哥人均 GDP 高达 17 万美元（2017 年），大约是美国的 3 倍。摩纳哥的收入为什么这么高？因为它是个小国，找到一两个经济支柱就可以支撑很高的收入。摩纳哥经济主要以博彩、旅游和银行业为主，世界上著名的银行大多在这里有分支机构，这三个行业就足以支撑这个微型的经济体了。很高的收入，是摩纳哥高房价的经济基础。

第二，我们来看避税天堂。摩纳哥是世界上少数没有个人所得税的国家，被称为"避税天堂"，所以也就成为富豪们喜爱的地方。财富追踪公司 Wealth-X 的报告显示，每 56 个摩纳哥人就有一个至少拥有 3000 万美元资产，摩纳哥富人之多，由此可见。这个避税天堂的特点，为博彩、旅游、银行业提供了很好的基础。不然，世界上气候好的地方很多，为什么其他地方没有发展起这些行业呢？

摩纳哥为什么可以不征个人所得税？我们知道，任何一个国家的政府都需要税收，摩纳哥不征个人所得税有多方面的原因。首先，摩纳哥没有军队，省了很多支出。摩纳哥是个国中之国，地处法国南部，东面、西面和北面都被法国包围，南面面向地中海。历史上，摩纳哥受到法国的保护，没有军队，安全防卫由法国负责。到了近代，摩纳哥和法国签订了一系列特殊友好关系协定，因为摩纳哥三面都是法国，另一面又临海，国家又小，确实没有建立军队的必要，建了也没什么用。

其次,不征个人所得税,不意味着摩纳哥没有财政收入。摩纳哥的税收有企业所得税、增值税、遗产税等等。此外,摩纳哥政府在许多工业部门保持垄断地位,包括烟草、邮政、电话、电信等。总体上,摩纳哥政府的财政收入是盈余的。

第三,摩纳哥气候宜人。

摩纳哥属亚热带地中海气候,夏季干燥凉爽,冬季潮湿温暖,年均气温为16℃,气候非常舒适,是全世界富豪的旅游度假胜地。摩纳哥有著名的大赌场和豪华酒店、热带植物园和海洋博物馆等等,还有中世纪风格的街道和皇宫。

因为收入高、气候好、可以避税三个原因,摩纳哥有超高的房价也就不奇怪了。

世界房价第二高的地方,是我国的香港,城区平均房价约为3万美元/平方米,是摩纳哥的一半,房价收入比高达50倍。我们在第28讲中分析,香港高房价是多年来持续上涨的结果(除了1997年到2003年这段时间)。从1980年到2018年,香港房价持续上涨,总共涨了22倍,年均上涨8.5%。

关于香港房价的详细情况,请参见第28讲的内容。本讲我们把香港和摩纳哥做一个简单的比较。摩纳哥是世界富人的避税天堂,房价是香港的2倍左右。香港是中国富人的避税天堂,房价只有摩纳哥的一半。所以,香港房价虽然很高,比较之下也不是很离谱。要知道,中国的富人、华人中的富人,以及全世界的富人,都可以到香港来避税的。香港还是全球主要的金融中心,而且是不收资本所得税的。从避税天堂的角度看,香港并不比摩纳哥差很多。以前我们讲过,香港房价虽然高,是北京、上海的2倍以上,但是依然很难说有泡沫。

第二梯队：纽约、伦敦、新加坡

除摩纳哥、香港以外，纽约、伦敦、新加坡等国际大都市的房价水平也排名前列，它们分别是北美、欧洲、亚洲的金融中心和贸易中心，城区房价都在 1.5 万美元甚至更高，豪宅均价更是超过 3 万美元/平方米。新加坡稍微低一点，也有 2.8 万美元/平方米。

中国的一线城市，北京、上海、深圳，城区的平均房价也已经位居世界前列。根据房地产咨询公司 Knight Frank 的统计，我国这三个城市的房价已经分别位列世界第 5 位、第 6 位、第 7 位。但在豪宅价格方面，上海、北京的排名相对较低，分别位列第 10 位、第 11 位。这种排名的不一致和统计方法有关。世界其他城市，豪宅和普通住宅的价格差异很大。比如纽约豪宅均价为 3.2 万美元，而住宅均价只有 1.4 万美元，相差两倍多。而北京、上海的豪宅和普通住宅价格差异很小（上海豪宅均价 1.75 万美元，普通住宅的均价也有 1.5 万美元，北京就更离谱，豪宅均价 1.5 万美元，城区均价却有 1.6 万美元），这里面固然有数据来源、统计时间点的差异，也说明统计的时候，把稍微贵一点的住宅都算成豪宅了。这个统计上的差异，可能与各个公司的统计方法和数据来源有关，不影响我们的分析，我们也不深究。

其他国际大都市，比如东京、首尔、巴黎、日内瓦、慕尼黑等，房价也很高，但是只能算第三梯队，城区房价在 10000 美元到 15000 美元之间。

图 39-1 和图 39-2，分别给出了世界最高的城市住宅均价和豪宅均价。可以看到，世界大城市城区的房价都挺高的，大多在 10000 美元以上，豪宅的价格就更高，动不动就是 15000 美元甚至 20000 美元以上，相当于人民币 10 万元甚至 15 万元以上。

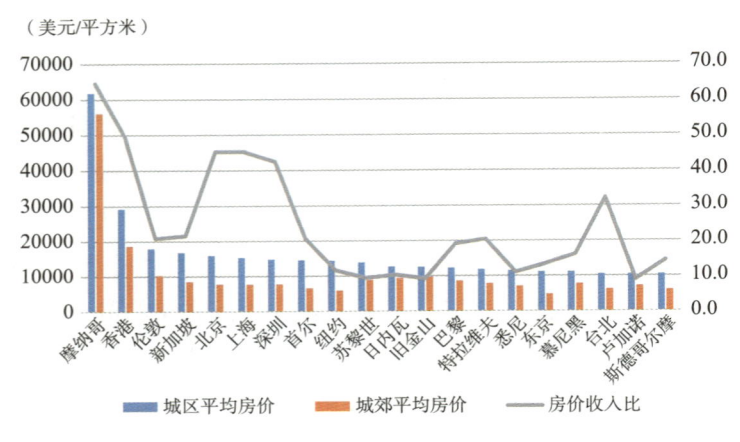

图 39-1　世界高房价城市比较

注：数据为 2018 年底数据，房价收入比＝城区房价和城郊房价的平均值×90/家庭年收入。

数据来源：NUMBEO 网站。

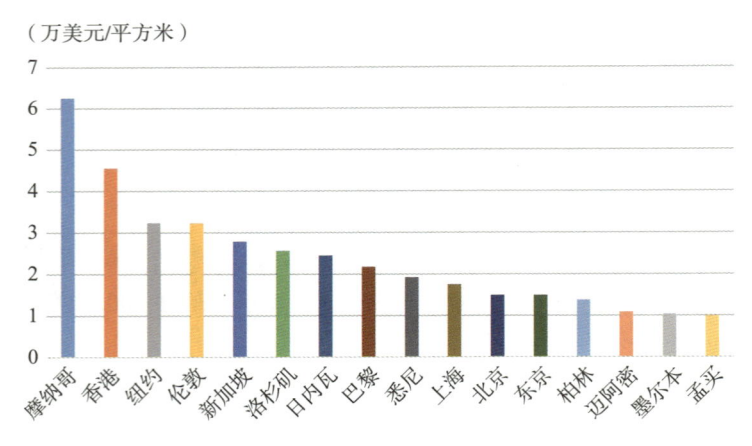

图 39-2　2018 年世界城市豪宅均价

数据来源：The Wealth Report 2019，Knight Frank。

相比之下，北京、上海的房价虽然很高，并不离谱。虽然国内人均收入低，但是大城市的房价，特别是豪宅的价格，从来都不是按平均收入定价的，而是按照高收入人口的收入定的。考虑到中国人的收入增速快，以及人口基数大，在数据上没有明显理由认为北京、上海的房价已经过高了。

未来房价会有多高

说清了现在的房价，我们再来看看未来的房价会有多高。这个预测看起来很难，其实很简单，至少保守的匡算很简单。从经验上看，目前世界的人口还在往大城市聚集，大城市的收入增速比所在国家的平均收入增速还是要高。这样，如果假定世界前 20 大城市的实际收入增速为 2%，通货膨胀的速度为 2%，富人的收入增速比平均收入增速快 1%，那么大城市房价的增速就达到了 5%，也就是 14 年翻一番。仔细看看这个匡算，其实很合理，现在的房价虽然很高，但也不会太离谱，因为未来会更高。

本讲要点：

（1）世界上房价最高的地方是摩纳哥，因为人均收入高、气候宜人，而且是避税天堂，吸引了很多富人，所以房价很高。

（2）香港也有避税天堂的性质，房价也很高，位居世界第二。

（3）其他国际大都市的城区房价也很高，在 1 万美元到 2 万美元之间，豪宅价格在 1.5 万美元到 3 万美元之间。

（4）保守估计未来世界大城市房价年均增速在 5% 左右，每 14 年翻一番。

第40讲
豪宅为什么这么贵？从富豪的资产配置说起

本讲我们来进一步分析世界大城市的住宅为什么这么贵？

其实这个问题不难理解，只要找到一个合适的角度。你需要问自己的是，世界上最贵的那些房子是谁在买？他们为什么花这么高的价钱买？这两个问题一旦问出来，其实答案就已经很明显了。

第一个问题，世界上最贵的那些房子是谁在买？是普通百姓在买吗？显然不是。世界上的豪宅，都是富人在买。动不动几千万元甚至上亿元的房子，普通人买不起的。

豪宅是富人买，这一点没什么疑问，但是有两点需要注意。第一，钱从哪里来，并不重要。比如说，温州人做小生意，山西人挖煤矿，反正是挣了钱了。英雄不问出处，他们的钱从哪里来，并不重要。现实中，一些人早先买房的时候也不是特别富，但是有了几套这样的房子，也就变成高净值人士，甚至是超高净值人士，这也不妨碍他们成为富人。在中国房价快速上涨的过程中，不少人就享受到了这样的好处。

第二，这个讨论还有一个含义，就是既然豪宅和高端公寓都是富人在买，分析的时候就不能拿普通人的平均收入去比较，只能拿这些富人的财富去比较。所以，在讨论高端住宅价格的时候，房价收入比是一个很容易误导的指标。

第二个问题，世界上的富人为什么花那么多钱买房子？答案很简单，因为房子保值增值的效果是最好的。根据一份研究[①]，在过去一个半世纪里，房子是最好的投资品。

为什么这么讲？首先，住房的回报率很高，达到6.6%，在所有主要资产中是最高的，只有股票与其接近，达到4.6%，但还是少了2个百分点，或者说少了30%。

这都是扣除通胀以后的数字，不扣除通胀的话，房子回报率有10.6%，股票有8.6%。看了这样的数字，从长期回报的角度看，富豪们为什么买房子其实就很显然了。

房子不仅回报率高，风险还很小。比如说，经济形势不好的时候，股票的价格大幅缩水，富豪们的财富也因此缩水。但是房子的价格，即便在经济萧条的时候，也相对坚挺，比股票稳定很多，能够帮富豪们保持身价。有了这个原因，房子就更加有吸引力了。

你可能会问，这是哪里的数字，是普遍现象吗？是的。数据的来源是德国经济研究中心的一份工作论文，里面收录了1870—2015年间（共145年）16个主要发达国家的数据。这些国家包括美国、英国、法国等13个主要欧美发达国家，以及日本、澳大利亚、新西兰。资产类别包括住房、股票、债券以及银行存款。可以说，这个数据包含了过去很长时间，主要发达国家的主要大类资产的回报，时间跨度长、覆盖国家多，资产类别也很全。所以，这个数据是很全面的。

说到这里，我们就不难理解，为什么富人们争先恐后买城里的房子，特别是豪宅了。事实上，换一个角度说，在发达国家，房产占国民财富的一半左右，占比非常大。富人如果不买房子，很难有

---

① Òscar Jordà, Katharina Knoll, Dmitry Kuvshinov, Moritz Schularick, Alan M. Taylor (2018), The Rate of Return on Everything, 1870-2015, CESifo *Working Paper No. 6899.*

足够的资产来储存财富。

这话不是乱说的，我提供一个数据。根据Knight Frank发布的2019年《世界财富报告》（The Wealth Report 2019），全球高净值人群（净资产超过3000万美元，不包括自住房产）平均21%的资产投资于房产，仅次于股票的27%。但是这21%的资产不包括自住房产（自住型房产：第一套、第二套房产），自住房产在总财富中的占比达到32%。考虑自住房产的话，房产占比达到46%，远超过股票的18%，更远远超过债券的13%。所以说，房产在富人的财富配置中，占比是最高的。

图40-1和表40-1给出了各地高净值人群的资产配置情况。可以看到，对于各地的富人而言，不管是欧洲、北美、亚洲，还是其他地方，房产都是占比最高的资产，远超过股票和债券。房产不仅收益率高，而且稳定，在经济萧条的时候还抗跌，理所当然成为富豪资产配置的首选。

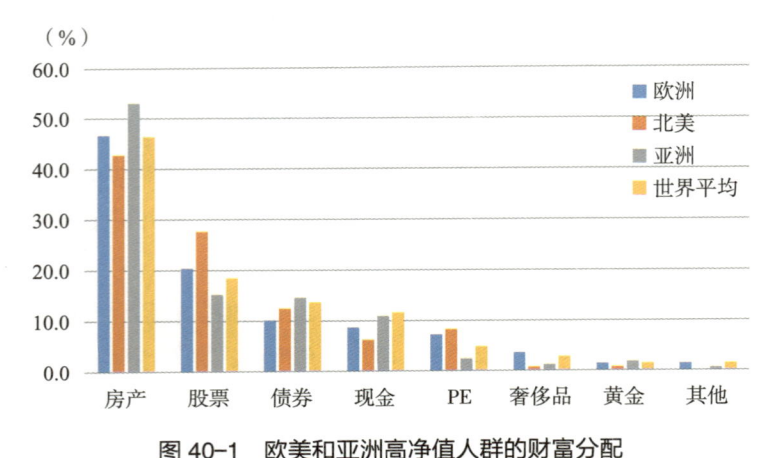

图40-1 欧美和亚洲高净值人群的财富分配

数据来源：The Wealth Report 2019，Knight Frank。

表 40-1 世界各地高净值人群财富分布

	欧洲	北美	亚洲	中东	拉美	澳大利亚	非洲	独联体国家	平均
房产	46.7	42.7	53.0	38.4	48.5	50.9	54.0	38.4	46.3
自住	27	31	39	21	38	37	41	23	32
股票	20.4	27.6	15.3	19.8	7.4	22.1	17.7	12.3	18.4
债券	10.2	12.4	14.6	15.0	13.6	12.0	8.3	20.8	13.6
现金	8.8	6.2	11.0	11.1	9.9	10.1	14.2	20.0	11.6
PE	7.3	8.3	2.4	7.9	5.6	2.5	2.4	5.4	4.8
奢侈品	3.7	0.7	1.2	2.4	6.8	1.3	1.8	2.3	2.7
黄金	1.5	0.7	1.8	0.8	5.0	0.6	0.6	0.8	1.4
其他	1.5	0.0	0.6	2.4	3.7	0.6	1.2	0.8	1.4

数据来源：The Wealth Report 2019，Knight Frank。

另外根据统计（见图 40-2），富人平均有 3.6 套房产（包括自住和投资）。其中亚洲富人有 3.9 套，欧洲有 3.4 套，北美有 3.2 套。看起来，买个三四套房子，是各地富人共同的理财方式。

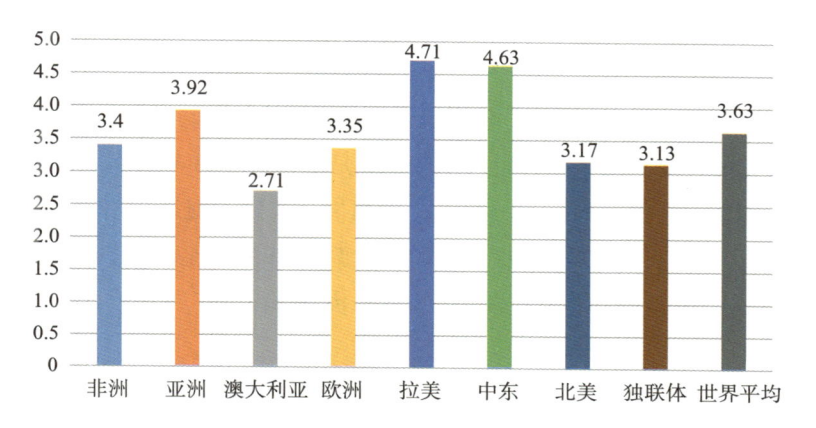

图 40-2 各地高净值人群的房产数量（含自住房）

数据来源：The Wealth Report 2019，Knight Frank。

当然，我们强调富人，并不是说这个规律对中产阶层或者收入更低的人就不适用，而是说富人财富总量大，在配置的时候没有财务约束，主要考虑风险和回报。而中低收入家庭的钱少，买了套房子可能就没钱了，这时候的资产配置不反映风险和回报的权衡，而更加反映财务约束。

上面说的是全世界的情况。中国的情况是怎样的呢？我们找到胡润报告作为参考。2018年6月，胡润研究院发布了《2018中国高净值人群财富管理白皮书》。该报告显示，截至2017年1月，大中华区拥有600万元可投资资产的家庭数量达到161万，他们的总财富已经达到125万亿元，其中可投资资产达到70万亿元。分区域来看，北京拥有600万元资产的家庭数量最多，达63.5万，其次分别是广东、上海、香港。

在资产配置方面，中国高净值人群的投资很多元化，房地产、股票、债券、基金、艺术品都有涉及。但是，尽管多元化，房地产也是以24%的占比排名第一，股票以22%排名第二。所以说，房产在中国富人的资产配置中，也占有最重要的地位。

最后，我们来看一下世界主要城市的富豪分布。根据世界财富报告的统计，高净值人士人数最多的是伦敦，达到4944人，东京、新加坡、纽约分列第二、第三、第四位，人数分别是3732、3598、3378，北京以1673人位列第五，上海以1263人名列第十（见图40-3）。毫不奇怪的是，这些城市的房价也都很高。

本讲要点：

（1）房产是富人最重要的资产配置方式，超过股票、债券和现

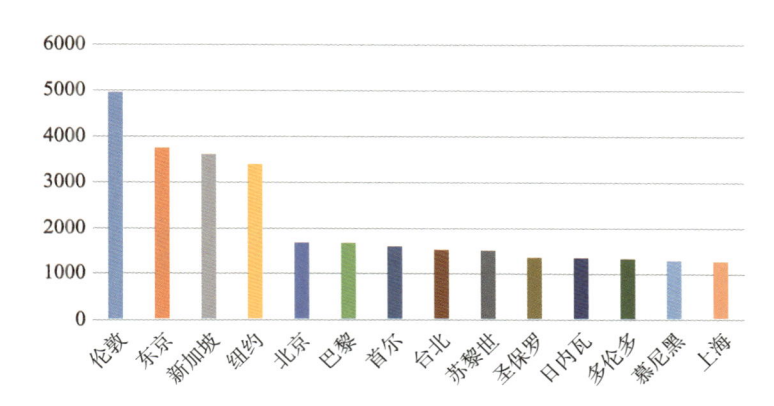

图 40-3 世界拥有高净值人士城市排名

金。平均而言，富豪把一半左右的财富分配到房产上。

（2）房产成为富人的首要资产配置，是因为两个特点，一是回报率高，二是风险低。从 1870 年以来的一个半世纪里，房产的长期年均回报率比股票高 2 个百分点。

（3）伦敦、东京、新加坡、纽约等国际大都市，聚集着世界上数量最多的富人，也是房价最高的几个城市（除摩纳哥和香港两个避税天堂）。中国的北京、上海，也是富人数量很多的城市，房价也很高。

第九部分

高房价的危害

高房价的真正危害，是拉大了财富差距，
降低了年轻人的生育意愿。

  1. 过去 20 年，房价、工资和经济增长的速度差不多，房价上涨本身是经济增长和收入增长的结果。

  2. 房价上涨和实体企业经营，是互为因果的关系。一个城市只有实体企业好，人们的收入才会增长，房价才会增长。

  3. 房价上涨以后，会对附加值低的企业形成压力。一个解决办法是在大城市附近建设中小城市，接受大城市转移出来的低附加值产业，实现协同发展。

  4. 高房价的真正危害，是降低了总体生育率。年轻人必须把有限的资源在职场发展和生儿育女之间分配，从而降低了生育意愿。

  5. 生育率下降是过去近百年来的各国普遍规律，但是大中华地区和东亚地区的生育率更低，存在一个"东亚低生育率之谜"。

  6. 东亚国家在经济快速发展过程中，普遍经历过快速的房价上涨。我的一个猜测是年轻人的各种负担重，包括购房负担重，压低了生育率。

第 41 讲
鸡生蛋还是蛋生鸡？辨析高房价推高企业成本

本讲，我们来讨论一个很流行的观点，就是高房价推高了实体企业的成本，导致实体企业成本高昂，经营困难。

这个观点很流行，很多专家都认同。2018 年夏天，华为数千员工离开深圳，搬到东莞松山湖，更是起到了一个风向标的作用，使得这个观点被更加广为接受。你想，华为是中国最成功的企业之一，技术先进、财大气粗，都被深圳的高房价挤走了，其他企业怎么办？肯定日子更加难过。于是，对于高房价的批判，又多了"推高实体企业成本"这一条罪状。

本讲我们来庖丁解牛，讨论一下这个观点到底对不对。本讲将要告诉你的是，这个说法既对，也不对，而且我们只能接受大城市高房价这个事实，并在这个基础上寻找解决方案。

房价增速=工资增速=名义经济增速

本讲的分析比较复杂，有点绕。在展开分析之前，我先给你一个数字，就是这么多年的人均工资涨速。根据国家统计局的数据，2000 年我国的人均年工资为 9333 元，2017 年增加到 74318 元，累计增加 8 倍，年均增速 13%。

看到累计增加 8 倍、年均增长 13% 这两个数字，我不知道你有什么感觉，我是觉得挺高的，似乎比感觉的还要高。但是稍微想一下，这两个数字也大致靠谱。这些年国民收入的增长速度，大致也是这么多。换句话说，这个速度和GDP的增长速度，几乎是完全一样的（因为工资的增速没有扣除通货膨胀，GDP的增速我们也不扣除通货膨胀，当然，扣除通胀之后的增速也差不多）。

进一步想，其实这些年房价的增长速度大约也是这么多，可能稍微快一点。从2000年到现在，大城市房价增长了十几倍，小城市房价增长7~8倍。或者说，人均收入的增速和小城市房价增速差不多，比大城市房价增速慢了一点，总体上差异不大。大城市房价除了收入的影响，还有人口聚集的影响，所以快一点。

上面，我们厘清了几个基本数字，就是工资增速、房价增速和经济增长的速度，这三个速度总体上差不多，很接近。这三个数字告诉我们这样一个规律，就是工资和房价上涨是经济增长的一部分，甚至可以说是三位一体、不可分割的。看清这一点，我们就不会只想要工资增长和经济增长，不想要房价上涨，因为办不到。

在此基础上，我们可以来进行一些分析了。为了分析的便利，把问题的底层逻辑弄清楚，我们来问一些比较尖锐的问题。问尖锐的问题，是为了把底层的逻辑弄清楚，避免似是而非。

高房价：既是原因，也是结果

第一个问题：如果说高房价推高了实体经济的成本，那么同样增速的高工资，是否也推高了实体企业成本？因为工资的增速和房价的增速差不多，工资是企业最重要的成本，所以问这个问题是很合理的。

这个问题问出来，回答是肯定的。的确，高工资和高房价一样，都推高了实体企业的成本。不同的是，工资是大家的收入，多多益善，没有人抱怨；而房价高，买房压力大，抱怨就比较多。

第41讲 鸡生蛋还是蛋生鸡？辨析高房价推高企业成本

"房价高，抱怨比较多"这样的说法，可能读着觉得很有道理，其实也不完全对，我是故意这么讲的。你想想看，房价高不是所有人都抱怨的，只有还没买房的人在抱怨，买了房的人是很开心的。把这一层指出来，是为了澄清一个误区，现实中很多人抱怨房价，不等于所有人抱怨房价，只是不抱怨的人不说话而已。

我们接着往下分析。高工资是伤害了实体企业，但是大家很难抱怨，是因为高工资被认为是好事情，毕竟老百姓的收入增加了。当然，企业老板们可能也偷偷抱怨，说工人工资涨得太快，成本压力太大，但是这样的说法很难获得大家的同情。

其实不管是高房价还是高工资，都有人开心，有人抱怨，只不过是抱怨的声音有大有小而已。重要的不是有没有人抱怨，而是这个抱怨背后的逻辑对不对，我们能不能改变它。

第二个问题：高房价推高了实体企业成本，那又是什么推高了房价呢？这个问题很复杂，好在我们前面的讲解做了系统的分析。总结起来，房价上涨的原因很多，最重要的有三个，经济增长、通货膨胀、城市化。这三个原因中，最根本的还是经济增长，世界上几乎所有的经济体，只要经济增长了，房价就会涨，我们找不到例外。

话讲到这里，还没有完，因为还没有说透。其实，我们可以进一步讲，高房价就是实体企业给拉起来的。你想，企业经营好了，员工收入才高，才会改善生活，把钱花在衣食住行上；企业经营不好，员工收入不高，是没有钱买房子的。

举个例子，深圳房价为什么这么高？因为深圳的经济好，出了那么多好企业，像华为、腾讯等等，不仅雇了很多员工，还在其中产生了无数的千万富翁、亿万富翁，这些人有钱才去买房子，既然在深圳，当然买深圳的房子。

反过来，六线小县城的房子为什么不贵？房价不到深圳的十分之一？因为这个地方没有好的实体企业。

这个例子让我们明白，高房价其实是实体企业好的结果，是企业经营好、提高了收入，才把房价拉起来的。企业不好了，房价不会高。大家都听说过底特律的故事，这个城市的企业没落了，房价就很低了。

所以，实体经济好是工资上涨和房价上涨的基础。或者说，实体经济是因，房价是果。只看到高房价推高实体企业成本，没有看到实体企业拉高了房价，是片面的，甚至有一点因果倒置了。

产业转移：附加值的高与低

上面的讨论中，我们忽略了一个因素，就是企业和企业是不一样的。有些企业很好、附加值高，房价高了虽然难受，但是能够忍受。有些企业附加值低，房价高了受不了。

比如说，传统的制造业中，很多企业的附加值不高、利润率比较低，房价太高之后成本就太高，在大城市难以支撑。怎么办呢？就迁移到房价比较低的地方。但是这个新地方不能太偏远，太偏远不利于这个企业产品运输、招募员工、培训员工等等。

所以，比较好的模式是在大城市的周边建立制造业密集的中小城市，这样一方面房价比较低，可以减少制造企业的成本，另一方面离大城市比较近，物流成本比较低，招聘员工也比较容易。最重要的是，这里的企业可以和大城市的研发中心无缝对接，跟踪最先进的产品和技术，提高自己的技术含量和附加值。

这样的城市现实中很多，比如珠三角的东莞和佛山。深圳、广州是一线城市，综合实力强，但是房价很高，不适合制造业。东莞、佛山离深圳、广州很近，正好承接转移出来的制造型企业。这样的匹配，在上海和昆山之间也存在。这对于提升大城市的竞争力和中小城市的竞争力都有好处，可以做到协同发展。

说到这里，我们可以回到一开始讲的华为的例子。其实，华为并没有离开深圳，只是把一些职能部门转移到了东莞，总部还是在深圳。这样，一方面可以利用深圳的金融、信息、人才优势，另一方面可以享受东莞的成本优势，而且两地很近，能够互通有无，可以说是两全其美。

本讲要点：

（1）过去20年，房价、工资和经济增长的速度差不多，房价上涨是经济增长和收入增长的结果。

（2）房价上涨和实体企业经营，是互为因果关系的。一个城市只有实体企业好、人们的收入增长，房价才会大幅增长。

（3）房价上涨以后，会对附加值低的企业形成压力。一个解决办法是在大城市附近建设中小城市，接受大城市转移出来的低附加值的产业，实现协同发展。

第 42 讲
高房价的真正危害：东亚低生育率之谜

本讲我们来讨论一个热点问题，就是生育率的下降。根据国家统计局的数据，2018 年全国新出生人口为 1523 万，比 2017 年减少了 200 万，是很多年以来的最低数字。实际上，上次出生人口低于这个数，要回溯到"三年自然灾害"期间的 1961 年（见图 42-1）。从 1962 年到 2017 年，半个多世纪了，每年的新出生人口数从来没有这么低过。

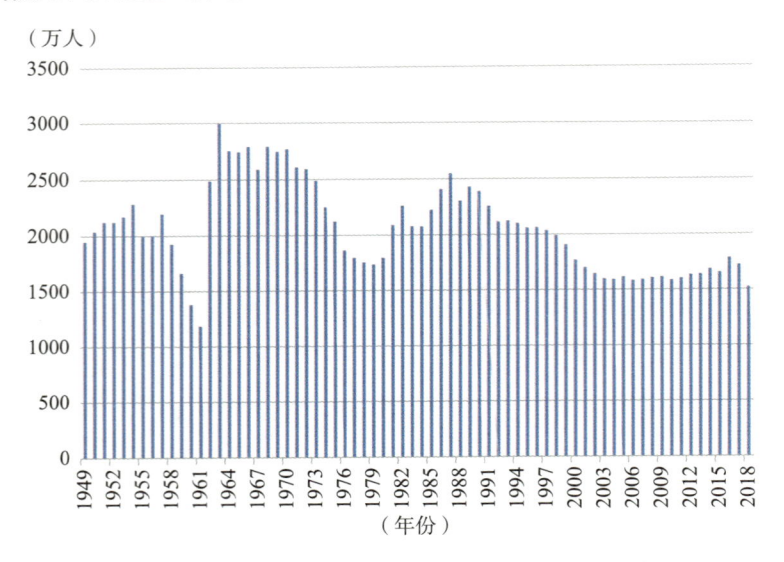

图 42-1　中国历年出生人口数（1949—2018 年）

数据来源：国家统计局。

生育率下降和人口老龄化，在房价讨论中经常出现。不少人认为，这两个因素将导致房价的快速下跌，甚至是断崖式下跌。在之前讲解中（第10讲），我们分析过这两个因素，反驳了这种似是而非、欺骗性很强的观点。生育率下降是事实，人口老龄化也是无法逆转的趋势，但是并不会导致房价的断崖式下跌。

本讲我们来进一步分析，生育率为什么这么低？和房价有没有关系？本讲的主要发现可以概括为两句话：第一，生育率下降是全球普遍规律，但是东亚地区，特别是大中华地区的生育率特别低；第二，房价的快速上涨增加了年轻人的负担，可能是东亚和华人地区生育率特别低的重要原因。

生育意愿下降

很多人认为，我国的计划生育政策是我国生育率下降的主要原因。这当然有一定道理，计划生育政策对生育率肯定多多少少有抑制作用。但是，仔细分析会发现，计划生育并不是生育率下降的唯一原因，甚至不是重要原因。换句话说，即使没有计划生育，我国生育率还是大幅下降的。我提供两个证据。

第一个证据来自山西翼城。山西翼城是我国计划生育政策的特区，当年留下这么一个县做试验，不实行严格的计划生育政策。翼城的政策1985年开始执行，只要不早于24岁生育第一胎，30岁以后就可以再生一个。那么，翼城的生育率有没有比其他地方高很多呢？几乎没有。事实上，1990年以来，翼城出生率和山西全省出生率走势几乎一模一样，都是单方向快速下降。

从人口规模的增长看，翼城放松生育政策的效果也没有导致人口总量的增加更快。从1982年到2000年（用两次人口普查数据对比），全国人口增速为26%，山西人口增速为30%，翼城不到21%，远远低于山西的增速和全国的增速（见图 42-2）。翼城的数据表明，放开二孩，当地的生育率并没有提高，总人口数量增长甚至低于本省和全国增速。

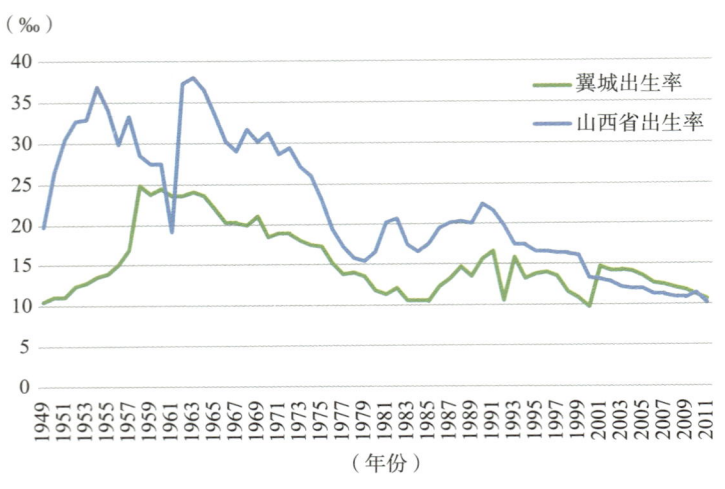

图 42-2　山西翼城和山西省出生率比较（1949—2011 年）

资料来源：韦艳和张力（2012），"发展型"或"政策型"生育率下降？《人口研究》，36（6）。

第二个证据是我国放开二孩政策以后的情况。我国 2016 年放开二孩政策，本来希望生育率迎来一个大反弹。但是，生育率在小幅反弹之后，就很快开始下降，并没有因为放开二孩政策而持续上升（从出生人数上看，2015 年为 1655 万，2016 年反弹到 1786 万，增加了 131 万。但是反弹仅仅持续了一年，2017 年下降到 1723 万，2018 年快速下降为 1523 万，比 2015 年还低了 130 多万）。从数据上看，放开二孩政策的效果仅仅持续了 2 年，新出生人口增加了 200 万左右，对于增加人口数量的效果很小，几乎可以忽略不计。

此外，根据目前的数据，一个妇女总共只生 1.5 个小孩左右，远远没有达到两个小孩的水平。这就说明，从总体上而言，计划生育已经不是生育问题的主要约束。现实中当然存在这样的情况，就是一部分人不想生，另一部分人想生，但是被计划生育管住了。但是因为总体生育率远远低于 2 的水平，这个情况已经不严重了。既然不是计划生育的问题，那么就说明目前的低生育率，主要是因为人们的生育意愿已经很低了。生育意愿下降的原因，是我们本讲讨论的重点。

生育意愿下降是普遍现象

在展开讨论之前，先介绍一点背景知识。从世界范围内看，随着收入增加、城镇化水平提高、妇女的受教育程度提高、妇女就业率提高等因素，生育率都是下降的。这是个一般规律，世界各国都一样。第一次世界大战以前，一个妇女经常生 6~7 个小孩，现在世界平均只有 2.5 个小孩，高收入国家只有 1.6 个小孩。

图 42-3 展示了主要发达国家 1960 年以来的生育率变化，可以看到各国生育率其实都在下降中。美国、英国、法国、德国、日本的生育率，从 1960 年的 2~4 个小孩下降到现在的 1.4~2 个小孩，差不多降了一半。发达国家中，以色列的生育率是最高的，现在还有 3 左右。以色列的高生育率一直都是人口学家重点关注的对象，一般认为和以色列的宗教传统（犹太教），以及非常注重鼓励生育的各种政策有关。

对于生育率的普遍下降，一般认为有两个解释。一是人们更加重视孩子的质量，而不是数量，因此少生孩子。但是生一个就养好一个，在力所能及的范围内给他最好的食物、最漂亮的衣服、最精巧的玩具，让他念最好的学校。二是妇女的受教育水平、就业率上

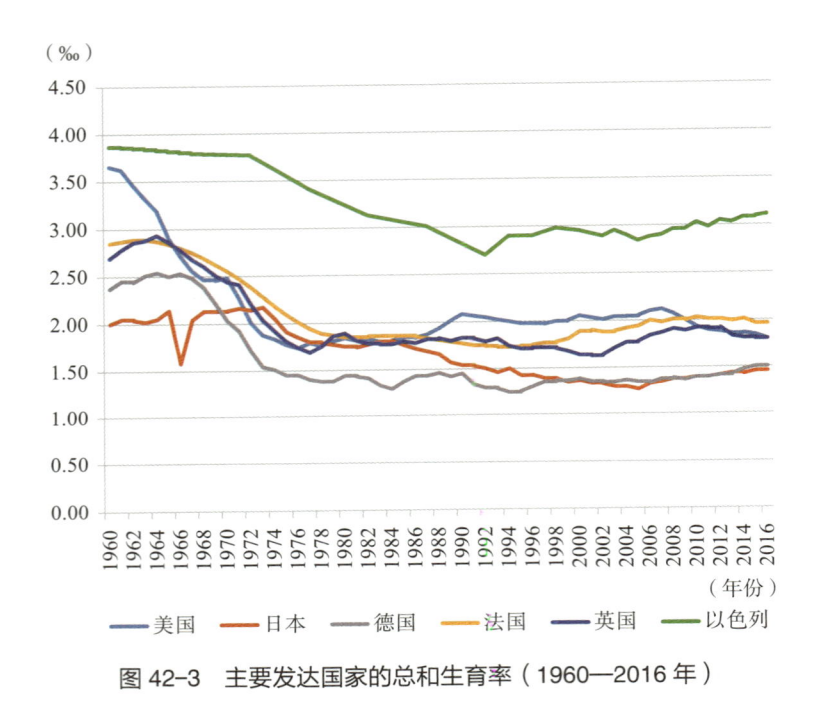

图 42-3　主要发达国家的总和生育率（1960—2016 年）

数据来源：世界银行。

升，工资也上升，因此生小孩的时间成本增加了。事业和孩子难以两全，有些人只好选择少生甚至不生小孩了。

东亚低生育率之谜

生育率下降虽然是一个一般规律，但如果仔细比较一下全世界各国的生育率，你会发现一个有趣的现象，就是东亚地区的生育率尤其低。全世界 5 个生育率最低的国家或地区都在东亚：新加坡（0.83）、中国澳门（0.95）、韩国（0.98）、中国台湾（1.13）、中国香港（1.19）。①这个排名包括了所有的国家和地区，所以才有上面的结论。②

这5个国家和地区里面，没有中国大陆。事实上，大陆的生育率也很低，只有1.5左右。作为比较，世界平均生育率为2.5，OECD国家平均为1.6，人口自然替代生育率，即保持人口总数稳定的生育率为2.1。

也就是说，我国的生育率水平可以用"三个低于"概括：（1）远远低于世界平均水平；（2）远远低于保持人口稳定所需要的水平；（3）低于发达国家的平均水平。考虑到我国的收入仅仅是OECD国家的四分之一左右，可以说我国是"还没有变富裕，就不生小孩了"③。

上面的"三个低于"，说的是全国的生育率。如果看大城市的生育率，就更低。根据2010年第六次人口普查数据，北京、上海的生育率分别为0.71和0.74，比新加坡、中国香港都要低。即便按照人口学家的估算向上调整，也都只有1.0左右的水平，仅仅和中国香港、新加坡差不多。

你可能已经发现了，生育率低的国家和地区，都在大中华地区。和一些主要国家进行比较，大中华地区的生育率之低就更加

---

① 括号中的数字表示一个妇女一生中平均生的小孩的个数，2018年数据。
② 除了梵蒂冈，一个只有五百多人的小国。梵蒂冈是罗马教廷的所在地，主要是教会和神职人员，生育率接近0。
③ 关于中国的生育率数据，有很多的争论，本书采用的是1.5这个较高的水平，也就是说本书的分析较为保守，可能高估了目前的生育率水平。国家统计局的数据是1.6，但是争议很大，大部分人口学家都认为高估了，因为这是从样本只有1万人的育龄妇女的抽样调查来的。2015年大范围的1%人口抽样调查数据得到的结果是1.05，远远低于1.6。这个超低的生育率结果，也有很多争议。大部分人口学家认为，我国近年的生育率在1.2~1.5，比世界平均水平（1.6）要低一些。本文采用这个区间的上限。

明显。发达国家中，法国和美国高一些，目前生育率分别为 2.0 和 1.8。其他的欧洲发达国家就不高了，比如意大利在 1.3 左右，德国在 1.4 左右。其他一些东欧和前苏联国家的生育率也都不高，在 1.3～1.5 的水平上，但是还是比台湾地区、香港地区等地要高一些。基于这些数据，隐约可以看到一个"大中华地区低生育率之谜"。

另外，东亚邻国日本、韩国的生育率也极低。日本的数据为 1.4，韩国更是创下新低，2018 年韩国总和生育率仅为 0.98，为 1970 年有统计以来的最低值。考虑到这一点，似乎还有一个"东亚低生育率之谜"。

高房价压低生育率

现在，我们来讨论如何解释这个谜。

东亚地区以及东南亚的新加坡，传统上都是以儒家文化为基础，儒家文化向来重视子女和教育，这一点和以色列的犹太文化一样，因此这些地方不愿意生小孩是很奇怪的事情。尤其是，尽管世界各国生育率都在下降，为什么东亚地区，也就是儒家文化区的生育率这么低呢？东亚地区并没有比欧美国家富裕，妇女的收入、受教育程度和社会地位也没有比欧美国家高。看来，世界范围内的生育率普遍下降解释不了东亚地区的生育率超大幅度下降的现象，要从这个地区的特殊性上找原因。

翻阅文献，我们发现美国经济研究局 2014 年的一份新研究很有启发。[1] 该研究（利用 1995—2007 年的美国数据）发现，房价

---

[1] Dettling, L. J., & Kearney, M. S. (2014). House prices and birth rates: The impact of the real estate market on the decision to have a baby. Journal of Public Economics, 110, 82-100.

上升导致已经购房者的生育率上升，尚未购房者的生育率下降，原因在于尚未购房者的财富需要在买房子和生孩子之间分配。而已经购房者的房产增值意味着家庭财富上升，会对生育率产生正面影响。

我看到这个研究的时候，很有点"一语惊醒梦中人"的感觉。东亚的这些国家和地区，这些年尽管经济增长不错，但是都经历过快速的房价上涨。日本、韩国，中国的台湾、香港，都在20世纪70—90年代经历过快速的房价上涨。日本的房地产价格从20世纪50年代到90年代涨了大约40年，到1991年泡沫才破灭，是近代史上最为严重的经济泡沫。香港的房价从1980年以来几乎是一直上涨的（唯一的例外是1997—2003年），房价比北京、上海高1倍还要多。

内地也一样。我国内地的住房商品化改革在1998年启动，房地产价格也一直在上涨，生育率也一直在下降。从时间上看，房价的上涨和生育率的下降是一致的。

根据上面提到的这份美国的研究，房价上涨10%，导致生育率下降1%。按照我国统计局的口径，2005年全国房价约为3000元/平方米，目前约为8000元/平方米，上涨约2倍，生育率就会下降20%。这对生育率有多大的影响呢？倘若以前是1.7，则下降到1.3；倘若以前是1.5，则下降到1.2；倘若以前是1.2，则下降到0.96。这个下降的幅度和观测到的幅度差不多。根据这些数字，我们可以提出一个大胆的猜想，就是房价的快速上涨，对于降低生育率有很大的作用。

这个猜想只是基于数据的一种猜测。从情感或者主观希望上，我很希望这个猜想是错的。对于年轻人而言，恋爱、结婚、生儿育女，是头等大事。人类经过几十万年的进化，每一个个体都是大自然鬼斧神工的杰作，蕴含着无穷的智慧与力量。所以，压低生育率、减少了人口，才是高房价的真正危害、最严重的危害，这种危害比其他危害都大很多。

当然，生育率下降应该是受到各方面因素的综合影响，而不是房价上升一个因素导致的。年轻人因各种原因负担太重，生不起孩子、养不起孩子的情况是有的。生孩子、养孩子，要花很多钱。倘若还要背一个房子，动不动就价值大半辈子的薪水，推迟生育、少生孩子大概已经是好的了，不生也有可能。从这个角度看，对房地产市场进行调控、让房价增速不要太快，是完全有必要的。

本讲要点：

（1）我国2018年出生人口数创下半个世纪以来新低，放开二孩政策对于刺激出生率的作用很小，而且已经消散。现在生育率低的主要原因，是生育意愿低。

（2）生育率下降是过去近百年来的各国普遍规律，但是大中华地区和东亚地区的生育率更低，存在一个"东亚低生育率之谜"。

（3）东亚国家在快速经济发展过程中，普遍经历过快速的房价上涨。我的一个猜测是，年轻人的各种负担重，包括购房负担重，压低了生育率。

（4）从财富分配的角度，应该进行地产调控，防止房价增速过快加大年轻人的负担、降低生育意愿。

第十部分

分化变局与房产财富

历史在 2020 年转折，变局之下，房产依然是财富的重要载体。

1. 从 2016 年国庆黄金周开始，史上最严房地产调控已经持续 4 年多，大城市房价依然坚韧上涨，足以证明大城市房价并没有泡沫。

2. 调控影响了房价上涨的节奏和分布，但是不影响房价上涨的趋势。2017—2019 年，调控较严的一线城市和核心二线城市房价涨幅低，调控较松的中小城市涨幅高。但是到了 2020 年，一线城市和核心二线城市的房价涨幅开始回升，中小城市涨幅开始下降。

3. 新冠疫情在全球蔓延，已经形成二战以来最大的人道主义灾难。严重的疫情之下，国内、国际大城市房价普遍上涨。国内一线城市房价上涨 8.3%，二、三线城市分别上涨 2.9% 和 3.3%。国际上，美国、欧洲、亚太的主要大城市房价也是上涨的，很多城市涨幅很大，达到两位数增长。

4. 疫情像显影剂，帮助人们看清了大城市的价值，看清了房价的规律，促进了房价的上涨。

5. 过去半个世纪，很多国家经济大幅减速，甚至发生经济危机，可是只要经济能企稳，房价还会大幅上涨。我国经济增长虽然减速，但是依然较快，不需要担心房价崩盘。

6. 在人口增长很慢的情况下，房价依然可以飞涨。2010 年以来，有 8 个主要大国的人口增速都低于中国，但是核心城市的房价都是增长的，其中德国、韩国的房价增长还非常快。

7. 中美关系和国际环境的变化，通过三个渠道影响房价：移民、资本流动、经济增长，但是这些影响总体上都不大。不管中美关系如何，只要中国经济保持稳定增长，房价就会保持增长。

8. 其他后发国家，比如印度和越南的崛起，依然有很大的不确定性,即便崛起也不直接影响中国房价。中国的房价,最终还是取决于自身的经济增长。

9.中国房产市值大,但是股票、债券等金融资产市值较小,无法承载中国快速增长的财富。房产市值大与股票、债券市值小,是一枚硬币的两面。房产是中国家庭财富的重要载体,帮助塑造了中国的中产阶层。然而,现实中,"白衣骑士"却被污名化了。

第 43 讲
房地产调控，对房价的影响是什么？

本讲要回答的一个问题是：现在房地产调控严格，会改变房价的趋势吗？换句话说，本来房价趋势可能是上涨的，可是现在调控这么严，又这么坚决，房价趋势会不会变？会不会不涨了？

显然，这是个很合理的疑问，也是个很重要的问题。2016 年开始的这一轮房地产调控很严厉、很坚决，对房价已经产生了重要影响，这是我们都看到的。那么，房价的趋势会不会改变呢？

对于这个问题，我有非常明确的答案：房地产调控会改变房价上涨的分布，也会改变房价上涨的节奏，但是不改变房价上涨的趋势。为什么可以给出这样明确坚定的回答呢？除了之前反复讲过的城市和房价的原理，更重要的是，数据已经给出了答案。

从 2016 年国庆黄金周开始，本轮房地产调控到 2020 年 10 月就 4 周年了。可能是因为现在的事件太多，这个四周年并没有引起市场的关注，财经媒体甚至都没有任何讨论。倒是我 2020 年 11 月 18 日的直播，用了"房地产调控四周年"的标题，算是一个小小的纪念。

为什么要纪念一下？因为在中国的商业周期当中，4 年是很长的时间，足够经济走一个完整的周期，股市走一个完整的涨落。4 年的数据，可以告诉我们很多的事情。当初做的预测，已经可以拿数据检验了。房产调控的效果，也已经可以用数据说话了。本讲我们梳理一下过去几年的房价数据，看看在史上最严、持续时间最长的调控之下，房价到底怎么样了。

我们现在就来看数据。因为一手房受到限价、新房位置较偏等因素的影响，房价扭曲可能比较大，我们来看质量相对较好的二手房数据。简单起见，我们就看国家统计局的 70 个大中城市二手住宅价格数据，以 2016 年 9 月房价为基期，看房价从 2016 年 10 月到 2020 年 9 月的涨幅，时间跨度正好是 4 年。

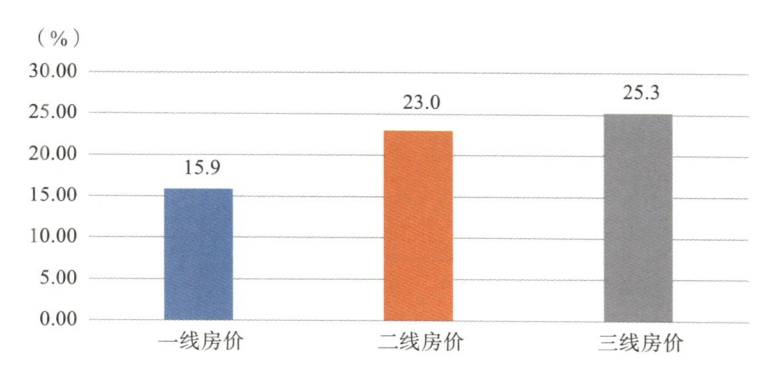

图 43-1　二手住宅累计涨幅（2016 年 10 月—2020 年 9 月）

数据来源：国家统计局。

图 43-1 显示了一、二、三线城市房价这 4 年时间的累计涨幅，一线城市涨了 15.9%，二线城市涨了 23%，三线城市涨了 25.3%。简单平均的话，平均涨了 21.4%，每年涨 5.3%。之前我们做过一个简单的匡算，未来十几年的时间里，房价每年上涨 6% 左右，12 年翻一番。从过去 4 年的数据看，这个匡算基本成立，实际增速比 6% 稍微低了一点点。不过，由于避税等因素，二手房价格可能会低报一点，这个涨幅应该是低估的，实际可能并不低。更何况，大家可以想一想，如果没有这么严厉的限购，房价会涨多少。

一、二、三线城市中，一线城市的房价涨幅低一些，和一线城市的限购更加严厉有关，北京、上海的限购尤其厉害，房价涨幅也很低。不过，上海 2020 年房价已经反弹了，涨了很多。深圳、广州这几年的涨幅一直不低，深圳尤其厉害。至于北京，房价反弹也已经在酝酿中了，一些区域，特别是好的学区房，已经开始涨了。

图 43-2 显示了一、二、三线城市房价的时间序列涨幅，可以看到 2020 年以来一线城市房价有明显的翘尾现象，涨速开始加快。看斜率的话，2020 年一线城市比二、三线城市的上涨速度都快。

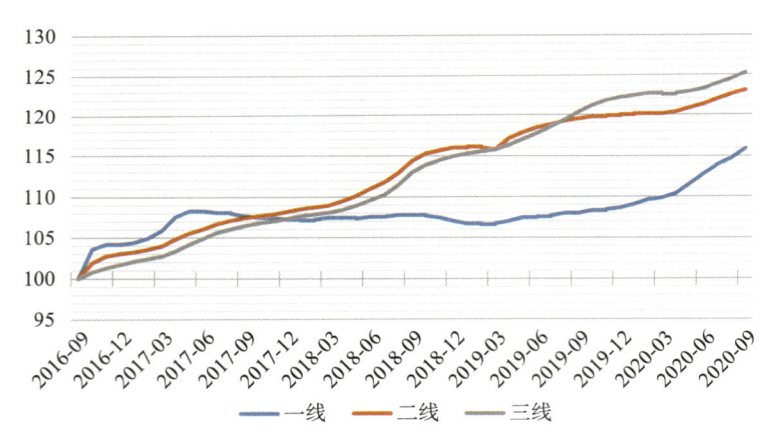

图 43-2　二手住宅价格走势（2016 年 9 月—2020 年 9 月）

数据来源：国家统计局。

图 43-3 和图 43-4 进一步显示了部分大中城市的房价涨幅，包括一线城市和重要的二线城市。一线城市中，北京、上海的涨幅低一些，分别是 2.4%、3.3%。北京、上海的房价涨幅低，可能与调控严厉以及首都的疏散人口政策有关。广州、深圳的涨幅都很高，都超过 20%。深圳、上海的房市 2020 年夏天以来很火爆，上述数据有可能是低估的。

二线城市房价涨幅普遍较高，很多城市都在 20% 以上，有几个城市涨幅在 30% 以上。涨幅较低的是天津、郑州、厦门、合肥

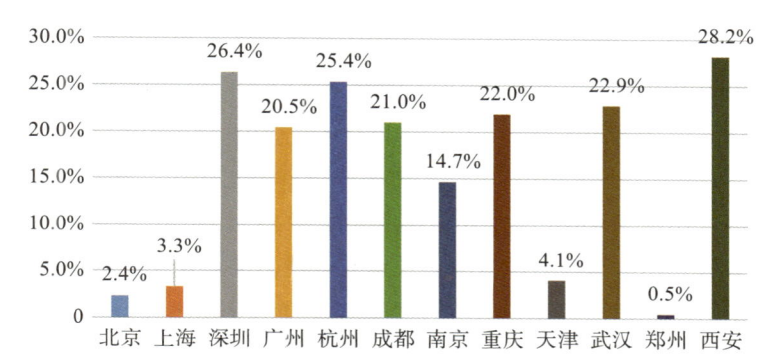

图 43-3　特大城市二手住宅累计涨幅（2016 年 9 月—2020 年 9 月）

数据来源：国家统计局。

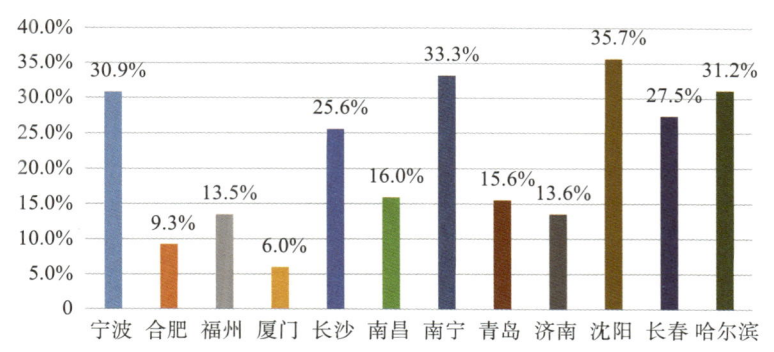

图 43-4　部分大城市二手住宅累计涨幅（2016 年 9 月—2020 年 9 月）

数据来源：国家统计局。

这几个城市。这几个城市涨幅低的原因是多种多样的，比如前期涨幅太大、房地产调控太严、经济后力不足等等。长期看，这些城市的长远问题都不大，天津可能会弱一点。

上述数据表明，在严厉的、持续的房地产调控之下，房价依然是坚韧上涨的。图 43-3 和图 43-4 中一共有 24 个特大城市和大城市，房价全部是上涨的，没有一个下跌。关于房地产泡沫的争论，可以休止了。听信了泡沫论的人，已经耽误了很多买房的好时机。如果是泡沫，这泡沫过于坚韧，而且还在长大。退一万步讲，很多年以后，也许泡沫会破灭，破灭之后的沫可能比现在的泡还要大。

尽管最后这句话是开玩笑，但说的是实情。我在之前多方面分析过，其实中国房价的上涨完全符合各国房价上涨的一般规律，没有特殊之处。与国际比较的话，国内大城市的房价也并没有更高。考虑到中国经济还在增长，房价还会有显著的上涨空间。过去几年房价在严厉持续的调控之下的上涨，不过是验证了之前的分析而已。在这次长达4年、高强度的压力测试中，之前的分析经受住了考验。之前看多房产但不坚定的读者，应该可以得到一些启发。

如果想买房投资，应该怎么选城市呢？这是我截至2021年5月的一个买房城市清单。这个清单的做法很简单，就是根据一些重要的变量，给城市发展潜力评分，再结合自己对这个城市的一些历史、文化、未来趋势的理解，做出最后的分类。这个单子不是一成不变的，以后情况变化，可能还会更新。海南自由贸易港的影响尚不明确，暂未考虑。

根据这个方法，依据城市的发展潜力和投资价值，我把城市分为四组：尽量买、可以买、可买可不买、尽量不买（见表43-1）。简单说，尽量买的这一组，一共有8个城市，都是很大的城市，不用担心未来发展潜力，长期投资价值很大。可以买的城市，是比较大的城市，未来发展潜力也不错，房产具有较好的投资价值。可买可不买的城市，发展潜力一般，投资价值还行，但是如果有其他很好的投资机会，不买也行。尽量不买的城市，投资价值就很一般了。

关于这个清单，要加三个说明。

表 43-1　徐远的购房清单（2020 年 5 月 21 日）

分类	城市
尽量买	北京、深圳、上海、广州、杭州、成都、南京、苏州
可以买	重庆、天津、武汉、郑州、西安、珠海、福州、厦门、宁波、无锡、合肥、长沙、青岛、济南
可买可不买	东莞、佛山、石家庄、大连、太原、呼和浩特、沈阳、长春、哈尔滨、海口、南昌、南宁、贵阳、昆明、兰州、西宁、银川、乌鲁木齐
尽量不买	拉萨、其他城市

注：这个清单是 2021 年 5 月 21 日的版本，以后会根据形势变化微调。海南自由贸易港的影响尚不明确，暂未考虑。

第一，这个分类清单是从投资角度讲的，不考虑居住价值。如果在一个城市居住，住房还有很大的消费价值，还是尽量买一套。

第二，长期看，很多中小城市的房价进一步上涨的空间不大，但是也不一定下跌。而且，万一以后通胀来了，房子还能抗通胀。

第三，不管哪一个城市，都不是买哪里都可以的。我从来不推荐远郊区的房子，只推荐较好区位或者地铁沿线的房子。之前我们讲过，最好选电梯房，就是核心区的房子，一般是带电梯的高层。实在买不了核心区，就选地铁沿线的房子，利用轨道交通的便利。

那么这个清单的效果如何呢？调控 4 年多了，我们不妨看看这几组城市房价的涨幅。一看之下，非常有意思。图 43-5 显示，尽量买的一组城市，房价呈现 U 形的反转。2016 年涨幅较大，2017—2019 年因为调控很严，涨幅被压得比较低。到了 2020 年，则出现了明显的回升，涨幅比前面三年都高很多，比其他三组城市也高很多。看起来，即便在如此严厉的调控之下，基本的经济逻辑还是经受住了考验。

可以买的城市，房价涨速则呈现阶梯下降，2016 年也比较高，2017—2018 年的涨幅也还不错，到了 2019—2020 年，涨幅就很低

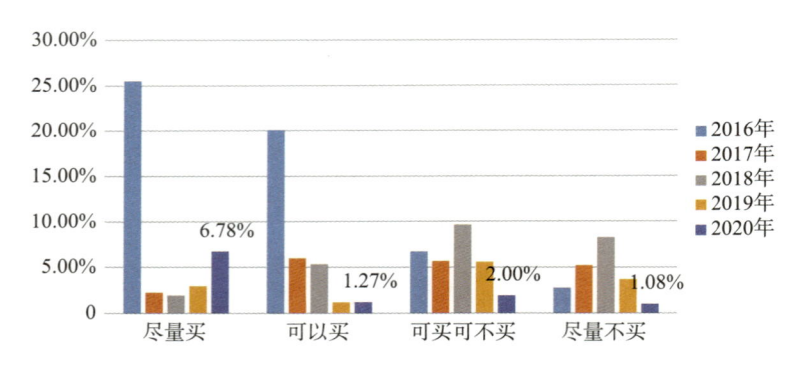

图 43-5　四类城市二手住宅价格涨幅

注：城市分组来自徐远的购房清单，房价数据来自国家统计局 70 城二手房价数据，苏州、东莞、佛山、珠海等城市数据来自中指百城房价指数（不区分一二手），不含拉萨（没有官方数据），均截至 2020 年 11 月。计算方法说明：每一组内城市取简单平均，即各城市的权重。

了。从这个数据看，房价的趋势还是基本面决定的，调控影响涨价的年份和节奏，但是不影响底层的趋势。之前涨得多了，后面就涨得少。之前涨得少，后面就涨得多。

看后面两组城市，可买可不买和尽量不买，就更有意思。这两组城市房价涨速呈现倒 V 形的走势。怎么解释这个倒 V 形的走势呢？其实这种走势是完全符合之前的解读的。这两组城市的规模较小，发展潜力也差一些，调控之前的涨幅也不高。但是在 2017—2019 年间，因为潜力更好的城市限购很严，所以很多购买力到了这些城市，房价涨速就比较快。不过到了 2020 年，房价的涨幅被前面几年透支了，就下来了。所以，房价调控影响房价上涨的分布和节奏，不影响房价上涨的趋势。到最后，该涨多少还是涨多少，不过是早晚的问题。

总结一下，这个清单对于买房投资，还是有不错的参考价值的。2016 年我与学友打赌，尽管调控很严，房价也不会下跌，目前看也已经应验。

行文至此，不禁想起20年前在北大念书的时候，导师宋国青先生有一句口头禅：预测回头看。我理解先生有两层意思。一是要敢于预测，拿事实检验自己的分析判断，不要只说虚的，否则经济学家那么多，口才都那么好，怎么知道谁对谁错。二是做了预测，过阵子要拿真实数据检验一下，看看哪里对、哪里还要提高。不管对与不对，都可以从中学习，修正自己的认知。

本讲要点：

（1）2016年国庆节开始的房地产调控已经持续4年多，是史上最严、持续时间最长的调控，估计还会持续下去。

（2）房地产调控4周年期间，一、二、三线城市房价分别累计上涨了15.9%、23%、25.3%，简单平均上涨21.4%，平均每年上涨5.3%。

（3）调控4周年以来，主要大城市房价都是上涨的，没有例外。

（4）调控影响了房价上涨的节奏和分布。具体而言，2017—2019年间，一线城市和核心二线城市涨幅低，中小城市涨幅高。但是到了2020年，一线城市和核心二线城市的涨幅开始回升，中小城市涨幅开始下降。

（5）总体上看，房地产调控影响房价上涨的节奏和分布，但是不影响房价上涨的趋势。

第 44 讲
新冠疫情暴发，全球房价趋势如何？

本讲我们来谈谈新冠疫情对于房价的影响。不用多说，这个问题很重要，你也一定感兴趣。

2020年初的时候，随着新冠疫情的暴发，很多人留言问这样一个问题：疫情将如何影响房价？武汉的房价会下跌吗？这个问题我一直不太敢回答。为什么呢？因为那时候疫情还没控制住，对病毒我们也不太了解，很难判断最后影响有多大。当时我只能根据理论这样回答：假设疫情不会失控，那么应该对房价没多大影响，甚至会加速大城市房价上涨。

为什么做出这样的推测呢？因为疫情就像显影剂，帮助人们看清事物本来的规律。在房价这个问题上，会帮助人们看清大城市的价值，大城市房子的价值，促进房价的上涨。2020年3月的时候，疫情还没有完全控制住，很多人就开始回城了，因为工作机会在城里，收入来源在城里，一家人的未来都在城里。那个时候，我对这个推测，就慢慢更有信心了。

到了2021年，国外疫情虽然还在蔓延，但是国内已经基本控制住了，我们对病毒也已经有了比较深入的了解，疫苗也基本研制成功开始上市了。我们对这个问题，可以有更好的回答。

本文的分析，这样展开：

首先，我们看看疫情的最新情况，看看疫苗的进展，并对疫情的后续发展做一点预判。

然后，我们看看国内房价2021年以来的变化，特别是武汉房价的变化。

最后，我们来看看全球的房价情况。国外疫情普遍比国内严重，国外的房价数据对我们也有很大的参考价值。

首先，我们来看疫情，截至 2020 年 12 月 31 日，新冠肺炎全球确诊病例达到 8147 万，死亡病例达到 179.8 万。全球主要国家，都迎来了疫情的暴发，很多国家都迎来了二次暴发、三次暴发。疫情特别严重的国家，有美国、巴西、印度、俄罗斯等人口大国，也有法国、英国、意大利等主要欧洲大国，还有墨西哥、阿根廷、伊朗、南非等发展中大国。可以说，这次疫情席卷全球，没有哪个国家能够例外。

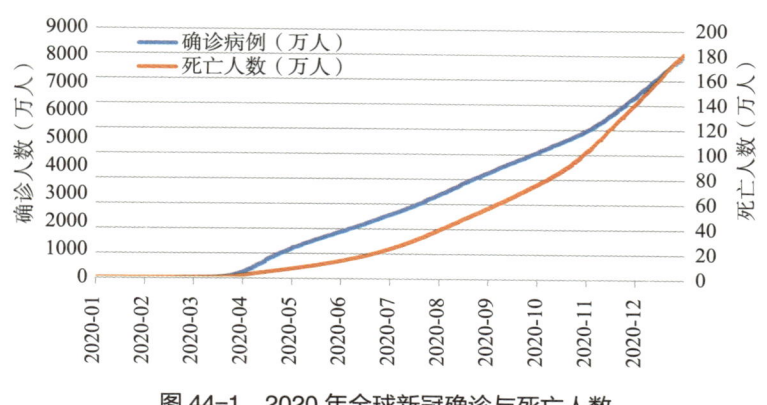

图 44-1 2020 年全球新冠确诊与死亡人数
（截至 2020 年 12 月 31 日）

数据来源：世界卫生组织（WHO）。

表 44-1 全球主要疫情大国状况（截至 2020 年 12 月 31 日）

国家	确诊病例（万人）	死亡数（万人）	总人口（万人）	确诊占比	死亡占比（每万人）
美国	1934.7	33.6	32853	5.9%	10.2
印度	1026.7	14.9	135262	0.8%	1.1

（续表）

国家	确诊病例（万人）	死亡数（万人）	总人口（万人）	确诊占比	死亡占比（每万人）
巴西	756.4	19.3	21105	3.6%	9.1
俄罗斯	315.9	5.7	14448	2.2%	3.9
法国	255.7	6.4	6739	3.8%	9.5
英国	243.3	7.3	6779	3.6%	10.7
意大利	208.4	7.4	6055	3.4%	12.2
西班牙	189.4	5.0	4674	4.1%	10.8
德国	172.0	3.3	8313	2.1%	4.0
哥伦比亚	161.5	4.3	5034	3.2%	8.5
伊朗	160.2	5.5	8180	2.0%	6.7
墨西哥	140.2	12.4	12619	1.1%	9.8
波兰	129.5	2.9	3797	3.4%	7.5
阿根廷	121.9	4.3	4494	2.7%	9.6
乌克兰	105.5	1.9	4439	2.4%	4.2
南非	103.9	2.8	5778	1.8%	4.9
秘鲁	101.0	3.8	3251	3.1%	11.6
比利时	64.4	1.9	1148	5.6%	16.9
智利	60.6	1.6	1895	3.2%	8.7
伊拉克	59.4	1.3	3931	1.5%	3.3
全球	8147.5	179.8	767353	1.1%	2.3

数据来源：世界卫生组织（WHO）。

比如说美国，截至2020年底，确诊人数突破1900万，占总人口的5.9%，死亡人数超过32万，占总人口的0.1%。也就是说，每17个美国人就有1人确诊，每1000个美国人就有1人因疫情死亡。这个确诊和死亡比例是很高的。作为比较，二战、一战、越战，美国的死亡人数分别为40.5万、11.6万、5.8万。也就是说，目前美国因疫情而死亡的人数，已经远远超过二战之后的所有战争，并且已经逼近二战了。而且，美国的新冠疫情还没结束，这些数字还会上涨很多，最后的死亡人数很可能和二战相当，甚至超过二战。不管怎么说，新冠疫情已经是二战以来最严重的人道主义灾难。美国是这样，很多其他国家也是这样。

表 44-2 美国主要战争死亡人数

	年度	死亡人数（万）	死亡占人口比例
独立战争	1775—1783	2.5	1.00%
二次独立战争	1812—1815	1.5	0.21%
墨西哥战争	1846—1848	1.33	0.06%
南北战争	1861—1865	65.5	2.08%
越南战争	1961—1975	5.8	0.03%
第一次世界大战	1917—1918	11.6	0.11%
第二次世界大战	1941—1945	40.5	0.31%
1918 年大流感	1918—1920	58.7	0.56%
新冠疫情	2020 至今	33.6	0.10%

数据来源：世界卫生组织（WHO）、维基百科。

相比之下，东亚、东南亚国家疫情防控比较好，可能与文化和习俗有关。但是 2020 年入冬以来，随着气温下降，疫情防控难度加大。比如这时韩国的疫情有所抬头，日本的疫情也迎来了第三次暴发，每日新增病例创了新高。为此，日本政府宣布从 2020 年 12 月 28 日开始，禁止外国人入境，一直到 2021 年 1 月底。

表 44-3 东亚及东南亚部分国家疫情状况（截至 2020 年 12 月 31 日）

国家	确诊病例（万人）	死亡人数	总人口（万人）	病例占人口比例
越南	0.15	35	9646	0.002%
中国	9.67	4788	139273	0.007%
泰国	0.67	61	6963	0.010%

（续表）

国家	确诊病例（万人）	死亡人数	总人口（万人）	病例占人口比例
韩国	6.07	900	5161	0.12%
日本	23.03	3414	12686	0.18%
印度尼西亚	73.51	21944	27063	0.27%
马来西亚	11.05	463	3153	0.35%
菲律宾	47.25	9230	10665	0.44%

数据来源：WHO。

尽管疫情还在蔓延，每日新增病例和死亡人数还在不断创新高，但是也不用过于悲观。因为国内外已经有几种疫苗进入临床测试。表 44-4 中整理了目前几种主要的疫苗。根据已有的数据，有好几种疫苗的效果都不错，其中 4 种已经上市。随着疫苗的铺开，预计疫情会慢慢得到控制，社会生活逐步恢复正常。

表 44-4　主要新冠疫苗情况

国家	厂商	保护率	储存条件	预期产能	备注
美/德	辉瑞	95.0%	−75℃	1 亿 ~ 20 亿	美国、欧盟等地上市
美国	Moderna	94.1%	−20℃	5 亿 ~ 10 亿	加拿大上市
英国	阿斯利康	62% ~ 90%	2–8℃	3 亿 ~ 30 亿	英国上市
中国	中国国药	79.34%	2–8℃	1 亿 ~ 10 亿	阿联酋、巴林上市
中国	科兴生物	91.25%	2–8℃	3 亿	巴西报产
中国	康希诺	—	2–8℃	2 亿	已批准军方紧急使用

注：根据公开新闻报道整理，截至 2021 年 1 月 1 日。辉瑞与德国 BioNtech 合作研发，国内合作方为复星医药，阿斯利康国内合作方为康泰生物。其他已经进入 III 期临床的疫苗有：俄罗斯 Gamaley、美国强生、美国 Navavax、印度 Bharat、加拿大 Medicago。

关于社会生活何时恢复正常，我查了比较靠谱的医疗专家的观点，比如张文宏医生、美国国家过敏和传染病研究所所长福奇，还有著名慈善家比尔·盖茨等。综合各家观点，预计疫情会在2021年夏天或者秋天基本过去，最晚到2022年社会生活基本正常。具体到国内，考虑到国内疫情防控比较好，疫苗已经开始上市，估计到2021年夏天社会生活就基本正常了。

表44-5 主要抗疫专家对疫情的判断

	日期	观点
福奇	2020.12.31	美国将在2021秋季控制住疫情
张文宏	2020.12.29	如果全球疫苗接种得好，2021下半年疫情会得到控制
张文宏	2020.12.21	新冠病毒的物传人现象不会改变国家对疫情总体的把控能力
比尔·盖茨	2020.12.14	疫情可能会持续到2022年，在接下来4~6个月，美国疫情可能还会更加严重。推测可能还有20多万人会因此死亡。 除非美国帮助其他国家控制疫情并在本国实现高疫苗接种率，否则疫情可能会持续到2022年初。

说完了疫情，我们再说房价。这次新冠疫情，相当于一次大规模的自然实验，告诉我们在突发自然灾害、经济大幅减速的情况下，房价会怎么样。因为时间已经过去一年，已经有了一些数据，我们可以看看数据上怎么显示。

图44-2显示了2020年以来一、二、三线城市的住宅价格涨幅，数据截至2020年11月。另外我们用的是二手房价格，因为一手房价格受到限价、新房区域较偏等因素的影响，失真比较严重。

从图44-2中我们可以看到，一、二、三线城市房价都是涨

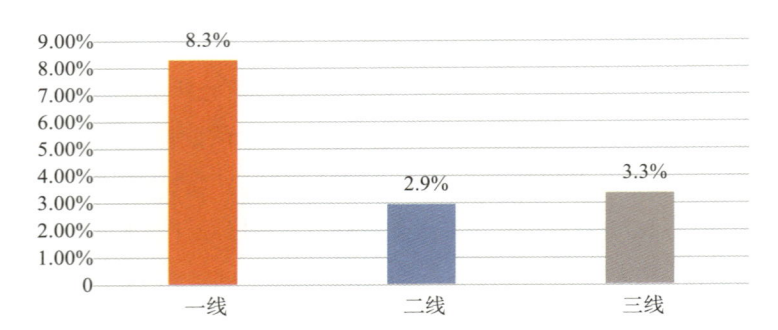

图 44-2　城市二手住宅涨幅（2020 年 1 月—2020 年 11 月）

数据来源：70 大中城市二手住宅价格指数（国家统计局）。

的，截至 2020 年 11 月的涨幅分别为 8.3%、2.9%、3.3%。涨幅最大的是一线城市，高达 8.3%。这和我们的观察是一致的。2020 年以来，深圳、上海的房价暴涨，已经引起很多关注。其实，北京、广州的房价涨幅也很高，只不过媒体报道少而已。一线城市房价涨幅高，和我们之前的分析是一致的。我在之前反复讲过，中国的大城市率还很低，大城市的发展潜力大，大城市房价还有很大上涨空间。

具体到城市，我在第 43 讲给过一个购房清单。根据投资价值，这个清单把城市分为四组：尽量买，可以买，可买可不买，尽量不买。图 44-3 展示了"尽量买"这一组 8 个城市 2020 年的房价涨幅。可以看到，这一组涨幅都很高：最高的是深圳 13.5%；其次是成都 8.5%；广州也很高，达到 6.7%；调控最严的北京也涨了 5.8%；南京、苏州的涨幅低一点，只有 4% 左右，不过，这两个城市前几年的涨幅比较高，综合看起来涨幅并不低。图 44-3 中 8 大城市的平均涨幅达到了 6.8%。不到一年涨了这么多，真的很高了。而且不要忘了，这些城市的房价本来就很高。

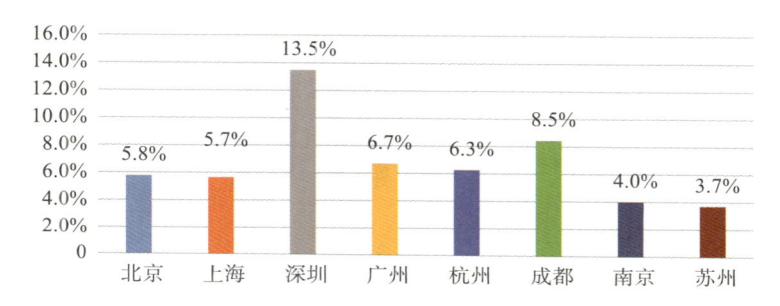

图 44-3　国内大城市二手房价格："尽量买"城市组（2020 年 1 月—11 月）

数据来源：国家统计局 70 大中城市二手房价统计。"尽量买"城市清单来自"徐远的购房清单"，详情参见"徐远观察"微信公众号 2020 年 5 月 21 日推文。

图 44-4 中展示了"可以买"这一组 14 个城市的房价涨幅。14 个城市中，9 个城市上涨，5 个城市下跌，平均涨幅 1.27%。看起来，在疫情的考验之下，"可以买"这一组的表现明显不如"尽量买"这一组。特大城市的优势在疫情之下，更加经受住了考验。

"可以买"这一组城市中，武汉值得特别注意。2020 年武汉的房价，微微上涨了 0.6%。也就是说，严重的疫情并没有让武汉的房价下跌，武汉房价经受住了考验。尤其是武汉经历了长时间的封城，生产和生活都受到了严重影响。即便如此，房价还是没有下跌。疫情暴露了武汉城市治理中的一些问题。可是，很难说这些问题其他城市没有，也很难说其他城市比武汉强还是弱。武汉作为华中重镇，如果可以抓住机遇改进，以后的潜力依然可观。

后面还有两组，"可买可不买"和"尽量不要买"，涉及的城市比较多，就不一一展示了。这两组城市的平均涨幅不高，都不超过 2%（可买可不买组涨 2.0%，尽量不买组涨 1.1%），远远不到尽量买这一组 6.8% 的均值（见图 44-5）。综合起来看，特大城市的房价在疫情中更加坚挺。

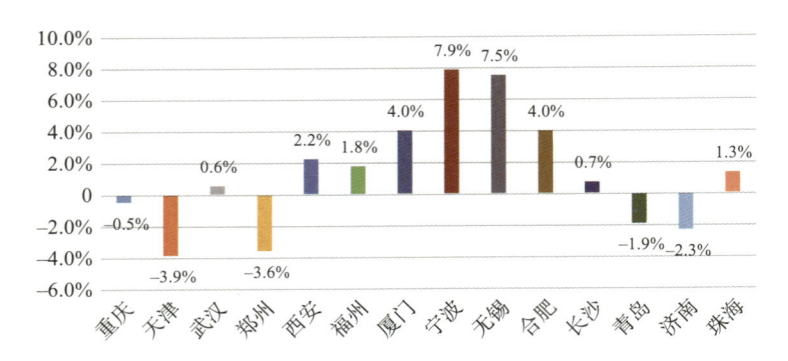

图 44-4　国内大城市二手房价格："可以买"城市组
（2020 年 1 月—11 月）

数据来源：国家统计局 70 大中城市二手房价统计，苏州、珠海、佛山、东莞数据来自中指百城房价统计，不区分一手二手房。

看完了国内数据，我们来看国外数据。新冠疫情在全球暴发，而且国外要严重很多，因此我们也看看国外的情况，看看在更加严重的疫情下，大城市房价表现如何。

图 44-6 展示了北美大城市的房价情况，包括美国的一些大城市和加拿大的多伦多。可以看到，这些城市房价都涨了很多，西雅图和圣迭戈的涨幅都超过了 11%。芝加哥、波士顿、纽约这些比较寒冷的城市，房价也涨了很多，涨幅最低的纽约也涨了 5.8%。美国 10 大城市的平均涨幅是 7.4%。加拿大的多伦多是个很冷的城市，温度低有利于病毒传播，但房价也涨了 7.1%。而且，这些数据截至 2020 年 10 月。全年的数据可能更高。

图 44-7 展示了欧洲和亚太主要大城市的房价涨幅，包括首尔、米兰、卢森堡、斯德哥尔摩等。可以看到，这些城市房价也都是上涨的，涨幅最高的是韩国首尔，达到 11.6%。欧洲疫情尽管很严重，房价也是上涨的，涨幅最高的是米兰和卢森堡，都超过了 8%。

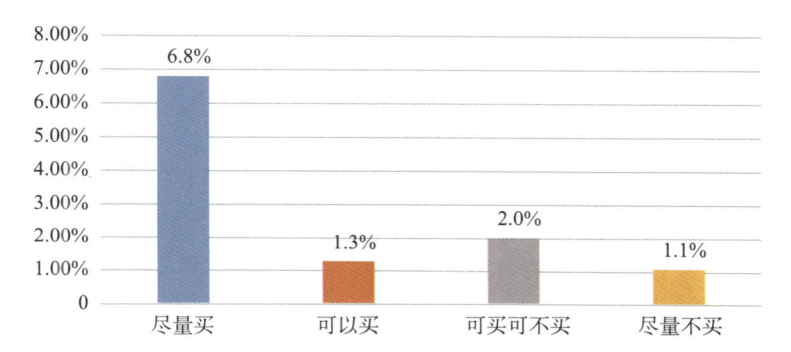

第 44 讲　新冠疫情暴发，全球房价趋势如何？　295

图 44-5　四类城市二手住宅价格涨幅（2020 年 1 月—11 月）

- 尽量买：6.8%
- 可以买：1.3%
- 可买可不买：2.0%
- 尽量不买：1.1%

注：房价数据来自国家统计局 70 二手城房价数据，苏州、东莞、佛山、珠海等城市数据来自中指百城房价指数（不区分一二手），不含拉萨（没有官方数据），均截至 2020 年 11 月。计算方法说明：每一组内城市取简单平均，即各城市等权重。

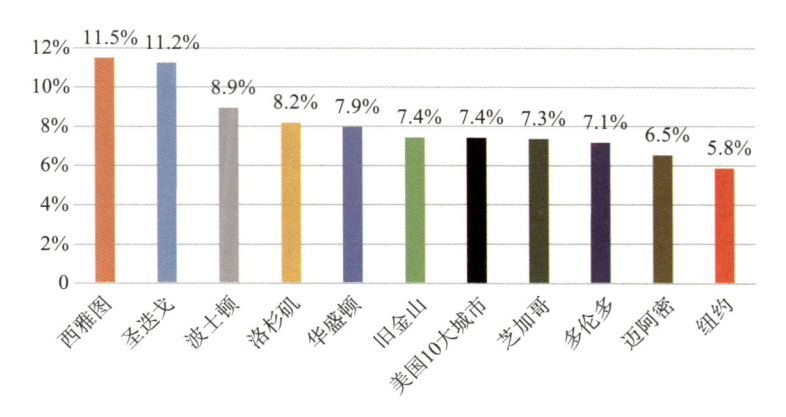

图 44-6　2020 年北美主要城市房价涨幅

- 西雅图：11.5%
- 圣迭戈：11.2%
- 波士顿：8.9%
- 洛杉矶：8.2%
- 华盛顿：7.9%
- 旧金山：7.4%
- 美国10大城市：7.4%
- 芝加哥：7.3%
- 多伦多：7.1%
- 迈阿密：6.5%
- 纽约：5.8%

数据来源：美国城市房价来自标普/CS 房价指数数据库，截至 2020 年 10 月。多伦多房价来自 OECD 数据库，截至 2020 年 9 月。

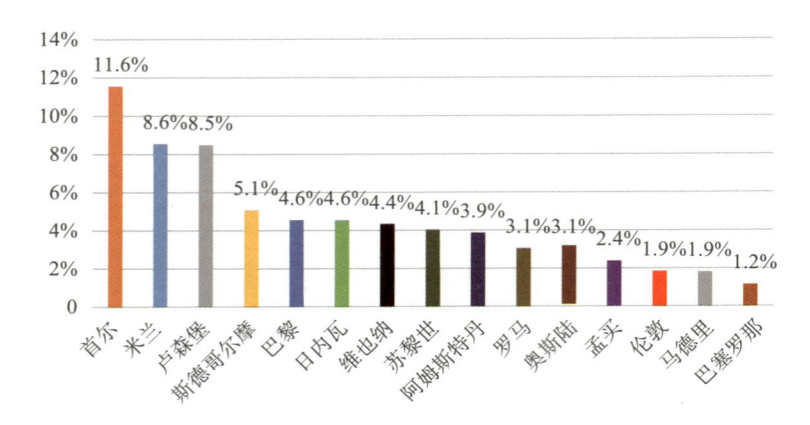

图 44-7　2020 年欧洲、亚太主要城市房价涨幅

数据来源：首尔房价来自韩国房屋购买价格指数，截至 2020 年 11 月。其他城市数据来自 OECD 数据库，截至 2020 年第二季度。

所以，总体上看，严重的疫情之下，不管是国内还是国外，不管是亚太还是欧美，大城市房价都是快速上涨的。为什么疫情蔓延之下，大城市疫情尤其严重的情况下，全球大城市的房价反而快速上涨呢？这就回到我们对于城市的基本理解。城市是一种基础设施网络，为人们提供了各种便利。越是在困难的情况下，这种基础设施网络的价值越明显。疫情暴发之下，人们发现，大城市的医疗设施好很多，各种社会保障也好很多，有限的就业机会也在大城市。城市对于农村的优势、大城市对于小城市的优势，在疫情之下非常清楚地显现出来。这样一来，大城市的房价上涨，就不奇怪了。

本讲要点：

（1）新冠疫情在全球蔓延，已经形成二战以来最大的人道主义灾难。

（2）严重的疫情之下，国内大城市房价上涨，一线城市上涨8.3%，二、三线城市分别上涨2.9%和3.3%。

（3）虽然疫情很严重，但是美国、欧洲、亚太的主要大城市房价也是上涨的，很多城市涨幅很大，达到两位数增长。

（4）总体上看，疫情像显影剂，帮助人们看清了大城市的价值，促进了房价的上涨。

第 45 讲
经济增速下行，房子还能不能买？

本讲我们来讨论这样一个问题，就是现在中国的经济增速下行了，房子还能不能买？这个问题的背景是，这两年我国经济面临困难，经济增速从以前的两位数下降到现在的 6% 左右，降了一半还要多，未来还会进一步下降。这种情况下，大家自然要问，房价会不会下跌，房子是不是已经不能买了？

本讲我将很清楚地告诉你，好日子并没有到头，房价刚到半山腰，大城市的房子，还是你财富保值增值的重要手段。为什么敢这么讲？因为历史数据早已经清楚无误地告诉我们了。

本讲会提供三组数据，都是真实的历史数据。这些数据告诉我们，即便一个国家经济增速下行，甚至衰退，只要能走出衰退，房价还是涨的。更进一步，即便一个国家陷入严重衰退，很长时间经济不增长，房价也不一定会下跌。房价面对逆境的保值能力，可能大大超出你的预期。

我们先来看第一组数据，这组数据来自主要的发达国家。发达国家的经济增速从 20 世纪 60 年代以来都是减速的，可房价都是上涨的。图 45-1 中显示，20 世纪 60 年代以来，美国、德国、英国、法国、日本的经济增速都明显下行。这一时期，几个国家的经济增速都在 3% 以上，平均在 4% 以上，日本接近 9%，法国接近 6%，最低的英国也有 3.2%，但到了 20 世纪 70 年代都明显下了一个台阶，并且持续下行。21 世纪前 10 年，这几个主要大国的经济增速都很慢了。美国快一点，也只有 2.2%，其他几个国家都不到

2%，日本甚至不到1%。所以，主要大国的经济明显减速，这是板上钉钉的。那么，房价呢？

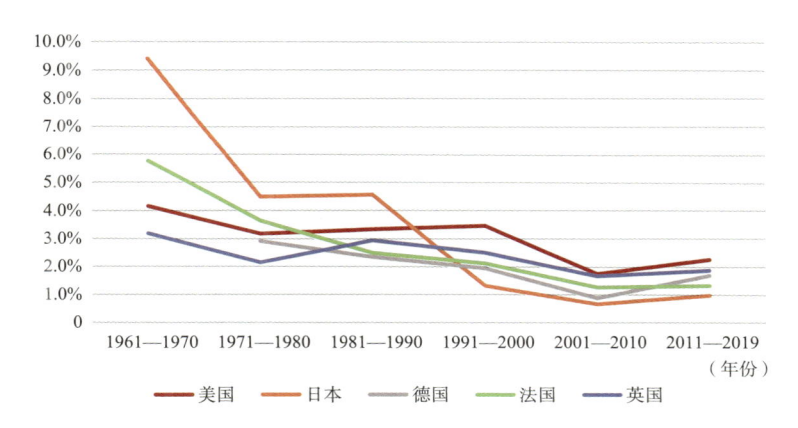

图 45-1　主要发达国家GDP年均增速（1960年以来）

数据来源：世界银行数据库。

图45-2显示，20世纪70年代以来，几个国家的房价都是大幅上涨的。涨幅最大的是英国，到2019年累计上涨47倍，相当于每年上涨8.4%。考虑到英国的经济增速并不快，这个速度是很惊人的，可能与很多外国人到英国买房有关。英国房价1995年以来涨幅很快，25年左右的时间大约翻了两番，主要是伦敦和英国南部地区的升值带动。目前英国房产总市值约为10万亿美元，大约是GDP的3.4倍。

英国以外，其他几个国家的房价也都是上涨的。美国、法国累计上涨分别为16倍和13倍，折合年化的涨速分别为6%和5.5%。德国的涨幅小一点，只有3.5倍，年化只有2.6%。不过，我们之前讲过，2012年以来，德国房价上涨很快，是欧洲国家中最快的。关于这一点，你可以回去复习第25讲和第26讲。在图45-2中，

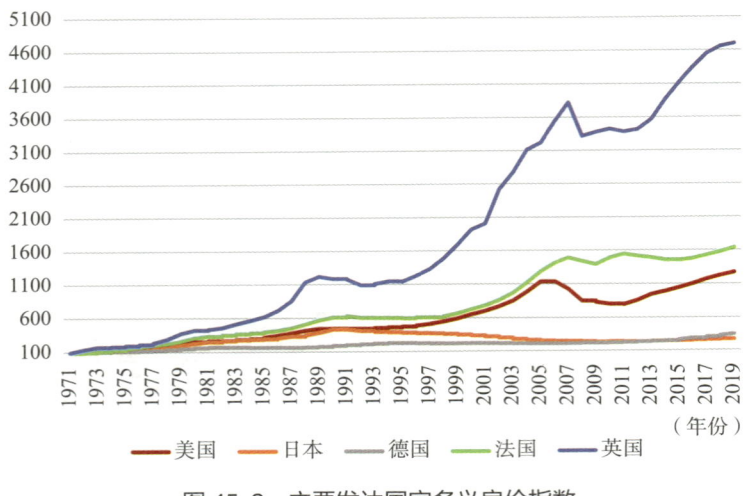

图 45-2　主要发达国家名义房价指数

注：以 1971 年房价指数为基数 100。
数据来源：国际清算银行（BIS）数据库。

你也可以看到德国房价最近几年在提速。

很有意思的是，日本的房价上涨在这张图中并不突出。我们都知道日本有过严重的房地产泡沫，并且在 1990 年破灭。可是图 45-2 中日本的房价上涨与其他国家相比并不突出，和美国、法国差不多。背后的原因是时间的起点。图 45-2 是从 1971 年开始画的，日本 20 世纪五六十年代的房价快速上涨，并没有在这张图里。如果加上之前的涨速，日本房价涨速就很夸张了。而且图 45-2 是日本全国的房价，并不是东京的房价，东京的房价更夸张。关于日本的房价，以前我们专门分析过，这里不再展开，有兴趣的读者可以复习第 21 讲、第 22 讲。

这几个国家的经验告诉我们，经济减速并没有那么可怕。它们的经验表明，其实 20 世纪 70 年代以来，主要发达国家的经济一直在放缓，然而房价一直在上涨。所以经济放缓导致房价下跌这一观点，在主要的证据面前，是得不到什么支持的。

上面第一组数据是几个主要大国的情况，代表的是最成熟的发达国家，现在我们来看看第二组数据，关于其他一些国家的情况。看主要大国之外的其他国家，对我们更加重要。为什么呢？因为不是所有经济体都像这几个大国一样成功，大多数其他国家都经历过明显的经济放缓，甚至衰退，陷入中等收入陷阱，我们来看看这些国家的房价有没有下跌。

为了回答这个问题，我们梳理了近代主要大国的经济增长情况，从中找出经济明显减速的年份，然后看之后的经济增长和房价涨跌情况。这个结果，统计在表 45-1 和表 45-2 中。表 45-1 报告了经济减速的年份，以及其后的经济增长情况，表 45-2 则相应报告房价的涨跌幅。

表 45-1 显示，有 10 个主要大国经历过明显的经济减速，主要分为三组。第一组是 1998 年前后经历亚洲金融危机的主要大国，包括韩国、马来西亚、泰国。这里我们没有考虑中国香港地区，也没有考虑新加坡，因为这两个经济体太小了。当然我们知道，香港地区和新加坡的房价过去几十年涨幅很大，目前这两个地方的房价都很高，位列全球最高的几个地区。

第二组是 2009 年前后受全球金融危机影响、经济出现滑坡的国家，包括爱尔兰、希腊、西班牙等。第三组是日本和巴西，日本在 1990 年左右股市和楼市泡沫先后破灭，1992 年经济进入衰退。日本的情况之前专门分析过，这里不再展开分析。而巴西则是 2015 年进入衰退。2015 年离现在时间还太短，之后的分析我们忽略巴西。

表 45-1 部分国家经济减速后的 GDP 年均增速（%）

国家	当年	2 年	3 年	5 年	10 年	至 2019 年
韩国（1998）	−5.13	2.83	4.87	5.43	5.08	3.98
马来西亚（1998）	−7.36	−0.61	2.55	2.71	4.33	4.49
泰国（1998）	−7.63	−1.53	0.46	2.20	3.91	3.43
爱尔兰（2008）	−4.48	−4.78	−2.63	−1.48	3.67	4.19
希腊（2009）	−4.30	−4.89	−6.30	−5.89	−2.59	−2.26
西班牙（2009）	−3.57	−1.78	−1.52	−1.84	0.46	0.59
南非（2009）	−1.54	0.72	1.57	1.88	1.50	1.38
俄罗斯（2009）	−7.80	−1.65	0.33	1.30	0.91	0.98
日本（1992）	−0.05	−0.07	−0.08	−0.09	−0.14	0.88
巴西（2015）	−3.55	−3.43	−1.93	—	—	−0.64

数据来源：世界银行数据库，国家后括号内数字为经济减速年份。

表 45-1 中我们看到，大多数国家在经历衰退之后，经济都会恢复增长。如果我们看 5 年，大约一半的国家累计增速还是负的。如果我们看 10 年，就只剩下希腊还是负增长了。所以，一个有趣的问题是，如果一个国家陷入严重衰退，持续 5 年甚至更长时间，那么房价是会下跌，还是会上涨？这样的问题，对于担心我国经济陷入衰退、担心我国未来房价的人，显然有参考价值。

表 45-2 显示，截至 2019 年，表 45-1 中的国家有些房价反弹了，甚至大幅增长了，也有的国家房价还在下跌中。其中，韩国、马来西亚、泰国的房价都大幅增长了 70% 以上，南非的房价也涨了 60%，俄罗斯的房价基本持平。而三个欧洲国家爱尔兰、希腊、西班牙，至今房价都是明显下跌的。

表 45-2 部分国家经济减速后房价累计涨跌（%）

国家	当年	2年	3年	5年	10年	至2019年
韩国（1998）	–12.4	–9.4	–9.0	16.4	44.3	86.6
马来西亚（1998）	–7.8	–5.5	–1.3	4.3	22.4	170.8
泰国（1998）	–3.9	–11.3	–8.3	–8.9	12.9	70.8
爱尔兰（2008）	–13.4	–29.2	–39.1	–52.6	–22.0	–16.8
希腊（2009）	–4.0	–10.7	–16.6	–34.3	–40.1	–35.7
西班牙（2009）	–4.4	–5.7	–17.7	–32.7	–14.8	–11.7
南非（2009）	2.3	5.3	10.1	25.2	59.9	64.7
俄罗斯（2009）	–6.4	6.2	–14.6	0.0	–2.8	3.6
日本（1992）	–4.8	–8.2	–9.9	–12.9	–25.7	–37.6
巴西（2015）	–1.6	–4.3	–4.9	—	—	–0.6

数据来源：BIS数据库，国家后括号内数字为经济减速年份。

同样都是经济衰退，如何解释房价的不同表现呢？之前我们说过，经济增长是决定房价的最重要因素，我们还是来看经济增长。图 45-3 显示，衰退之后的经济增长与房价有非常明显的关系，二者之间的相关性非常高。从开始减速到 2019 年，年均经济增速越快，房价的涨幅越高。从这个角度看，马来西亚、韩国、泰国的房价大幅上涨，都不奇怪。希腊经济一直低迷，房价下跌也不奇怪。

稍微奇怪一点的是爱尔兰。经济增速不低，年均达到 4% 以上，可是房价还是下跌的。仔细看表 45-2 的话，我们发现爱尔兰房价其实已经反弹了。翻一下历史，爱尔兰的经济本来是很好的，好到发生了房地产泡沫。2008 年房地产泡沫破灭以后，5 年之内房价跌了一半以上。2014 年以后，随着经济的快速反弹，房价也开始回升。如果我们仔细看表 45-2，会发现从 2008 年到 2013 年，爱尔兰房价跌了 52.6%，到了 2019 年，只跌了 16.8%。也就是说，从

2013年的谷底到2019年,爱尔兰房价已经反弹了大约90%,接近1倍。所以说,即便发生爱尔兰这样的房地产泡沫,房价跌一半以上,只要经济能反弹,其实也没有那么可怕。

GDP增速与房价涨幅(基准年至2019年)

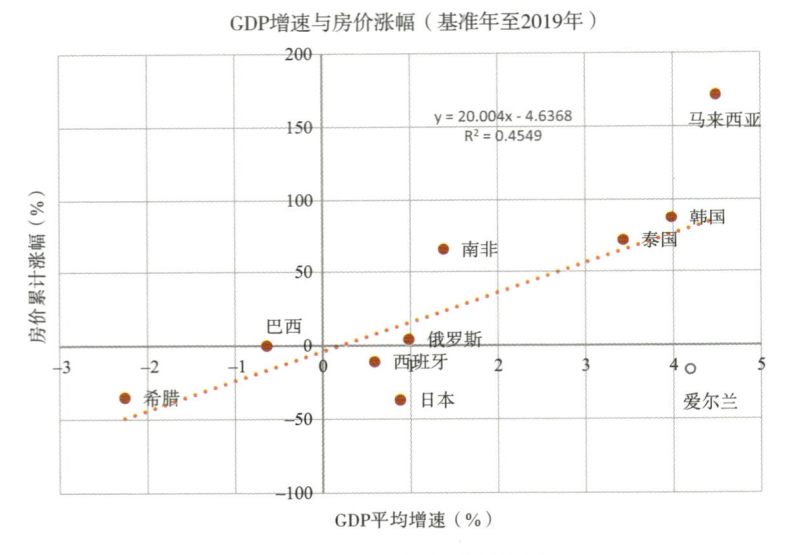

$y = 20.004x - 4.6368$
$R^2 = 0.4549$

图 45-3 经济增长与房价的关系

数据来源:世界银行和国际清算银行。

可怕的是什么?是希腊、西班牙这样的,经济始终没有起色,因此房价也一直没有像样的反弹。这两个国家中,西班牙的经济这两年好一点,房价最近几年也已经开始反弹,只是还没有回到2009年的高点而已。而希腊的经济和房价,依然深陷泥潭。这些数据再次验证,房价最重要的决定因素还是经济增长。

所有国家当中,俄罗斯的情况最有意思。我们知道,俄罗斯的经济很不好,2009年以来年均上涨不到1%,而且发生了大规模的货币贬值和通货膨胀。我自己对俄罗斯的统计数据没有太大信心,实际的经济情况可能比数据显示的还要糟糕。尽管如此，从2009年到2019年，俄罗斯房价不仅没有下跌，还微微涨了3.6%，为什么呢？这是因为影响房价的除了经济增长，还有一个重要的因素是通货膨胀。从2009年到2019年，俄罗斯的通货膨胀累计108%，也就是物价涨了1.08倍，翻了一番还要多。因为物价上涨了1.08倍，所以虽然名义房价是上涨了，但是实际房价是下跌了一半左右（具体计算方法：1.036/2.08−1= −50.2%）。考虑到俄罗斯的经济真的很差，可即便这么差，名义房价都不会下跌。买房的人还是可以用房产对抗严重的通货膨胀。未来中国经济不管遇到多大困难，大概率也不会变成俄罗斯那样。所以，担心经济减速导致房价下跌的观点，应该可以歇歇了。

说完了国际经验，我们来看看国内的经验。这讲一开始我们讲到，2008年金融危机以来，我国也经历了一次大幅的经济下行，只不过经济增速还比较快，大家没有意识到而已。所以，我们不妨也看一下自己的经验。图45-4是1998年以来我国的GDP增速，你可以看到一个倒U形，就是经济增速先上涨、后下跌，从1998年的7.8%上涨到2007年的14.2%，然后下跌到2018年的6.8%、2019年的6.0%。2020年由于新冠疫情，估计会下跌到2.3%左右，但是2021年会反弹。

图45-4告诉我们，其实从2007年到现在，我们已经经历了一次大幅的经济增速下行，经济增速已经下降一半还要多。那么，我们的房价下跌了吗？完全没有。大家都知道，2007年以来，我国房价不仅没有下跌，还经历了快速上涨，现在的大城市房价比2007年翻倍都不止。很多中小城市的房价也都翻番了。尤其是2009—2010年、2013年以及2015—2016年，经历了三轮快速的上涨。正是2015—2016年这一轮快速上涨，引发了2016年以来的房

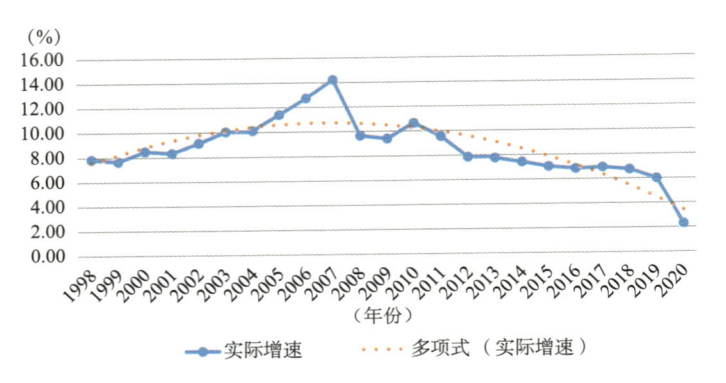

图 45-4　我国GDP增速

数据来源：国家统计局。2020年取值2.3，为徐远的预测值（预测时间：2021年1月2日）。根据国家统计局2021年1月18日发布的数据，2020年GDP增速为2.3%。

地产调控。所以说，经济下行已经发生了，房价不但没有下跌，还大幅上涨了。最近的例子是2020年，因为新冠疫情，经济大幅减速。可是大家都知道，2020年大城市房价涨了很多，深圳、上海都陷入了一房难求的局面。

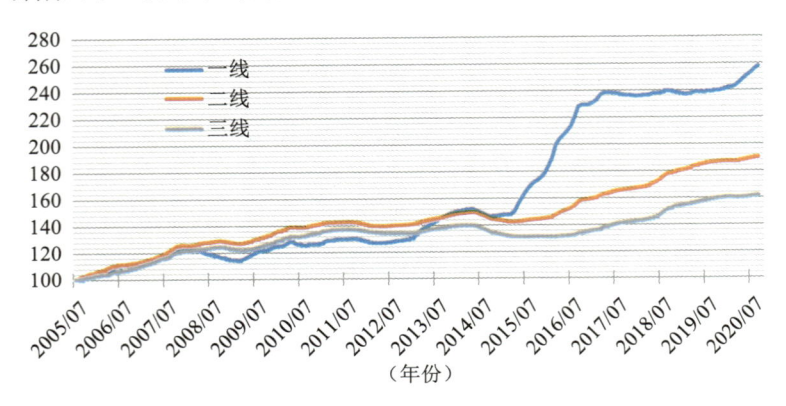

图 45-5　2005年以来二手房住宅价格指数累计涨幅

注：以2005年7月价格指数为基数100。

数据来源：国家统计局。

在这里，有的读者可能会有不同意见。比如说，有的读者可能会说，过去的增速下行和未来的增速下行不一样，过去虽然增速下行，但还是正增长，而且增速在全球范围内看还很高，未来的速度下行，经济增速会很低，房价的表现会很不一样。

这个顾虑很有道理，未来的增速还会进一步下降，问题是会下降到多少。这里你要区分两种情况，一种是慢慢下降，但是保持正增长，比如现在增速是6%左右，慢慢下降到2%，甚至下降到1%，然后保持在很低的增长水平上。另一种是断崖式下跌，快速下降到2%或者更低，甚至长期负增长，像希腊那样深陷泥潭，这两种情况对于房价的含义是不一样的。

如果是第一种，那么考虑到经济还在增长，再加上通货膨胀和城市化的因素，房价还会增长。我们之前有个公式，房价增速等于经济增速加通胀速度再加城市化速度。那么这种情况下房价增速会达到多少呢？我们来简单匡算一下。

2019年经济增速是6.0%，2020年因为疫情只有2.3%左右，市场普遍估计2021年经济增速会在8%以上，我自己的判断是7%~8%之间，两年的均值在5%左右。总体上看，目前的经济增速在5%左右。如果经济增速在10年内慢慢降到1%，那么10年平均增速还有3%。只要经济保持增长，不出现大的衰退，这应该是个非常保守的估计。保守起见，我们假定10年平均的经济增速为3%。

通货膨胀的速度，我们按照2%计算，这差不多是发达国家的平均通胀，过去的经验是我国会稍微高一点，2%也是个偏保守的估计。最后一项是城市化的速度，目前城市化率在60%左右，未来会达到80%甚至90%。过去每年城市化率增加1.5%左右，未来按照每年1%计算，也是比较保守的。

这样简单匡算，经济增速每年3%，通货膨胀每年2%，城市化率每年增加1%，三项加起来是6%。根据我们的公式，未来房价每年增长6%，每12年翻一番，还是一个比较快的速度。因为刚才的估算都偏保守，实际估计这个速度10年之后还能继续保持好几年。

第二种情形是经济出现很大的滑坡，甚至是断崖式下跌。表现在数据上，就是经济增速快速下滑，甚至负增长，然后很长时间不能恢复增长。在这种情况下，房价大概率是不会上涨的。我在前面说过，买房子就是买未来，如果你对中国经济的未来非常悲观，就不需要买房子了。

不过，即便如此，俄罗斯的经验告诉我们，在这种情况下，以人民币计价的房价也不一定下跌。这是因为如果出现大的经济危机，往往伴随着严重的通货膨胀，而通胀是导致房价上涨的因素之一。

此外，之前的经验还告诉我们，即便发生经济危机，只要过几年经济能走出危机，房价还是会恢复上涨，甚至是快速上涨。亚洲金融危机期间的韩国、马来西亚、泰国，欧洲债务危机期间的爱尔兰，都告诉我们这样的道理。

本讲要点：

（1）20世纪70年代以来，主要发达国家，包括美国、英国、德国、法国的经济都在减速，可是房价都是上涨的，而且涨幅很大。

（2）1998年亚洲金融危机和2008年全球金融危机期间，好几个国家经济发生危机，可是后来只要经济能恢复增长，房价都会反弹，甚至大幅增长。俄罗斯的经济很差，可是因为通货膨胀高，本币计价的房价也没有下跌。

（3）我国的经济增长从 2007 年来一直在减速，可是房价已经翻了 1 倍以上。

第46讲
人口增速下降，以后房子会砸在手中吗？

本讲讨论一个市场上很关注的问题，就是人口增速下降对房价的影响。留意新闻的话，你可能已经注意到了，这几年中国的出生人口数快速下降，而且人口开始老龄化。很多人又开始讨论，小孩子少了，老年人多了，是不是房价要下跌了，房子不能买了？本讲就来分析这个问题。

怎么分析呢？主要是看数据。出生人口下降，老龄化加速，都不是什么新鲜事，在很多国家早就发生过了。既然已经有了经验数据，我们就来看看，数据是怎么说的，过去的人口出生下降、人口老龄化有没有导致房价下跌。

在看国外的证据之前，我们先来看两张图。图46-1是1970年以来我国每年的新出生人口数。可以看到，中国最后一个人口出生高峰在1987年，当年的出生人口达到2550万。这个人口高峰与上一个人口高峰，也就是20世纪60年代的人口高峰是对应的。那时候出生的人口在1981年左右开始进入了生育年龄，并在1987年达到峰值。在1987年以后，新出生人口有一个下降的趋势，到2004年下降到1598万人，下降了40%。然后，在2005—2017年，这个下降的趋势有所缓和，出生人口在1600万左右的水平上企稳。

这段时间的企稳和两个因素有关。一个是1981—1997年是中国的一次人口出生高峰，每年出生人口都在2000万以上，高点是1987年的2550万。这段时间出生的人口，到2005—2017

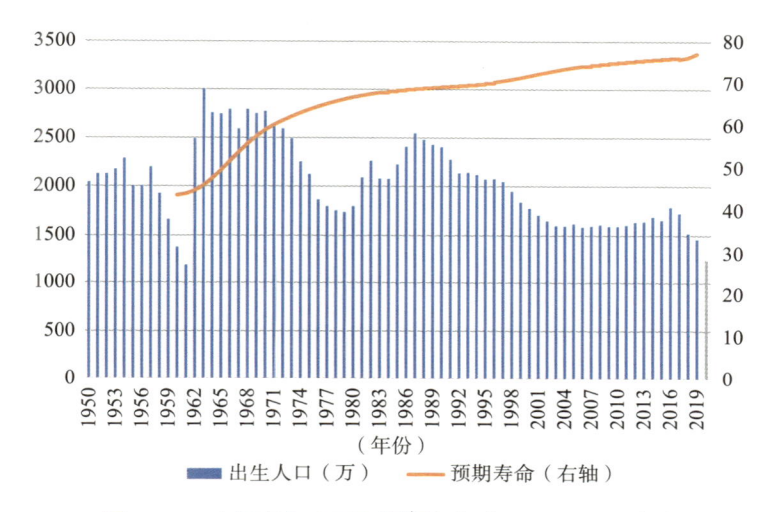

图 46-1 中国出生人口和预期寿命（1950—2020 年）

数据来源：国家统计局。

年进入了生育高峰期。因此在这 12 年间，出生人口的下降有所缓和。

另一个因素是 2016—2017 年，我国的计划生育政策有所缓和，先后放开了"单独二孩"和"全面二孩"。仔细看数据的话，这两年的出生人口数有所反弹，分别是 1790 万和 1728 万，是 2001 年以来的最高和次高数。

不过，放松计划生育带来的出生反弹很快就会消失的。2018 年，出生人口快速下降到 1523 万。2019 年，进一步跌破 1500 万，下降到 1465 万。这就说明，现在的生育意愿已经很低了，放开计划生育对于刺激生育率的效果已经很小了。2020 年的数据还会进一步下降。所以说，中国的出生人口下降是板上钉钉的事情。

关于人口出生的下降，我再补充两点。第一，从全球范围内看，生育率下降是普遍现象，我国的生育意愿也已经很低。而且，各国鼓励生育的政策，除非力度非常大，否则效果普遍不大。将来我国即便出台鼓励生育的政策，力度也不会很大，实际的效果会很有限。因此，未来出生人口继续下降是大概率事件。

第二，对于出生人口的下降，我是作为一个客观事实来接受，并作为进一步分析的基础，完全不代表我认为这是好事情。我个人的喜好，完全不影响这个基本事实。我在第42讲说过，中国高房价的真正危害不是所谓推高企业成本，而是降低了生育率。人类经过几十万年的进化，每一个个体都是大自然鬼斧神工的杰作，蕴含着无穷的智慧与力量。所以，压低生育率、减少了人口，才是高房价的真正危害，是最严重的危害，比其他危害都大很多。

表 46-1　逐步放开计划生育的有关政策

日期	文件	要点
2011年11月	河南省11届人大常委会第24次会议表决通过关于修改《河南省人口与计划生育条例》的决定	标志着全国31省市均放开"双独二孩"政策。2000年以前，山东、四川等27省市已实行双独二孩政策，湖北、甘肃、内蒙古2002年实施，河南是唯一在2011年才开始实施的省份
2013年11月	党的十三届三中全会审议通过《中共中央关于全面深化改革若干重大问题的决定》	决定启动实施"单独二孩"政策。要点：坚持计划生育的基本国策，启动实施一方是独生子女的夫妇可生育两个孩子的政策
2015年10月	中国共产党第十八届中央委员会第五次全体会议公报	全面开放二孩政策。会议提出，促进人口均衡发展，坚持计划生育的基本国策，完善人口发展战略，全面实施一对夫妇可生育两个孩子政策，积极开展应对人口老龄化行动

（续表）

日期	文件	要点
2015 年 12 月	国务院常务会议通过《人口与计划生育法修正案（草案）》	修正案自 2016 年 1 月 1 日起施行，修改的要点： （1）关于实施全面两孩政策。修改《人口与计划生育法》第十八条，明确全国统一实施全面二孩政策，提倡一对夫妻生育两个子女，地方可以结合实际对允许再生育子女的情形制定具体办法。具体规定是：提倡一对夫妻生育两个子女；符合法定条件的可以要求安排再生育子女，具体办法由各省、自治区、直辖市规定。同时明确，夫妻双方户籍所在地的省、自治区、直辖市之间关于再生育子女的规定不一致的，按照有利于当事人的原则适用； （2）关于调整完善奖励保障等计划生育配套制度
2015 年 12 月 31 日	中共中央国务院关于实施全面二孩政策，改革完善计划生育服务管理的决定印发	贯彻落实新修改的《中华人民共和国人口与计划生育法》，完善相关行政法规以及地方性法规。从 2016 年开始实施全面二孩政策
2018 年 8 月	十三届全国人大常委会第五次会议表决通过了关于修改《个人所得税法》的决定	子女教育支出可作为专项附加扣除，2019 年 1 月 1 日起实施

那么，出生人口下降了，房子还能买吗？这里我先给出非常明确的答案，还是能买的。我在第 10 讲里讲过，生育率下降、人口老龄化，都不会使得房价下降。这个分析，可以用三句话简单概括。

第一句，虽然生育率下降了，但是预期寿命延长了，人口总量还是上涨的。既然人口总量是上涨的,就没有理由说房价会下降。根据世界银行的预测,中国的人口总数还会慢慢增长,在 2030 年左右达到 14.25 亿的峰值,然后才会慢慢下降。

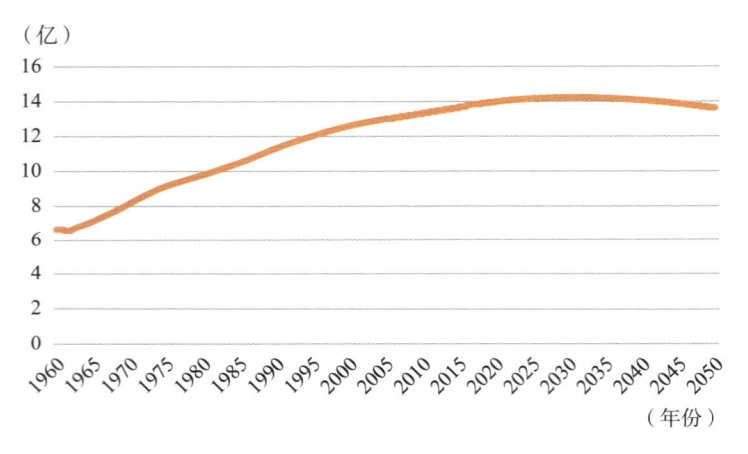

图 46-2 世界银行对中国人口预测(1960—2050 年)

第二句,不仅人口总量还会慢慢增加,而且人口还会往大中城市聚集,导致大中城市人口总量进一步增加。更进一步,大中城市不仅人口会增加,收入还会涨,房价怎么会下跌呢?

第三句,在将来,家庭规模还会下降,导致给定总人口,家庭的数量会增加,因此对住房的总需求会增加。

这三条加起来,就导致尽管未来十几年生育率下降,但是人口总量不减少,大中城市的人口数量和家庭数量还会增加,而且这些家庭的收入还会增加,因此对住房的需求还会增加,房价并没有下跌的理由。这几点前文已有详述,有兴趣的读者可以去看第 10 讲。本讲我再补充一些证据,让你看得更清楚。

补充什么证据呢?还是看看其他国家的经验。中国是后发国家,经济起飞比较晚,人口减速也比较晚。我们将要经历的,之前已经有不少国家经历过。

图 46-3 显示了主要发达国家 2010 年以来的人口增速。为了全面，我们加上了金砖国家，也就是巴西、俄罗斯、印度、中国和南非。另外，做这张图的时候，我也梳理了其他一些人口和经济大国，比如墨西哥、印尼、土耳其等，这些国家近 10 年的人口增速还在 1% 以上，比中国快了 1 倍多，还没到人口减速的时候，因此我们没有考虑。

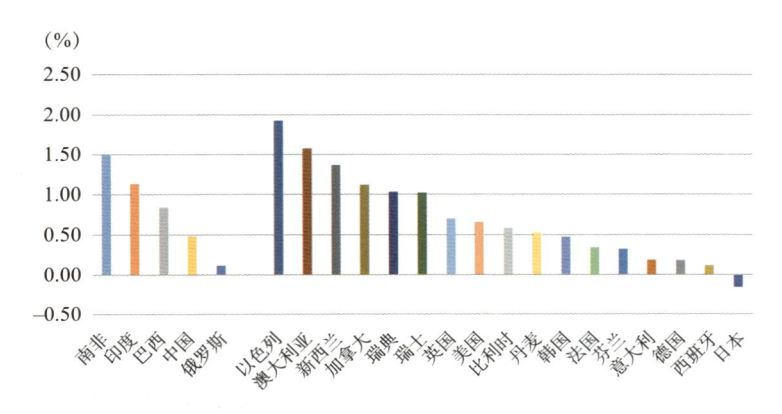

图 46-3 主要国家人口增速（2010—2019 年）

我们来看看图 46-3。过去 10 年中国的人口增速是 0.49%，比这个速度低的有 8 个国家，分别是俄罗斯、韩国、法国、芬兰、意大利、德国、西班牙、日本。我们来看看这 8 个国家近年来的房价情况，看房价是涨还是跌。

在看数据的时候，有两点需要注意。第一点，关于时间段。由于 2007—2009 年全球爆发了金融危机，2010 年欧洲又爆发了主权债务危机，主要国家房价经历过一次明显的回调，到 2012 年才企稳，因此我们从 2012 年开始看。

第二点，关于城市的选择。由于这些国家的人口增速很慢，而且都已经高度城市化了，我们不能期望这些国家所有城市房价都涨。我们能期望的是，随着人口向核心城市的聚集，核心城市的房价还在涨。因此，我们只看大城市。具体而言，每个国家我们看具有代表性的大城市，包括德国的柏林、韩国的首尔、法国的巴黎等等。

图46-4展示了这些国家的房价情况。总体来说，这8个城市的房价虽然涨幅有大有小，但总体都是上涨的，在人口增速很低的情况下，依然上涨。这个证据就直接回答了我们这一讲的主要问题，人口增速放缓并不会导致房价下跌，我们没有这样的证据。

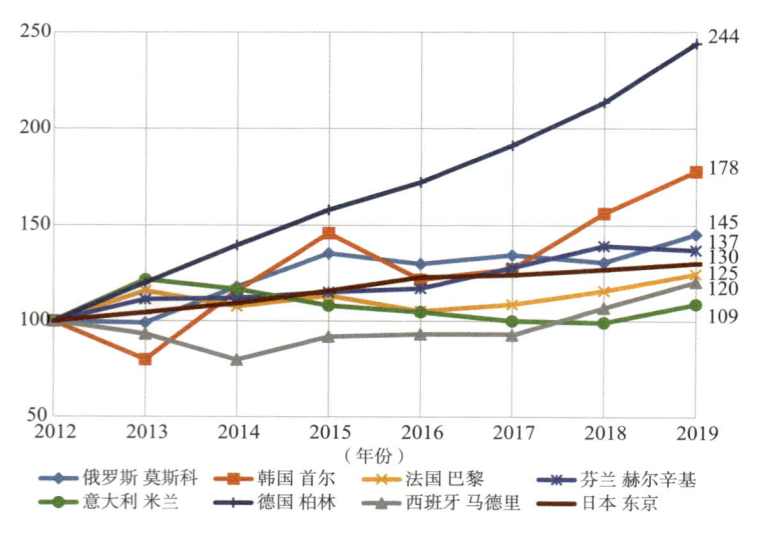

图46-4 人口增速缓慢国家大城市房价（2012—2019年）

数据来源：NUMBEO网站https://www.numbeo.com/cost-of-living/historical-data，统计样本为各城市中心区房价，日本东京数据来自国际清算银行，统计样本为东京市及周边郊区。

仔细看图46-4，其中还有很多信息很有意思。比如，房价涨幅最大的是德国柏林，翻了一番都不止，上涨了144%。7年上涨144%，折合每年上涨13%（几何均值），这是很快的增速。有多快呢？以前我们算过，这和我国过去20年的平均增速差不多。要知道，德国早已经是一个高度发达、高度城市化的国家，经济增速也不快，通货膨胀也不高，人口也几乎不增长，房价增长还是这么快，值得我们深思，特别是值得看空房价的人深深反思。

之前我们讲过，德国房价从2012年开始快速上涨，不仅是柏林，很多大城市都涨了很多，比如慕尼黑、法兰克福、斯图加特等等。这是因为德国房价本来比较低，而且在欧洲经济总体低迷的情况下，德国经济状况比较好。涨了很多之后，现在德国房价已经不低了。比如慕尼黑的房价，已经和巴黎差不多了。

除柏林以外，韩国首尔的房价涨幅也比较大，7年时间上涨了78%，相当于每年涨9%左右。考虑到韩国也早就是高收入国家，城市化率早已很高，并且在1996年就加入了经济合作与发展组织（OECD），首尔的房价增速真的很快。

另一个亚洲国家，日本东京的房价涨幅就没有那么高，7年只涨了30%，相当于每年涨4%。不过，考虑到日本总人口是负增长的，过去10年经济增速只有1.2%，通货膨胀只有0.5%（2010—2019年数据，增速取几何均值），这个房价增速已经很可观了。在日本的情况下，东京的房价增速只能用人口向东京聚集，以及东京城市经济相对较好的表现来解释。参照东京的情况，即便我国人口不增加了，经济增长也很慢了，只要人口还向大城市聚集，大城市的房价还是会慢慢上涨。

另外，俄罗斯莫斯科的房价上涨了45%，也很有启发性。我们知道俄罗斯的经济很不好，过去这10年基本没有增长，房价为什么还涨呢？因为有通货膨胀，过去这10年，俄罗斯的物价几乎翻了番，这点之前我们多次讲过。物价上涨，房价当然上涨，这是房产的抗通胀功能。

另外几个国家，都是欧洲传统发达国家，意大利、西班牙、法国、芬兰。这几个国家人口增长很慢，经济增长也很慢，通胀也不高，属于很稳定的高收入国家。即便如此，房价还是慢慢上涨的，只是涨速不是很快而已。

最后，我想说的是，在决定房价的因素中，人口增长、老龄化从来都不是排在首位的因素。从主要国家的数据中，我们看不到人口因素的直接影响。很多发展中国家人口很多、很年轻，增长也很快，可是房价并不增长或者增长很慢。究其原因，还是经济基本面不好。

影响房价的最主要因素，还是经济增长、城市化、通货膨胀。现实中，有些人期望房价下跌，于是到处寻找理由，可惜的是，这些理由都没有得到证据的支撑。

本讲要点：

（1）近年来我国出生人口大幅下降，人口增长减速已经不可避免。

（2）尽管如此，考虑到预期寿命延长、人口向大中城市聚集，大中城市的人口总量还会增加，收入还会增长，房价没有下降的理由。

（3）进一步考虑到未来家庭规模减小，给定人口总量，家庭数量还会增加，房价更没有下跌的理由。

（4）2010年以来，有8个主要大国的人口增速都低于中国，但是核心城市的房价都是增长的，其中德国、韩国的房价增长还很快。

（5）总体上看，我们找不到人口增长减速导致房价下跌的证据。

第 47 讲
中美竞争摩擦：房子还能买吗？

在关于房价的讨论中，国际比较是一个重要的方法，人们也经常拿国际比较说事。很多人说，国外房低价，国内房价高，不合理。前文我讲过，这种观点其实不对：

第一，在可比条件下，国外的房子并不便宜，比如你要比较规模类似的城市，比较类似的区位，还要把持有成本，比如房产税、管理费、保险费都加上，国外房子其实不便宜。

第二，考虑到国内人口基数大、收入增长快、资源更加集中等因素，国内城市房价比国外高一点也有其客观合理性。

第三，退一万步讲，即便国外房子便宜，因为房子是不可贸易品，你也没有办法。因为你既不能移民到国外去，也不能把国外的房子搬到国内来。即便少数人能移民，也不影响房价。

所以，这种国际比较，其实并不是结论性的。国际比较能帮助我们找到差别，然后开始分析产生差别的原因，并不能告诉我们这种差距是不是合理。换句话说，这种比较只是分析的起点，不是终点。很多人犯的错误，其实是思维的懒惰，把分析的起点直接当成了分析的终点。

本讲我们想进一步分析的，是国际环境变化会影响我们对于房价的判断吗？比如说，2018年以来中美之间爆发贸易摩擦，后来上升到科技摩擦。2020年新冠疫情暴发以后，美国政要还多次甩锅给中国，导致两国的关系恶化，两国关系几乎陷入冰点。而且，在可预见的将来，中美关系即便有所改善，依然还是竞争合作的关系，而且竞争是主要的，合作只能在竞争中寻找。作为比较，中美以前的关系要融洽很多。那么，这种变化将如何影响国内房价呢？

这个问题有点大，回答这个问题，需要有一个思路。我们需要理解中美关系通过何种途径来影响国内房价。梳理一下，可能的途径有三个：第一个是影响移民，通过移民的数量来影响房价；第二个是影响资本的流动，通过影响潜在购房资金影响房价；第三个是影响经济增长，通过影响一个国家的经济实力影响房价。我们就围绕这三个可能的途径展开。

第一个途径，中美摩擦将如何影响人口的流动？因为人口流动会影响人口的数量，并进一步影响住房需求，所以我们必须考虑一下。不过，总体上说，国家之间人口流动总量很小，不太能影响房价。

比如说，无论中美之间是否有摩擦，少数中国人依然会移民美国，少数在国外的中国人依然可能会回国发展并且在国内定居。中美摩擦之类的事件只是催化剂而已。比如说我自己，本来在国外有稳定的工作，可是早就回国了。还有一些犹豫的人，犹豫几年也就回来了，中美摩擦可能会加速这个过程。

不过，总体上看，移民的数量不大，不对房价构成实质影响。比如说，美国华裔人口529万，回来个几十万，对国内房价影响很小。这520多万人（含台湾裔）[①]，包含了以前的老移民以及他们的子女，如果只考虑20世纪80年代以来的留学人口，这个数量就更低，留在国外的只有210万。至于反向流入国内，也就是来中国发展和定居的美国人，数量本来就很少，未来也不会太多，更不会对

---

① 数据来源：美国人口普查，2020年3月，网址为：https://www.census.gov/library/visualizations/2020/demo/aian-population.html。

房价有影响。所以这第一个问题，其实很好回答。但是从逻辑完备的角度，我们还是要讨论一下。

图 47-1　累计留学与回国人员（2000—2018 年）

数据来源：国家统计局。

上面的讨论告诉我们，对于中国这样的大国而言，国际人口流动总量虽然不小，但是占比很低，不影响住房这样体量很大的资产。这一点可以参考日本、韩国的情况。在日本、韩国，外来移民占比很少，日本是 0.28%，韩国是 0.11%。房地产的价格主要还是境内人购买和决定。而中国的净移民数量是负的，是 –0.13%，人口是净流出的。不过因为总量很小，只占总人口的 0.13%，也不影响房价。除非一个地方流入很多富人，像伦敦、香港、新加坡，或者摩纳哥那样，否则对房价影响不会太大。

第二个途径是影响资本流动。为什么要讨论资本流动？因为资本的天性是寻找更高的收益。如果资本大量流出或者大量流入，并且进入房地产市场，可能会对房价产生影响。

我们先来看数据。图 47-2 显示了流入中国股市和债市的外资数量，可以看到 2014 年以来流入很多，2017 年还有所加速。

表 47-1 一些经济体移民情况

区域	国家（地区）	净移民人数（万）	人口（万）	净移民/总人口
美欧	美国	477.4	32498	1.47%
	英国	130.3	6605.9	1.97%
	德国	271.9	8265.7	3.29%
	澳大利亚	79.1	2536.4	3.12%
日韩	日本	35.8	12678.6	0.28%
	韩国	5.9	5136.2	0.11%
发达城市	中国香港	14.7	739.2	1.98%
	中国澳门	2.5	64.0	3.90%
	新加坡	13.5	561.2	2.41%
发展中国家	越南	−40.0	9459.7	−0.42%
	中国	−174.2	138639.5	−0.13%
	印度	−266.3	133865.9	−0.20%

数据来源：世界银行，人口统计截至 2017 年。

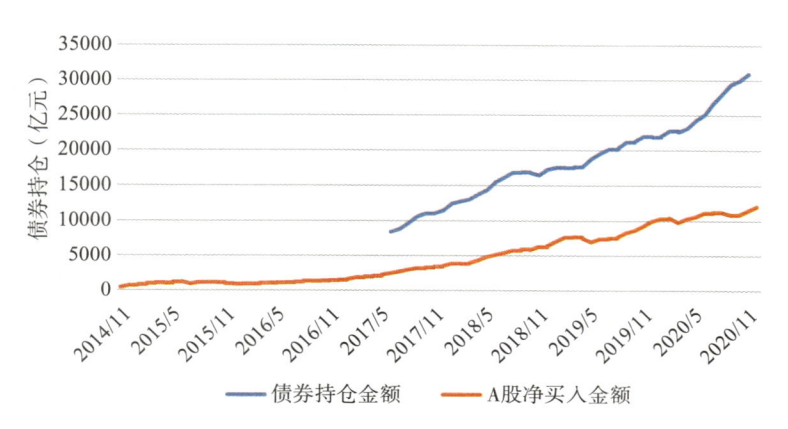

图 47-2 外资投资中国债券与股票市场情况

数据来源：Wind，股票数据截至 2020 年 12 月 31 日，债券数据截至 2020 年 11 月 30 日。

为什么这么多的钱流入境内？原因很简单，国内投资收益率高。根据简单的统计，2014 年开通港股通以来，外资累计净流入股市 1.2 万亿元，目前持股总市值高达 2.6 万亿元，赢利 1 倍以上。实际上，大量外资是 2017 年开始流入的，因此短短 4 年时间就赚了 1 倍多（2017 年之前累计流入才 1400 多亿元，大约只有总流入量的十分之一）。这么高的回报，就难怪外资大规模流入了。

表 47-2　港股通北向资金收益

指标	数额
外资净买入金额（亿元）	12024.1
外资持股总市值（亿元）	26034.8
投资净收益（亿元）	14010.7
回报率（净收益/净买入额）	116.5%

注：数据截至 2020 年 12 月 31 日，沪股通开通日为 2014 年 11 月 17 日，深股通开通日为 2016 年 12 月 5 日。

说完了股市，再说债市。流入股市的钱很多，其实流入债市的钱更多。流入股市的钱只有 1.2 万亿元，流入债市的则高达 3 万亿元。为什么？因为债市安全，而且总体回报率高于国外，对于更注重安全的大资金有很大吸引力。图 47-3 梳理了 2020 年底主要国家的 10 年期国债收益率。为什么要特别关注 10 年期国债收益率呢？因为这是我们大多数人能够得到的安全回报率。比如说你的资金出海，你能够得到的安全回报，其实就是那个国家的长期国债收益率。高出这个部分的都是风险溢价，是你要靠本事赚的。这时候，你就要问，自己有没有本事在异国他乡去承担风险，赚到风险收益。即便能赚到，你还要考虑，在自己的国家赚到风险收益，是不是更容易一些。

现实中有很多人关注"资本外逃"，就是国内的资金跑到境外去。对于这个问题我这里不讨论,因为既没有可靠的资本外逃的数据,更没有这些资本在国外的收益率的数据。能说的是,10年期国债收益还是普通资本能够得到的安全收益。超过这个的部分,那是凭本事赚的,有高有低,不好讨论。至于这几年有些资本看错了汇率的方向,以很高的价格换了美元跑出去,等到人民币升值了又用低价格卖了美元跑回来,高买低卖,亏了很多钱,那没办法,判断错误,就只能是交学费。

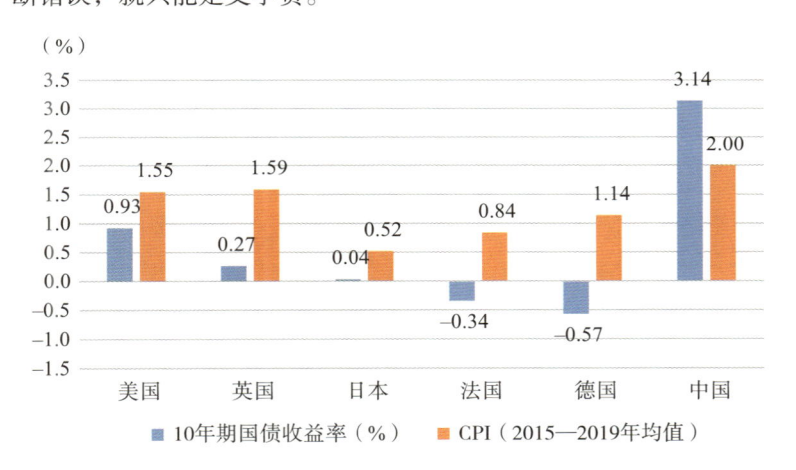

图 47-3　全球主要国家 10 年期国债收益率

数据来源:各国央行,截至 2020 年 12 月 31 日。

从图 47-3 可以看到中国国债的回报率很高,超过 3.1%。作为对比,美国只有 0.9% 多,其他国家就更低,英国在 0.3% 左右,日本在 0 左右,德国、法国甚至是负的。中国的安全收益率比其他国家都高很多,比美国高了 2.2 个百分点,比其他国家高更多。

考虑到中国的通胀水平高,中美的这个差距会小一点,但比美国还是会高出 1.8 个百分点左右。美国 10 年期国债的实际收益率是 –0.6%,而中国 10 年期国债的实际收益率是 1.2% 左右,二者相差差不多 1.8%。实际上，有一阵子中国 10 年期国债收益率在 3.3% 左右震荡，后来下调到 3.2% 左右。未来估计还会下降，但是只要在 2% 以上，就明显比美国国债的收益率高。

因为中国资产收益率较高，随着资本账户慢慢放开，大概率资本会流入境内。不过，即便如此，我们也必须强调，资本流入境内和在境内买房是两个概念。考虑到国内大城市的严格限购，境外资金买房的可能性很低，买的数量也不会大，对房价的影响可以忽略。

你可能会问，中美摩擦对资本流动有影响吗？其实很小，原因有三个。其一，资本天然是逐利的，哪里利润高往哪里去。其二，国外资本来中国挣钱，与美国政府继续打压中国并不矛盾。特别是美国，金融是美国最大的竞争优势之一，金融行业不挣钱，美国的日子会更不好过。其三，随着美国总统换届，新总统是传统的职业政客，极端的行为会少很多，还是会通过正常的、隐蔽的渠道谋取利益。所以，未来的格局是，摩擦归摩擦，挣钱归挣钱，两边不耽误。

第三个途径，中美摩擦会影响中国的经济增长吗？对比可能会有不同的观点，我们先来看国际组织的预测。根据国际货币基金组织（IMF）的预测，2025 年中国的经济增速还会有 5.5%。目前中国的经济增速在 6% 左右，所以 IMF 的预测是中国经济慢慢减速，5 年后还有 5.5%。

对于这个预测，估计不同的人有不同观点，很多人可能会更悲观一些。比如，很多人觉得中国经济的减速可能会快一点，到了 2025 年可能只有 4% 左右，甚至更低。我想说的是，即便只有 4% 或者 3%，还是很快的增速，根据我们之前的分析，还会支持较快的房价增长。

有些读者可能会担心中美摩擦之下，全球产业链转移，印度、越南会抓住机遇,赶超中国。

而根据IMF的预测,印度、越南的经济增速都会超过中国。未来5年中国经济增速为5.5%,越南6.6%,印度7.2%。

对于这个观点,你要这样想:假设印度、越南崛起,对中国房价有什么影响?其实,中国的房价取决于中国的经济增长,他国的形势对其并没有直接影响。只要中国经济不崩盘,保持平稳增长,房价还是会涨的。

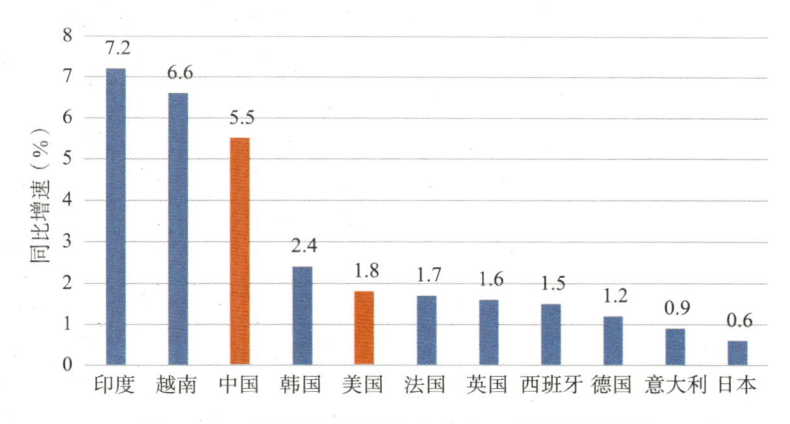

图 47-4　IMF 对主要经济体未来 5 年的增速预测

数据来源:IMF2020年10月世界经济展望。https://www.imf.org/en/Publications/WEO/Issues/2020/09/30/world-economic-outlook-october-2020.

我们再来看看这三个国家的经济前景。我之前分析过,印度的工业化基础还很差,进一步的经济增长需要看工业化的实际进展。否则的话,印度的经济增长可能难以持续。我自己对于印度的前景并不看好,持非常谨慎的态度。

越南相对好一点,工业化正在推进。不过,越南人口不到中国的1/10,人均收入大约是中国的1/4,经济总量只有2600多亿美元,还不到我国广东省的水平。短期内,越南还无法形成完整的工业体系，谈不上与中国竞争，更多是产业链上的合作关系。一个很可能的发展结果是，越南成为中国产业链上的一环。

在经济上，国家之间不仅是竞争关系，也是合作和互利的关系，其他国家的经济发展会创造出需求，其中一部分会成为中国企业的机会，有利于中国经济的发展。无论如何，中国的房价取决于中国自身的经济发展。只要中国的经济保持增长，其他国家的情况不会影响中国的房价。

本讲要点：

（1）国际环境变化边际上影响移民决策，但是影响不会太大。

（2）中国是人口大国，移民总量虽然不少，但是占比不大，对房价影响有限。中美摩擦可能边际上增加回国人口的数量，但是影响不大。

（3）外资主要是流入股市和债市，争取高收益。在严格的房地产调控之下，外资流入房地产的资金不会太大，对房价影响不大。

（4）不管中美关系如何，只要中国经济保持稳定增长，房价就会保持增长。

（5）其他后发国家，比如印度和越南的崛起，依然有很大的不确定性，即便崛起也不影响中国房价，中国的房价还是取决于自身的经济增长。

第 48 讲
从金融结构看房价"泡沫"

本讲从网上的一篇文章说起。著名地产商潘石屹在一个发言中这样讲:

"中国房地产的总市值是 65 万亿美元,超过美国、欧盟、日本地产价值的总和。中国的国有资产总量是 66.5 万亿元人民币。国有资产和房产足足差了一个汇率。是国有资产少了,还是房地产有泡沫?我不知道,大家自己判断。"

潘石屹虽然没有明说,但是大概率在暗示房价有泡沫。一个著名地产商说房产有泡沫,其实是很有说服力的。连地产商都这么说,能没有泡沫吗?相当于卖馒头的说馒头贵,那馒头能不贵吗?

我不是地产商,不好直接去评价潘石屹这番话。但是,既然要讨论房价,也不能完全回避。可以说的是,也有很多其他地产商一直是看多房价的,所以不能因为潘石屹看空,就一定看空房价。

不过,潘石屹的话倒是给我一点启发,就是把房地产的市值和其他资产比一下,看看哪些地方不合理,哪些地方合理。这里,我不把地产市值和国有资产比,因为国有资产是国有企业代表政府管理的,老百姓没法直接拥有这些资产。那和什么比呢?和股票、债券的总市值比,因为这些是老百姓可以投资的。

老百姓能投资的资产,主要有三类:股票、债券、房产。也就是说,老百姓的储蓄要保持增值,就要在这三大类资产中分配。否则,就只能存银行,获得很低的利息,或者买理财、基金、信托。很多理财、基金、信托,最后也是购买这三类资产。所以,简单起见，我们只考虑这三大类资产。

这三大类资产中，股票和债券的市值容易统计，在各种数据库中可以找到。房产的价值估算困难一些，公开的数据也少，只能找到几个主要大国的。特别是中国房产市值的数据，很难估算。不过，市场上还是有一些估算的，我们先来看看。

表48-1收集了市场上一些对中国房产总市值的估算，我们发现差异很大，低的有300万亿元，高的有460万亿元。怎么办呢？我们进行一个简单的估算。估算的结果不一定很准确，但是可以让我们做到心中有数。

表48-1 机构对中国房产市值的估算

机构	估算时间	估算结果
东方证券	2019年8月	65万亿美元（约460万亿元人民币）
SOHO中国	2019年4月	400万亿元人民币
恒大研究院	2019年10月	321万亿元人民币
高瓴资本	2020年4月	300万亿元人民币

注：东方证券的估算时间是2019年8月，当时人民币兑美元汇率在7.1左右。

估算的基本思路是这样的。中国的房产分为城市房产和农村房产，主体是城市房产，农村房产不太值钱。目前城市房产存量大约为330亿平方米（8.48亿常住人口人均39平方米），平均约为1.2万元/平方米（Wind多城成交均价），总价值约396万亿元。农村房产存量约为261亿平方米（5.52亿常住人口人均47.3平方米），单价按照1000元计算，总价值26万亿元。城乡加起来，一共422万亿元左右。汇率按照6.5计算（2020年初的汇率水平），折合65万亿美元。这个匡算结果和表48-1中最高的估算接近，高于其他估算，有可能是一个高估。

表 48-2 中国住房总市值估算

	人口（亿）	人均住房面积（平方米）	住房存量（亿平方米）	单价（万元/平方米）	价值（万亿元）
城市	8.48	39	330	1.2	396
农村	5.52	47.3	261	0.1	26
合计					422

数据来源：国家统计局。

为什么会高估呢？原因可能很多，比如说，城镇住房存量330亿平方米，是根据城镇常住人口人均住房面积算出来的，而人均住房面积是抽样调查数据，可能是高估的。抽样调查在抽样时，更偏重户籍家庭，户籍家庭住房面积会大一些，因此存在高估。特别是在大城市和特大城市，外来人口很多，他们的住房面积较小，但是因为在抽样中的占比低，就会导致误差。不过，总体上看，这个数量级应该差不多。这里，我们只能追求数量级上的准确度。比如说，如果有人跟我说这422万亿元估高了，实际只有350万亿元，我是不争的。下面，我们就根据这个数据进行分析。

图 48-1 显示了6个主要大国三类资产的总市值，包括美国、中国、日本、德国、英国、法国。一眼看去，中国的房产市值确实很高，比其他国家都高，大约相当于其他5个国家房产市值的总和。所以，中国房产市值很大这一点，是完全成立的。不过，不同国家的人口和经济总量不一样，总市值不可比，我们来比较一下总市值和GDP的比重，这个结果显示在图 48-2 中。

图 48-2 显示了这几个国家三大类资产总市值和GDP的比重。首先来看房产，中国房产市值和GDP的比重高达453%。这个数字远远高于其他国家。美国的这一比重只有140%，日本高一点，也只有242%。英国的房产市值很大，和GDP的比重也只有340%，

（万亿美元）

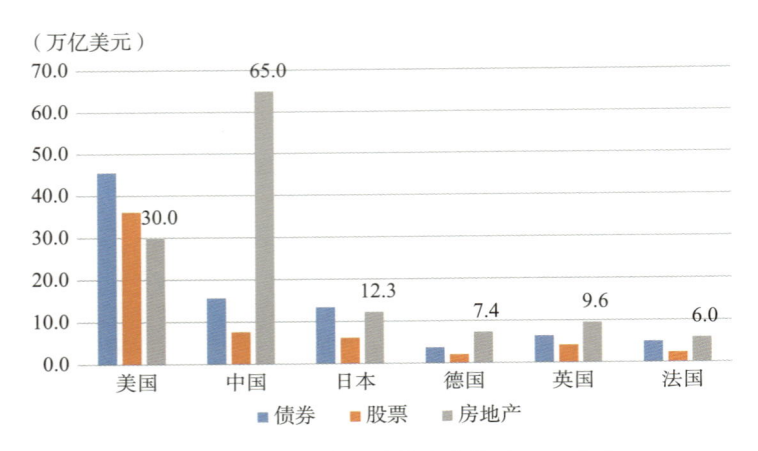

图 48-1　主要国家三大资产市值（2019年）

数据来源：IMF、BIS、MSCI、Zillow、Savills。

还是比中国低很多。所以，从这个直接对比的角度看，中国的房子是太贵了，和经济总产出的比值比其他国家都高很多。单看这个指标，似乎是支持房价有泡沫的结论的。

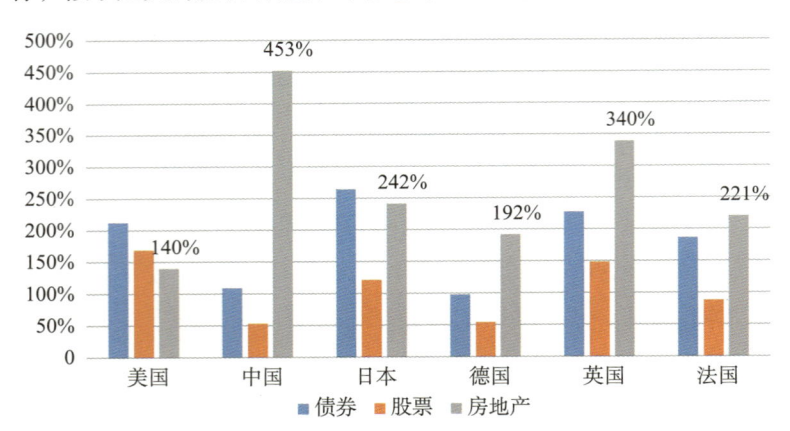

图 48-2　主要国家三大资产市值和GDP比重（2019年）

数据来源：IMF、BIS、MSCI、Zillow、Savills、徐远测算。

图 48-2 还显示，债券和股票与 GDP 的比重，中国比其他国家都要低一点，明显低于美国、日本、英国、法国，和德国差不多。所以，如果把这三项加起来，看三大资产总市值与 GDP 的比重，中国可能就不高了。我们做了这样的加总，结果显示在图 48-3 中。可以看到，加总起来，中国的数据就不奇怪了，大致居于中间的位置，比美国、德国、法国高，比日本、英国低。中国这三大资产总市值与 GDP 的比重是 617%，日本是 629%，英国是 716%，日本、英国都比中国高。

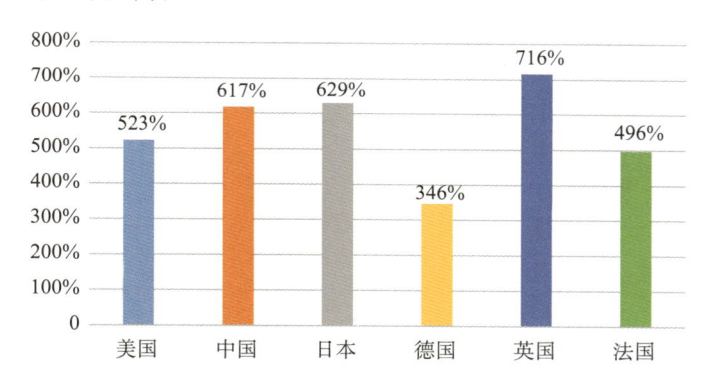

图 48-3 三大资产总市值与 GDP 的比重（2019 年）

美国 523%　中国 617%　日本 629%　德国 346%　英国 716%　法国 496%

英国是国际金融中心，吸收了很多国际资本，还有不少外国人在英国买房，所以会高一些。和中国更加可比的是日本，都在 620% 左右。从这个角度看，中国的金融和房产资产总量也在合理范围内。把总量给定，中国房产市值大，不过是股票和债券市值小的反面。换句话说，是中国金融市场还比较滞后的反映。广大家庭没有投资工具，就只好把钱放在房子上。试想，如果中国有很安全稳健而且体量很大的股票和债券市场，居民就不用买房子来保值增值了。从这个角度看，房子其实是中国家庭难得的财富载体。

上面的讨论还可以换一个角度验证。图 48-4 显示了各国居民的资产配置情况，数据来自各国的家庭财富调查数据。可以看到，中国居民把高达 78% 的财富配置在房产上，金融资产只占 12%。作为比较，其他国家的房产占比都不超过 50%，金融资产占比都在 30% 以上。所以，中国房产占比大，不过是金融资产占比小的意思，是一枚硬币的两面。

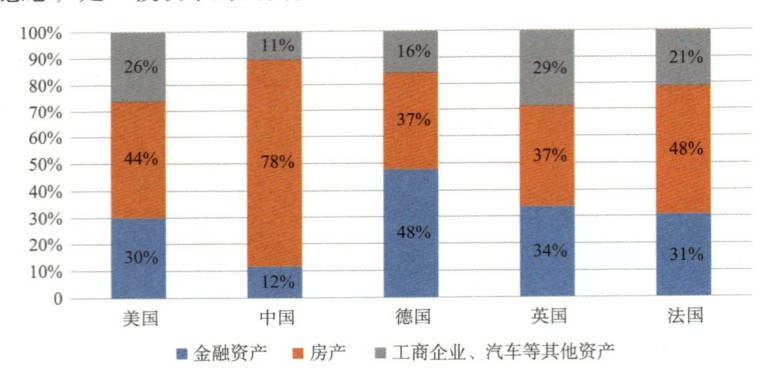

国家	金融资产	房产	工商企业、汽车等其他资产
美国	30%	44%	26%
中国	12%	78%	11%
德国	48%	37%	16%
英国	34%	37%	29%
法国	31%	48%	21%

图 48-4　各国家庭资产配置情况

数据来源：Badarinza, Campbell and Ramadorai (2016)；《2018 中国城市家庭财富健康报告》。美国数据用的是 2010 年消费者金融调查（SCF, 2010），英国数据用的是 2012 年财富资产调查（WAS, 2012），法国和德国用的是欧元体系国家家庭财务与消费状况调查（HFCS, 2010），中国数据用的是《2018 中国城市家庭财富健康报告》。日本数据缺失。

家庭资产的另一大类是工商企业、汽车等其他资产，这一项我国的占比是 11%，也是比较低的。其他国家中，德国这一比例比较低，但是也有 16%，比中国高 5 个百分点，其他国家都在 20% 以上，比中国高很多。综合起来看，中国家庭的资产确实是集中在房产上。

那么，中国家庭为什么高配房产、低配金融资产和其他资产呢？要想回答这个问题，你可以反过来问：如果低配房产、高配金融资产，会怎么样？过去这20年，高配房产的都实现了财富的保值增值；高配股票的，除了极少数人，都没怎么赚钱，甚至是赔钱。在股市里赚钱，真没有那么容易，远没有买房子容易、省心、安全。至于债市，中国债市过去10年才慢慢发展起来，而且对个人投资者有很多限制，目前还主要是机构投资者在参与。至于工商资产，那不是普通家庭能参与的，还要依靠经营能力，这里不展开讨论。

所以，在快速经济增长、快速城市化，而且金融市场不太发达的背景下，中国家庭高配房产，其实是非常理性的选择。毫不夸张地说，房产是中国家庭财富的主要载体，帮助塑造了中国目前的中产阶层。没有房产，真不知道中国的中产阶层怎样才能形成。财经讨论中，房产的各种缺点被无限放大，甚至是先无中生有，再无限放大，而房产的财富载体、塑造中产的功能却很少被提及，真的让人无语。可以说的一句话是，房地产在中国被严重污名化了。

最后，我们再补充两点，说明中国的房产市值偏高其实是有道理的。

第一，中国未来的经济增速还比较高，城市化空间还比较大，因此支持较高的房产价值。房产价值和所有资产价值一样，都是未来增长的反映。中国的经济增速虽然下降了，但相对还是比较高。这个比较高的增速会导致资产价格提前上涨，市值比较大。

第二，中国总储蓄率比较高，需要更多的资产来保值增值，考虑到中国股市债市的体量偏低，而且风险较大，因此对房子的需求就更大，房产的价值也会被推高。

图48-5展示了各国的总储蓄率，图中显示中国的总储蓄率是最高的，高达44%。其他国家中，日本和德国较高，但是只有28%~29%，不到30%。其他国家就更低了，美国和英国都不到

20%。中国的超高储蓄率，必然要求购买资产来保值增值。在金融市场不发达而且体量有限的情况下，房产就成为安全稳健的首选。很多储蓄都来买房子，自然推高房产价值。

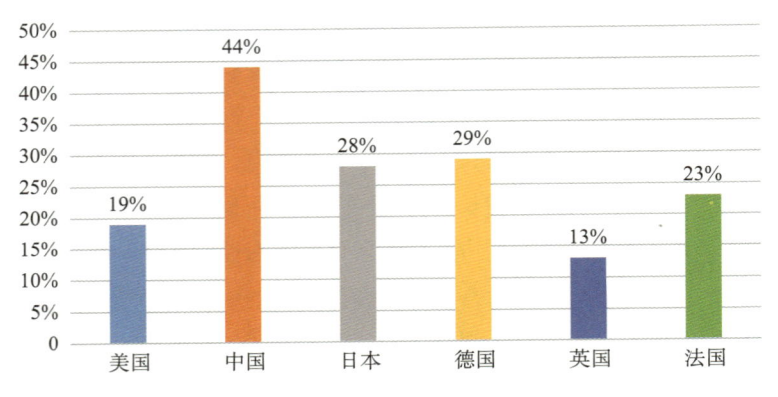

图 48-5　各国总储蓄率

注：总储蓄率等于一国全部储蓄金额占 GDP 的百分比，储蓄包括私人、企业和政府部门的储蓄。日本数据是 2018 年数据，其他国家数据为 2019 年数据。

数据来源：世界银行数据库。

本讲要点：

（1）中国房地产总市值确实很大，相当于美国、日本、英国、法国、德国的总和。房地产总市值与 GDP 的比重，中国也明显高于其他国家。仅仅看房地产总市值，中国房价似乎是有泡沫的。

（2）但是如果比较股票、债券、房产三大资产总市值与 GDP 的比重，中国并不高，而是处于中等位置，比美国、德国、法国高，比日本、英国低。

（3）中国房产总市值高，股票、债券总市值低，是一枚硬币的两面。换句话说，房产总价值高是金融市场发展相对滞后的反映，二者共同决定了中国家庭的资产配置和房价格局。

（4）房地产市场是中国家庭财富的主要载体，帮助塑造了中国的第一批中产阶层，在现实中被严重污名化。

（5）中国房产总市值高，还有一些额外的因素，比如储蓄率高、经济增速依然相对较高、城市化尚未完成等等。高房价是未来依然相对较高的经济增速的提前反映。

结语
做时间的朋友

在本书的最后，我做个简单的总结，提炼一下基本要点。

第一部分包含5讲，澄清了一些流行的谬误，比如我国的房价存在严重泡沫，就像日本1990年那样。其实，只要看了历史数据，做一下简单比较，你就知道这显然不对。北京现在的房价，大约只相当于日本1990年的1/16，至少还差了一个数量级。再比如，货币超发、土地财政推高房价等等。这些观点很流行，但是很多地方经不住推敲，与很多经验事实严重不符，逻辑上也不自洽。在这些似是而非的观点的影响下，很多人买房的时候很犹豫，就耽误了上车的时机。

第二部分包含5讲，在前一部分破除错误的观点以后，我在这里帮你建立一个正确的分析框架。从全球范围内看，房价上涨是普遍现象，我国的房价上涨完全符合一般规律，既不特殊，也不例外。长期看，房价上涨有一个简单的公式，可以用来作为判断房价增速的参照：

房价增速＝经济增速＋通货膨胀速度＋城市化速度

这个公式完全可以解释我国的房价增速。根据这个公式，估计未来十几年我国房价每年增长6%左右，12年翻一番。到了2030年，大中城市的房价会翻倍。十几年后回头看，今天的房子很便宜，就像现在我们看10年前的房子很便宜一样。

在这一部分，我还分析了技术进步和人口因素对房价趋势的影响。技术进步会增加城市的承载力，帮助建设更加美好、更加宜居、密度更高的城市，但是不会逆转人们往城市聚集的趋势。

生育率下降和人口老龄化，会对社会结构产生很大影响。对于房价而言，人口总量的增速下降和慢慢减少，是一个不利的因素，对中小城市的影响尤其大。但是也要看到，预期寿命延长、家庭规模变小，都是增加住房需求的。总体上看，在可预见的将来，比如10年以内，人口因素只会推高不会降低大城市的房价。

第三部分包含5讲，主要分析了政策因素。房地产市场是受政策影响很大的市场，需要仔细分析政策因素。我们分析了一系列重要的政策，包括房产税、共有产权、租售同权、农地入市、限购、限贷、限价等等。

总结起来，重要的结论有七条。

第一，房产税不会很快推出，推出以后，税率也不会太重，对房价影响不会太大。

第二，共有产权是土地财政的新形式，会长期存在。未来的城市住房供应格局是三足鼎立，也就是商品房、共有产权房和廉租房同时存在，分别满足中高收入、中低收入和低收入阶层的住房需求。

第三，租售同权、农地入市政策，因为不会增加房屋的有效供给，不会降低房价。

第四，限购、限贷政策和"房住不炒"的政策基调是基本一致的，会长期存在。

第五，限价、限售政策是临时性政策，未来可能会有变化。

第六，限商政策的根源在于税收制度的安排，在特定的情况下，有可能通过补地价的方式得到放松。

第七，货币政策作为宏观调控政策，而不是单纯的房地产调控政策，对房价的短期波动有非常重要的影响，是房价短期波动的真正秘密。这是因为货币政策影响的是实际利率，影响人们的存钱决策。实际利率太低的时候，人们会把钱拿出来买房。这个"存款搬家"现象，也就是人们的钱在储蓄存款和房产之间的转移，是影响房价波动的最重要因素。

第四部分包含 5 讲，我讲解了一些实际购房操作中的注意事项，比如刚需买房的"先上车原则"和"稀缺原则"，比如付款安排中的"多用贷款，用长期贷款原则"，比如租房中的"便利原则"，还有挑选城市时的"八大要素"，等等。

在这一部分，我再次强调了住房的"资产价值"。比如，改善住房不仅是改善居住条件，更是改善财务状况。再比如，养老买房不仅是买房孝敬父母，也是"百岁人生"的一份养老保障。在帮你认清房产的资产价值以后，我给了一个城市清单，告诉你哪些城市的投资价值最大。这个清单主要是根据投资价值开列的，不考虑居住价值，会根据新情况微调。

第五部分包含 8 讲，我们讲了主要国际大都市的房价状况，这些大都市包括东京、纽约、首尔、香港等。梳理数据之后我们发现，这些城市房价都很高，投资回报率并不高。从全球范围内看，大城市房子贵是普遍现象，接受这个事实、认清客观规律，有利于我们做出正确、明智的决策。

在这一部分，我重点分析了日本、美国、德国这几个发达经济体的房价。有一些重要的发现，需要注意。

第一，关于日本：日本在 1990 年的确发生了严重的房地产泡沫，这个泡沫造成的影响直到 2003 年才消化掉。2013 年以后，日本经济的低迷与泡沫没有直接关系，但是可能有间接关系。

造成日本房地产泡沫的原因很多，包括长期原因和短期原因，长期原因包括长期的经济增长、日本企业很强的竞争力，短期原因包括日元快速升值和当时日本的低利率政策。

在日本泡沫吹大的过程中，日本政府的政策负有直接的责任，可以说是一手放大了泡沫，然后又把泡沫刺破，留下一地鸡毛。比较今天的中国和当时的日本，看起来中国政府已经多多少少吸取了日本的教训。

第二，关于美国：美国大城市的房价很高，纽约房价大约是北京、上海的2倍，洛杉矶、旧金山、波士顿房价也很高，但是也有例外。芝加哥是美国第三大城市，房价就很低，和南京、合肥差不多。

芝加哥的房价低，原因是芝加哥的经济停滞、人口流出。芝加哥在高科技行业的竞争中并没有占据足够的优势，气候条件也不太好，是城市慢慢衰落的重要原因。

芝加哥的经验表明，决定城市房价的是这个城市的发展潜力，而不仅仅是规模。中国的城市房价也已经开始分化，未来房价的潜力取决于城市发展潜力。

第三，关于德国：德国的房价曾经很低，但是2012年以后增长很快，低房价已经成为历史。德国历史上低房价的经验，自己都不能保持，其他国家更难复制。早点放弃既要经济增长又要房价低的幻想，有利于做出明智的选择。

第六部分包含5讲，我们分析了房产投资中可能存在的一些坑。

关于商业地产，不是能不能买的问题，而是买的东西和住宅根本不一样。住宅像股票，公寓像债券。住宅的续期问题已经解决，商住公寓的续期成本会很高。

此外，商业地产的限制比住宅要多很多，商业地产的土地有固定的到期期限，到期了延长起来成本会比较高，这和住宅是很不一样的。另外，商业地产的舒适程度低、融资成本高、持有成本高，也是不利条件。

关于东南亚房产，东盟十国的绝大多数国家都没有太大投资价值，而且对外国人有很多限制。越南可能是个例外。越南是世界第十五人口大国，胡志明市和河内两个大城市规模已经很大，如果经济能够继续增长，房价的潜力也会很可观。

共有产权房虽然是中低收入家庭买房上车的一个可选择的方式，但是也不是没有缺点。因为位置较偏、配套较差，价格优势并不明显，而且会占用买房名额，并不是中高收入家庭买房上车的首选。当然，对于直接买商品房希望很小的中低收入家庭，还是有购买价值的。仔细挑选的话，不仅可以解决居住问题，还有一定的投资价值。

旅游地产是房地产讨论中的一个热点，但是一不小心也是个坑。旅游地产的买点在于风景和气候，但是宜居时间一般不太长，空置期间很长，管理成本比较高。对于普通家庭而言，旅游地产并不是好的资产配置。

另外，房地产讨论中还有一个常见的坑，就是拿国际比较说事。因为国外很不错的城市房价比国内一些二线城市还低，就断定国内房价有泡沫。其实，房子是不可贸易品，房价由当地的供需平衡决定。国际房价比较，以及城市之间的房价比较，只是分析的起点，不能直接给出房价合理与否的结论。

第七部分包含4讲，我们讨论房地产交易中几个有趣的问题。这几个问题，也代表了几个常见的误区。

第一个问题，房产适合投机吗？很多人把高房价怪罪到房产投机上，这一点其实是值得商榷的。说到投机，我们一般指的是快进快出的炒作。房屋买卖的交易成本很高，对资金的要求也很高，并不适合投机炒作，而是适合长期持有。现实中很多人买房是为了居住，或者长期持有等待升值，这样的买房者是投资者，不是投机者。炒房的人有，但是数量不多，对房价影响也不大。

第二个问题，很多人讨论时会问房价跌了吗，这背后是什么意思？很多人问这个问题，看起来是希望房价下跌，其实是希望有逢低买入的机会，这时候房价很难真正下跌。

现实中，严厉的房地产调控降低了部分房子的价格，但是同时也降低了交易量，一旦调控放松，房价还会反弹。严格意义上，这种房价下降是假摔。从中国过去20年的历史数据上看，大城市房价要么上涨，要么停止上涨，很少有回调，回调了幅度也不是很大，而且很快会回升。经验数据不支持我们看空房价。

第三个问题，如果房子用来自住，不买也不卖，房价涨跌就和我们无关吗？其实不是的。我们每个人，都可以看作一个资产组合。这个组合里最重要的资产是我们自己，其次才是房子、股票、债券、存款等等。房价的涨落影响每个人的财富状况，即使不买不卖，也和每个人息息相关。

我们每个人的一生，都可以看作一个资产组合动态管理过程。有房子的资产组合和没有房子的资产组合，是完全不一样的，我们的行为也会大不一样。

第四个问题，如果买不起房子，可以买房地产股票作为替代吗？从经验上看，房子和地产股的价格波动很不一样，房价很平稳，股价波动很大，二者的波动很不同步。从长期回报率上看，房子超过地产股1倍左右，但是大城市的房子和大地产商的股票，长期平均回报率差不多。

不过短期内，因为房地产调控很严，房地产股票的估值受到影响。在房地产调控的长效机制建立之前，这种影响可能会持续存在。

第八部分包含 3 讲，我们从资产配置的角度，进一步分析房价，理清高房价背后的资产配置原因。

首先我们来看看印度的房价。印度是唯一人口和我国可比的国家，也是发展中国家，可比性大一点。

印度的工业基础较差，快速完成工业化的可能性较低，经济前景并不看好。但即便如此，即便印度人均收入只有我国的 1/5，但是因为贫富差距大，富人比较多，大城市房价已经很高。印度房价最高的是孟买，房价已经和北京、上海相差不远。孟买的高房价说明，决定房价的不是平均收入，而是富人的收入。当今世界贫富差距很大，中高收入家庭配置了很多房产，是高房价的重要原因。

然后，我们梳理了世界上房价最高的城市，进一步看清财富聚集对房价的影响。世界上房价最高的地方是摩纳哥，是处于法国南部、地中海北岸的一个小国家。因为人均收入高、气候宜人，而且是避税天堂，摩纳哥吸引了很多富人，所以房价很高。

世界上房价第二高的地方是香港，香港也有避税天堂的性质，也聚集了很多富人。其他国际大都市，伦敦、东京、新加坡、纽约等，也聚集着世界上数量很多的富人，也是房价最高的几个城市。中国的北京、上海，也是富人数量很多的城市，房价也很高。

从统计数据上看，房产是富人最重要的资产配置方式，超过股票、债券和现金。平均而言，富豪把一半左右的财富分配到房产上。房产成为富人的首要资产配置，是因为两个特点。一是回报率高，二是风险低。从 1870 年以来的一个半世纪里，房产的长期年均回报率比股票高 2 个百分点，在大类资产中回报率是最高的。

展望未来，富人还是会向这些大都市聚集，大都市的经济增速还是会比整体经济增速快一点，大城市的人口总量还是会保持增长，导致房价进一步上涨。

保守估计，只要世界局势保持基本稳定，不发生大规模的武装冲突，未来世界大城市房价年均增速在 5% 左右，每 14 年翻一番。

第九部分包含 2 讲，我们讨论高房价的危害。

在讨论真正的危害之前，先讨论一个广为人知的假危害，就是很多人认为高房价推高了企业的经营成本。房价上涨之后，企业经营成本上涨固然是事实，但需要看到的是，房价上涨本身也是经济增长的结果，是当地企业经营良好的结果。房价上涨和实体企业经营，是互为因果关系的。一个城市只有实体企业好、人们的收入增长，房价才会增长。

从大数据上看，过去 20 年，房价、工资和经济增长的速度差不多。经济增长、收入增长、房价增长，这三者是互为因果关系的，不能脱离经济增长谈房价上涨。

不容回避的是，房价上涨以后，会对附加值低的企业形成压力。一个解决办法是，在大城市附近建设中小城市，接受大城市转移出来的低附加值产业，实现协同发展。比如深圳附近的东莞，上海附近的昆山，都可以承接大城市溢出的较低附加值的企业，形成协同发展。[①]

高房价的真正危害，一是拉大了财富差距，二是降低了生育率。

拉大财富差距无须赘述。目前情况下，有没有房子、在什么样的城市有房子、有几套房子，是中国家庭财富状况的基本决定因素。毫不夸张地说，房产是中国家庭财富状况最重要的单一决定因素。正是在这一背景下，中央出台严格的房地产调控政策，目的是防止房价增速过快，防止财富差距进一步拉大。

---

① 本文最早成文于 2019 年初，修改于 2021 年 5 月。修改的时候，上海新城的政策已经出台，并引起广泛讨论。考虑到上海新城离主城区较远、地价较低，也有可能承接主城区迁出的附加值较低的企业，推动上海整体的协同发展。

高房价的另一个重要危害，是降低了生育率。年轻人必须把有限的资源在职场发展和生儿育女之间分配。房价高挤占了年轻人的有限资源，降低了可以用来生儿育女的资源，从而降低了生育意愿，降低了生育率。

虽然生育率下降是近百年来的各国普遍规律，但是大中华地区和东亚地区的生育率更低，存在一个"东亚低生育率之谜"。东亚国家在快速经济发展过程中，普遍经历过快速的房价上涨。一个猜测是年轻人的各种负担重，包括购房负担重，压低了生育率。

第十部分包含6讲，我们讨论分化变局之下的房产财富。前面的内容成文于2018—2019年，这部分内容成文于2021年，时隔将近2年。写这些内容的时候，房地产调控已经持续4年多，中美摩擦已经发生3年多，新冠疫情已经暴发1年多，全球局势也已经发生重要变化。历史正在发生转折，分化是理解当今世界变局的关键词。

在这一背景下，这几讲内容有两个目的。一方面对新情况进行分析和更新，另一方面也尝试回答一个重要的问题，就是在新情况下，房产是否还是财富的重要载体？答案很简单，历史虽然发生了重要的转折，房产依然是家庭财富的重要载体。

第一，我们来看房地产调控对房价的影响。从2016年国庆黄金周开始，史上最严的房地产调控已经持续4年多，大城市房价依然坚韧上涨。4年是很长的时间，足以证明大城市房价并没有泡沫。总体上看，调控影响了房价上涨的节奏和分布，但是不影响房价上涨的趋势。2017—2019年，调控较严的一线城市和核心二线城市房价涨幅低，调控较松的中小城市涨幅高。但是到了2020年，一线城市和核心二线城市的涨幅开始回升，中小城市涨幅开始下降。

第二，我们来看新冠疫情对房价的影响。新冠疫情在全球蔓延，已经成为二战以来最大的人道主义灾难。严重的疫情之下，国内、国际大城市房价普遍上涨。截至 2020 年 11 月，国内一线城市房价上涨 8.3%，二、三线城市分别上涨 2.9% 和 3.3%。国际上，美国、欧洲、亚太的主要大城市房价也是上涨的，很多城市涨幅很大，甚至达到两位数增长。看起来，疫情更像显影剂，帮助人们看清了大城市的价值，看清了房价的规律，促进了房价的上涨。

第三，我们来看经济减速是否会导致房价下跌。从数据上看，过去半个世纪，很多国家经济大幅减速，甚至发生经济危机，可是只要经济能企稳，房价还会大幅上涨。我国经济虽然减速，但是依然增长较快，远没有到衰退的程度，不需要担心房价崩盘。

第四，我们看人口增长减速对于房价的影响。2019—2020 年，我国人口出生数进一步下降，引起广泛的关注。数据表明，在人口增长很慢的情况下，房价依然可以飞涨。2010 年以来，有 8 个主要大国的人口增速都低于中国，但是核心城市的房价都是增长的，其中德国、韩国的房价增长还非常快。

第五，我们看中美关系和国际环境的变化对房价的影响。国际环境的变化，通过三个渠道影响房价：移民、资本流动、经济增长，但是这些影响总体上都不大。不管中美关系如何，只要中国经济保持稳定增长，房价就会保持增长。

国际环境的变化有可能会导致全球供应链的变化，有利于其他后发国家，比如印度和越南的经济崛起。目前看，这种崛起有很大的不确定性，但是依然要有所准备。能够确定的是，即便印度和越南崛起，也不直接影响中国房价。中国的房价，最终还是取决于自身的经济增长。中国家庭最需要关心的，还是本国的经济增长，以及中国经济会不会发生大的滑坡。

第六，我们从金融结构的角度，进一步解析房价。中国房产总市值大，经常被视为房价泡沫的证据。然而，事实是，中国股票、债券等金融资产市值较小，无法承载中国快速增长的财富。房产市值大与股票、债券市值小，是一枚硬币的两面。

从宏观上看，房产是中国家庭财富的重要载体，帮助塑造了中国的中产阶层。很难想象，如果没有巨大的房地产市场，中国的中产阶层将如何塑造，他们的财富将何处安放。毫不夸张地说，房地产是帮助塑造中国中产阶层的白衣骑士。然而现实中，白衣骑士却被污名化了。

这48讲不可能穷尽房地产问题的所有方面，肯定还有很多因素没有讨论到，很多角度没有覆盖到，很多问题没有得到直接回答。我只希望这本书，为你提供不同的视角，打开不同的思路，对你的思考和决策有一定的参考价值。

房子不仅是商品，同时也有天然的金融属性，是中国家庭财富的最重要载体。房价不仅是房子的价值，也是宏观经济格局的缩影，涉及对于未来的判断。我对于未来，持谨慎乐观的态度。中国目前的市场基础、工业基础、技术基础、人口基础，都支持一个更加美好的未来。

作为一个观察研究者，我不敢说我的分析都对，只能说我尽力做了严谨的分析，在理论框架上严谨，在逻辑推导上严谨，在数据资料上严谨。到目前为止，时间站在我这一边，我的分析判断，迄今为止经受住了时间的考验。希望在将来，我能够继续做时间的朋友。如果这样的话，也说明我们国家的经济继续发展，社会保持稳定，大家的日子也都还不错。持有房子这类长期资产的人，就可以继续做时间的朋友。

历史没有常形，未来不可预测。我对房价的乐观，基于对我们国家未来的谨慎乐观。尽管我给自己的乐观留了很大的安全边际，但是依然有错的可能性。作为时代的一粒尘埃，我只希望我们的国家在历史的崎岖中蜿蜒前行，百姓能够安居乐业。倘若如此，房子就依然是我们千家万户的财富载体、安全港湾。

　　房子的话题不会就此结束。在可以预见的将来，房子还会是我们的"国民话题"。如果你有问题，可以关注我的公众号"徐远观察"，我会继续观察这个时代，分享我的思考。也欢迎你给我留言，我们一起理解中国的经济趋势和财富逻辑。

致谢

放在您面前的这本书，是在之前的一本书（《城里的房子》），以及一门房产课（"徐远的房产财富48讲"）的基础上修改而成的。成书过程中，得到很多人的帮助。

首先，要感谢我的所有老师和学友。这本书的学术基础，是我这些年对于经济增长、城市化、农村土地改革、资产定价等问题的学术研究。在此过程中，很多老师和学友对我的思考有很大的启发。北京大学的林毅夫、周其仁、汪丁丁、张维迎、赵耀辉等老师，杜克大学的皮特·凯尔（Pete Kyle）教授，对我的学术成长有显著影响。

2009年回国以后，一些学术伙伴经常讨论问题，对我也有很大启发。北京大学的黄益平教授、马浩教授，中国社会科学院的张斌教授、朱恒鹏教授，中央党校的郭强教授，中国人民银行的缪延亮博士，安信证券的高善文博士，万科集团副总裁谭华杰，都对我思考问题有很大启发。

需要特别感谢的，是我的导师宋国青先生。宋老师把我领进经济学的大门，奠定了我思考经济问题的基本方法。这么多年，宋老师一直用他的研究和思考，启发学生和读者，一直是我学习的榜样。

还要感谢很多同学卓有成效的研究助理工作，包括潘莉、陈靖、李惠璇、陈子浩、李岩、朱菲菲、郭航、曹裕静、陈戴西、王佳雯等。这本书的稿子，前后历时4年，篇幅逐步变长，与这些同学认真仔细的助研工作分不开。

这本书成文的过程，也是线上课"徐远的房产财富48讲"上线的过程。这门课一开始只有20讲，后来逐步增加到30讲、42讲、48讲。课程推出以后，得到的支持远超预期，所以逐步增加，力图把问题说清楚。在此感谢所有的学员，感谢你们从四面八方投来的审视目光，让我不敢怠慢，尽力认真仔细。教学相长不是一句空话。准备这个课的过程，督促我对房产这个问题的思考逐步深入，感谢你们无形的督促。

这本书的内容和《城里的房子》有部分重叠，基本观点也没有变化。在一定程度上，这本书可以看作《城里的房子》的修订版。只是修订的内容比较多，出版社建议用新的书名。已经收藏《城里的房子》的读者，或者已经订阅"徐远的房产财富48讲"线上课的读者，可以不再购买。

最后要特别感谢的，是我的太太唐涯。这些年太太一直是我的学术伙伴，是我思考问题的第一讨论者和批评者，是很多灵感的来源。没有太太的督促，这些工作不可能完成。